성공의 조건
실패의 쓸모

성공의 조건

어제의 실패를 오늘의 성공으로 만든 사람들

실패의 쓸모

곽한영 지음

프런티어

차례

3장 성공과 실패에도 법칙이 있을까?

4장 성공과 실패 너머로 보이는 것들

프롤로그

: 성공과 실패의 갈림길에 선 분들에게

인생의 성공과 그 의미에 대하여

나이 50을 넘어선 어느 날, 퍼뜩 깨달은 사실이 있습니다. 앞으로 제가 살아갈 날이 지금껏 살아온 날보다 어느새 짧아져 있다는 것이었지요. 평균 수명을 80으로 잡으면 30년, 넉넉잡아 90으로 봐도 40년밖에 남지 않았습니다. 물론 냉정히 생각하면 7년 동안 땅속에서 기다리다 땅 위로 올라와 겨우 2~3주 만에 생을 마감하는 매미나, 그보다 훨씬 짧은 2~3일 만에 생을 마감하는 하루살이에 비하면 영원에 가까운 시간이 남은 것이지요. 그렇게 보면 너무 슬퍼하거나 조급해할 일은 아니지 않은가 싶습니다.

돌이켜보면 저를 엄습했던 불안감은 지난 50여 년 동안 딱히 이루어놓은 것이 없다는 생각 때문이었습니다. 가장 에너지 넘치고 많은 기회가 열려 있는 젊은 시절을 거쳐오면서도 손에 잡힐 만한 성취가 없었는데, 지금은 시력과 체력이 감퇴하고 사회관계도 좁아진 데다 은퇴까지의 시간마저 얼마 남지 않았다니. 그 짧은 시간에 내가 할 수 있는 일이 뭐가 있을까? 아니, 해야 할 일은 제대로 마무리할 수 있을까? 그렇게 두려움과 조바심이 났던 것이지요.

그런 두려움의 우물 속을 물끄러미 들여다보자니 '그렇다면 성공한 삶, 제대로 멋지게 산 삶이란 어떤 것일까? 실패하고 좌절한 삶에는 아무런 가치가 없는 것일까?'란 질문에 도달하게 되었습니다. 과연 인생에서 '성공'이란 무엇이고 어떤 의미일까요?

한신과 인정투쟁의 끝

중국의 역사를 다룬 《초한지》의 주인공은 누가 뭐래도 서초 패왕 항우와 한 고조 유방이지만 소설을 읽다 보면 그에 못지않게 두드러지는 인물이 한 명 있습니다. 바로 유방을 도와 천하무적 항우를 꺾고 한 제국의 기틀을 마련한 명장 한신이죠. 그는 신출귀몰한 전략을 자유자재로 구사한 것으로 유명한데요. 그중에서도 큰 강물을 등지고 목숨을 걸고 싸우는 '배수의 진'으로 자신의 이름을 역사에 남겼습니다.

하지만 물을 등지고 싸우는 것은 결코 좋은 전략이 아닙니다. 과거의 전쟁이라는 게 총이나 대포가 아닌 창과 칼로 싸우는 것이다 보니, 일단 밀린다 싶으면 후퇴했다가 전열을 정비해서 다시 맞붙기를 거듭하는 게 일반적이었으며 '전멸'하는 경우는 드물었습니다. 그런데 배수의 진은 이 후퇴의 여지를 완전히 없애버리는 전략이지요. 따라서 이론적으로는 '죽기 살기로 싸우기'를 끌어낼 수 있을지 몰라도 실제로는 병사들에게 공포를 불러일으키고 패배할 경우 뒤가 없는 최악의 전략이라 병법서에서도 엄격하게 금하는 전략이었습니다. 실제로 임진왜란 때 신립 장군이 탄금대에서 이 전략을 썼다가 조선군의 정예병인 경군을 전멸로 몰아넣은 것이 임진왜란의 전세를 결정적으로 불리하게 만들었다고 하는 이도 있습니다.

한신이 이 전략을 사용한 조나라 정벌의 상황은 심지어 포위를 당한 상황도 아니었습니다. 그는 골짜기에 숨어서 싸울 수 있었음에도 일부러 적의 진채(陣砦) 앞을 터벅터벅 가로질러 굳이 강가로 부대를 몰고 가 기어코 배수의 진을 펼쳤습니다. 그는 왜 이런 비상식적인 결정을 했을까요?

한신은 가난한 농부의 자식으로 태어나 책을 많이 읽고 훤칠한 용모로 뭇사람의 시선을 끌었으며, 훗날 장군이 될 거라면서 큰 칼을 차고 다녔습니다. 그러던 어느 날 동네 건달들과 시비가 붙어 결국 상대방의 가랑이 밑을 기어가야 하는 과하지욕(胯下之辱)의 치욕을 당했습니다. 후대에서는 그가 큰 뜻을 품었기에 사소한 일을 참고 넘긴 것이라고 좋게 평가하기도 합니다. 하지만 개인적으로는 한신이 정말로 건달들에게 겁을 먹었던 게 아닌가 생각합니다. 아마도 그에게 진짜 치욕스러운 일은 '스스로 생각하는 나'와 '현실의 나' 사이에 있는 괴리였을 겁니다.

나중에 한신은 초나라의 항량의 밑에 들어갔다가 다시 항우의 밑으로 옮겼으나 여전히 창잡이 졸병을 벗어나지 못했고 세 번째로 한나라의 유방에게로 자리를 옮긴 끝에 벼락출세해서 갑자기 대장군의 자리를 차지하게 되었습니다. 특별한 공도 없고 배경도 없는 그가 이런 출세를 한 것은 당시 파촉으로 쫓겨간 한나라의 다급한 사정과 외모와 언변이 번드르르한 그에게 한눈에 반한 승상

소하의 강력한 추천이 있었기 때문인데요. 다행히 이후 이어진 소소한 전투들에서 계속 승리를 거두면서 한신은 대장군으로서의 능력을 입증해 보였습니다.

그러나 그러기도 잠시, 한신은 한나라의 진짜 적이라고 할 수 있는 항우와 팽성 대전의 한판 싸움으로 박살이 나버립니다. 56만의 군사로 겨우 3만인 항우의 군대에 대패했을 뿐 아니라 혼비백산해 대장군의 지위도 잊고 유방을 호위하기는커녕 혼자 몸도 내빼지 못했지요. 몇 안 되는 군사들과 강가에까지 몰렸다가 이판사판이다 싶어 반격을 가했더니 초나라 군이 움찔하는 틈을 타 겨우 도망치는 데 성공했습니다.

저의 추측이지만 한신은 이 팽성 대전 대패의 충격 속에서 '대체 지금 무얼 하고 있는 건가. 나는 누구인가. 나는 진짜배기인가, 가짜 종이 인형인가' 하는 근본적인 고민과 열등감에 사로잡혔을 것입니다. 이후 한신의 행보는 '나는 누구인가'를 찾는 존재 증명의 과정에 가깝습니다. 3만의 병사를 데리고 한왕 유방의 본진에서 떨어져나와 별도의 부대로 활동하면서 위나라, 대나라 등을 차례로 무너뜨렸는데요. 이 과정에서 본대로 돌아오라는 유방의 명령도 무시하고 유방이 이미 외교적으로 항복을 받아놓은 제나라를 뜬금없이 공격해서 사신으로 가 있던 한나라의 충신 역이기를 죽음에 이르게 하는 등 한나라의 입장을 곤란하게 만들기도 했습니다.

배수의 진은 그렇게 자신의 존재를 증명하려 했던 한신의 가장 위태로운 시도가 아닌가 싶습니다. 그는 팽성 대전에서 자신이 대패했던 바로 그 장면을 승리로 재현함으로써 '나는 이런 사람이다!'라는 것을 증명하고 싶었던 게 아닐까요? 헤겔은 이런 인간의 욕구를 '인정투쟁'이라는 용어로 설명하기도 했습니다. 타자가 나를 자립적인 가치로 인정해주기를 바라며 도전하는 과정은 생사를 건 투쟁의 과정이며 삶의 목적이 되기도 한다는 것이지요.

하지만 목적과 한계를 잊은 인정투쟁은 자멸을 가져오기도 합니다. 한신을 상징하는 또 하나의 고사성어는 토사구팽(兎死狗烹)입니다. 사냥에서 토끼를 잡고 나면 사냥개를 삶아 먹는다는 뜻으로, 목숨을 걸고 충성을 다했더니 전쟁이 끝나고 나서는 배신을 당한다는 말인데요. 한신이 걸어온 삶의 여정을 살펴보면 사실 한왕 유방의 배신이라기보다는 자초한 결과에 가깝습니다. 그는 유방의 철군 명령을 여러 차례 무시했을 뿐 아니라 심지어 초나라의 맹장 종리매를 체포하라고 했더니 친구라며 명령조차 무시했습니다. 그러면서 초나라 땅을 차지하고 초왕이 되어 오히려 한나라를 위협하는 독자세력화를 꾀했으니, 정상적인 정치조직이라면 무슨 수를 써서라도 이런 한신을 배제하는 것이 당연한 선택이었을 겁니다.

한신은 자신의 존재를 증명하기 위해 몸부림쳤지만 한나라의 대장군에 머무르지도, 그렇다고 책사 괴철의 조언대로 새로운 나라를 세워 유방에게 대항할 장기적인 의지도 없이 어정쩡한 상태에 머물렀습니다. 그러니 비극적인 최후는 이미 정해진 운명이었지요.

다시 한번 헤겔의 말을 빌리면 성공한 삶이란 인정투쟁에서 승리한 삶입니다. 하지만 헤겔은 한신과 같이 '타인으로부터의 인정'이 인정투생의 끝이 아니며 그 끝은 '내가 나 자신을 인정하는 것'이라고 봅니다. 타인으로부터의 인정은 자기 자신을 인정할 수 있는 하나의 근거일 뿐이라는 것이지요. 헤겔의 입장에서 '자기의식'은 두 개의 양상으로 나뉩니다. 인정받기를 원하는 의식과 이를 객관적 입장에서 인정해주는 타자적 의식이지요. 그 둘 사이의 괴리를 메꾸려는 노력의 과정에서 인간은 성장하게 됩니다. 그렇다면 그런 노력 끝에 마침내 '스스로 납득할 수 있는 삶'을 살아간 사람들을 '성공한 사람'이라고 볼 수 있지 않을까요?

성공과 실패의 기로에 선 이들에게

이 책은 그런 의문을 저보다 앞선 시대에, 혹은 저와 동시대에 치열한 삶을 통해 증명한 사람들의 이야기를 통해 풀어보려는 시도입니다.

지금, 이 순간 세상 어딘가에서 수많은 사람이 자신의 꿈을 향해 도전하고 그 과정에서 성공하거나 실패하는 모습들이 폭죽처럼 반짝이고 있을 겁니다. 하지만 겉으로 화려하게 보이는 그 반짝임이 과연 진짜일까요? 어떤 경우엔 성공 같아 보이지만 결과적으로는 실패한 일도 있고, 반대로 실패했지만 성공에 못지않은 성과를 거둔 일도 있습니다. 세상 속에 숨어 있는 그런 성공과 실패의 이야기 그리고 그 이면의 속사정들을 옛이야기 전하듯 들려드리고자 합니다. 이들의 삶을 통해 여러분도 나의 삶은 무엇이었으며 앞으로 무엇이어야 하는가에 대한 자신만의 인사이트를 분명 얻으실 거라고 기대해봅니다.

이 글은 쉽고 재미있는 IT 뉴스를 꾸준히 전하는 온라인 뉴스매체 〈아웃스탠딩〉의 요청으로 약 3년간 연재되었던 글을 정리하고 다듬어 묶은 것입니다. 이 모든 이야기의 시작을 만들어주신 류호성 〈아웃스탠딩〉 에디터님께 깊은 감사의 말씀을 드립니다. 그리고 책을 만드는 과정에서 애정을 다해 아이디어를 제시하고 함께 고민하며 이 책을 만들어주신 한경BP의 김종오 대리님께 특별히 감사드리고 싶습니다. 아마 대리님의 노력이 아니었다면 이 책이 나오는 건 불가능했을 겁니다.

부디 이 책이 인생의 성공과 실패를 고민하는 분들, 그 기로에서 혼란을 겪고 있는 분들, 앞으로 올라야 할 높은 산을 바라보며 좌절하거나 얼마 남지 않은 내리막을 보며 아쉬워하는 분들에게 희미하나마 좌표를 알려드리는 작은 별이 되길 바랍니다. 이 모든 이야기의 결론은 하나입니다. 성공과 실패는 결국 타인이 아니라 나 자신과의 싸움과 타협에 관한 문제라는 겁니다. 저 역시 글을 쓰면서 앞으로 허락된 인생의 시간 동안 과연 어떤 별을 어떻게 따라가야 할지 좀 더 깊이 고민해볼 수 있었습니다. 자, 이제 페이지를 펼쳐 저와 함께 이 여행을 시작해보실까요?

아름다운 도시 부산에서 저자 올림

1장

자신의 한계를 넘어 성공을 쓴 사람들

천재들 사이에 끼었을 때의 자세
: 링고 스타와 비틀스

천재들 속에서 살아남는 법

20세기 최고의 그룹으로 손꼽히는 비틀스(The Beatles), 아마 비틀스에 관심이 없는 분들도 폴 매카트니와 존 레넌은 아시지 않을까 싶은데요. 비틀스의 활동과 성공 과정에서 이 두 사람의 비중은 단연 압도적이었습니다. 두 사람은 비틀스의 노래 대부분을 작사, 작곡했는데 워낙 천재들이라 서로 영향을 주고받으며 만든 곡들이 많았지요. 예를 들어 '헤이 주드(Hey Jude)'의 경우 앞부분은 폴이 만들고, 뒷부분 '나나나'는 존이 만들어 붙여서 완성된 곡입니다. 그렇다 보니 아예 각 곡의 작사·작곡 크레디트를 표기할 때 두 사람의 공동 작사·작곡으로 표기하는 것이 비틀스의 관행이 되어버렸을 정도지요.

두 사람은 연주 실력도 상당한 수준이었습니다. 거의 모든 악기

| 그림 1 | 비틀스 멤버들이 1964년에 뉴욕 JFK 공항에 도착했을 당시의 사진. 왼쪽부터 조지 해리슨, 폴 매카트니, 존 레넌, 링고 스타다.

를 다룰 수 있었던 폴은 기타도 혼자 익히다 보니 특이하게도 오른손으로 코드를 잡는 왼손잡이 기타리스트가 되었고, 스스로 개발한 독특한 기타 주법을 사용하는 경우가 많았습니다. 그의 대표작 '예스터데이(Yesterday)'를 기타로 쳐보면 리듬이 상당히 난해한 곡이라는 걸 알 수 있죠.

사실 기타리스트 조지 해리슨도 다른 그룹이었다면 당당히 리더가 됐을 재능의 소유자였지만 폴과 존이 워낙 '넘사벽' 수준의 천재다 보니 빛을 보지 못했습니다. 그래도 기타와 작곡 실력을 꾸준히 갈고닦아 나중에는 '히어 컴즈 더 선(Here comes the sun)', '와일 마이 기타 젠틀리 웝스(While my guitar gently whips)' 같은 히트곡도 만들고 나름의 음악 세계를 구축했습니다. 하지만 지나치게 작곡과 기타 훈련에 집중하다 보니 방에 틀어박히는 것은 기본이고 인도까지 가서 라비 샹카에게 시타르 연주법을 배워오는 등 음악 활동에만 매진해서 아내인 패티 보이드에게 소홀해졌지요.

이 틈에 에릭 클랩튼이 패티에 대한 사랑을 고백한 '라일라(Layla)' 같은 노골적인 불륜 곡[정확히 말하면 '데릭 앤드 더 도미노스(Derek & the Dominos)'라는 제목으로 발표된 앨범 〈라일라 앤드 아더 어소티드 러브 송즈(Layla and Other Assorted Love Songs)〉 전체가 패티에 대한 절절한 고백을 담고 있습니다]을 발표했습니다. 그리고 진짜로 패티가 조지와 이혼하고 에릭에게 가는 황당한 일이 벌어졌습니다. 하지만 이 결혼도 끝은 대단히 안 좋았지요.

이렇게 두 천재와 그 반열에 올라가기 위해 끝없이 몸부림치는 조지의 각축이 벌어지는 가운데 제일 천하태평이었던 사람이 링고 스타(Ringo Starr)였습니다. 왼쪽 사진에서 네 사람 중 누가 가장 나이가 많아 보이나요? 존 레넌? 조지 해리슨? 의외로 링고 스타가 가장 연장자였습니다. 하지만 일부러 더 어려 보이려고 애교머리를 열심히 앞으로 내렸다고 하죠. 하지만 나이보다 심각한 문제는 링고 스타의 드럼 실력이 별 볼 일 없었다는 겁니다.

비틀스 활동 후기에는 링고 스타의 드럼이 나름의 색깔이 있다고 평가하는 사람들도 있었지만, 초기에는 도저히 앨범을 녹음할 만한 실력이 아니어서 스튜디오에서 쫓겨날 정도였습니다. 그래서 비틀스의 1집 앨범에는 링고 스타의 이름이 올라가 있긴 하지만 실은 다른 세션 연주가가 연주한 것이었지요. 음악가로서는 더없이 치욕적인 일이지만 워낙 천성이 태평한 그는 각고의 노력을 할 생각 같은 것은 없었습니다.

게다가 라이브 공연 일정이 많았기 때문에 아예 따로 연습을 안

하고 공연을 연습 삼아 연주했다는 본인의 회고도 있습니다. 유튜브에서 비틀스의 공연이나 녹음이 아닌 라이브를 들으면 '아, 이게 뭐야?' 싶을 때가 가끔 있는데 대개는 링고 스타의 불안한 박자가 원흉입니다.

그래도 항상 칼날처럼 곤두서 있는 세 사람 사이에서 유일하게 둥글둥글한 인물이라서, 비틀스가 깨지지 않고 굴러가는 데 결정적인 접착제 같은 역할을 했다는 데는 멤버 모두 동의했습니다. 심지어 링고는 농담도 잘했습니다. 한번은 스튜디오에서 종일 일하다 밤이 되었는데, 링고가 기지개를 켜면서 "아, 진짜 엄청 빡빡한 날, 아니 밤이네(It's been a hard day's night)?"라고 말한 게 히트곡 제목이자 앨범 제목 그리고 그들이 출연한 영화의 제목으로 두루 쓰였다고 합니다.

예상하시다시피 말은 링고가 했지만 노래는 폴과 존이 하루 만에 만들어 온 것이었죠. 그래도 가사의 일부, 심지어 핵심이 되는 콘셉트와 제목을 제시했으니 본인의 기여도나 크레디트 기재를 요구할 만도 하지만 링고는 이 농담이 자신의 입에서 나왔다는 걸 뿌듯해할 뿐이었습니다. 그는 노래를 만들어 온 두 사람에게 "와, 너희들 천재네?" 하며 순수하게 감탄하고 말아서 아무런 문제가 없었다고 합니다. 진짜 성격 좋지 않나요?

문어의 정원으로 놀러 오세요

충청도 사투리에서 '애는 착혀'라는 말은 사실 무능한 사람이라는 걸 돌려서 비판하는 말이라는 글을 본 적이 있습니다(저 역시 충청도 출신인데 확실히 그런 어감이 있습니다). 더구나 예술가인 링고 스타가 업계 동료들로부터 '사람은 좋다'라고 칭찬받는 건 절대로 칭찬일 수 없었지요.

세상없이 태평한 링고 스타도 그룹 전체를 쥐고 흔들고 싶어 하는 폴과 사사건건 대립하는 존 사이에서 스트레스가 쌓이기 시작했습니다. 비틀스 최고의 걸작 앨범으로 손꼽히는 〈화이트 앨범(White Album)〉을 만드는 과정에서는 폴의 전횡이 극에 달해서 링고에게 대놓고 드럼을 그따위로 치려면 차라리 자기가 치겠다며 막말을 하는 수준에 이르렀지요. 아무리 성격이 좋다지만 더는 참을 수 없었던 링고는 스튜디오를 박차고 나가버렸습니다. 여기서 재밌는 것은 링고가 나가자 폴이 직접 드럼을 쳐서 곡을 녹음했다는 것입니다. 그렇게 만들어진 곡이 '백 인 더 USSR(Back in the USSR)'입니다.

일단 집을, 아니 스튜디오를 나간 링고는 세계적인 스타답게 가출도 세계적으로 해서 이탈리아의 작은 섬에 틀어박혀 버렸습니다. 거기서 친구의 유람선을 얻어 타고 놀던 링고는(그렇습니다. '절치부심' 같은 단어는 링고에게 어울리지 않습니다) 유람선의 선장에게 점심을 대접받으면서 식탁에 올라온 문어 얘기를 들었지요. 선장이 "문어는 반짝이는 물건이나 예쁜 조약돌이 있으면 바다 밑으로 가지고 내려가서 정원을 만들어요"라고 하자, 링고는 어린애처럼 "정말? 정말?" 하면서 좋아했다고 합니다. 그도 정원이라면 껌뻑 죽는 영국인이었으니까요.

다음 앨범이자 비틀스 해체 직전 마지막 앨범이었던 〈애비 로드(Abbey Road)〉 녹음을 위해 돌아온 링고는 아마도 마지막이 될 것이 분명한 이 앨범에 자기 노래를 하나라도 넣고 싶었습니다. 사실 그도 흔히 '화이트 앨범'이라 불리는 앨범 〈더 비틀스〉에 첫 작품인

'돈트 패스 미 바이(Don't pass me by)'라는 곡을 넣긴 했습니다. 이 앨범 만들 때 멤버들이 사이가 좋지 않아 각자 곡을 만들어서 집어넣고 끝내는 식이었기에 아무도 링고의 곡에 시비를 걸지 않았거든요. 곡 자체는 팬들에게 '패스 잇 바이(pass it by, 이 노래는 거릅시다)'라고 혹평을 받을 수준이었습니다.

아무튼 링고는 선장에게 들은 문어 얘기로 노래를 만들어보려고 했지만 음악과 담쌓고 지낸 그의 수준으로는 딱 한 줄, 그러니까 'I'd like to be under the sea In an octopus's garden in the shade'의 멜로디만 만들고 1년 동안 한 걸음도 앞으로 나가지 못했습니다.

홀아비 사정은 과부가 알아준다고, 그룹 내에서 같은 아웃사이더였던 조지는 맨날 그 곡 하나만 뚱땅거리다가 뒷머리만 긁적이는 사람 좋은 친구를 안타깝게 생각했습니다. 그래서 뒤의 한 줄을 만들어 넣어주고 기타 반주도 만들어줬는데, 그렇게 탄생한 노래가 링고 스타의 유일한 히트곡인 '옥토퍼스 가든(Octopus's Garden)'입니다.

이 노래는 앞서 말한 것처럼 딱 두 줄의 멜로디로 만든 곡이라 'ABAB'의 단순한 구조로 되어 있습니다. 그런데 이게 링고의 이미지와 맞기도 하고, 단순한 구조에 문어까지 합쳐져 '아이들을 위한 동요'로 여기저기 써먹을 수 있었습니다. 그래서 링고는 나중에 이 노래로 책도 쓰고 비디오도 만들고 애니메이션도 만드는 등 사골 우리듯 우려먹었습니다. 하지만 노래 자체는 동요라기엔 좀 우울한 내용입니다. 천재들 그리고 그들의 싸움에 지치고 왜소해진 링고가 바닷속에 내려가 바위 그늘에 자신만의 작은 정원을 만들고 살고 싶다는 얘기이기 때문이죠.

인생은 즐기는 자가 승리한다

말도 많고 탈도 많던 비틀스가 해체된 이후 존 레넌을 제외한 세 사람은 수많은 굴곡을 겪었습니다. 아시다시피 존은 솔로 활동을 성공적으로 했지만 전위예술가였던 오노 요코와의 결합 과정에서 이런저런 구설수와 논란에 휘말렸지요. 음악적, 심리적으로 부침을 겪던 중 그는 1980년 광팬인 마크 채프먼에게 총격을 입고 비극적으로 생을 마쳤습니다. 조지 역시 몇 장의 솔로 앨범이 크고 작은 성공을 거두었으나 조금씩 잊히다가 2001년 58세라는 젊은 나이에 폐암으로 사망했습니다. 가장 성공적인 솔로 활동을 이어간 사람으로는 폴 매카트니를 들 수 있는데요. 하지만 그 역시 정말 사랑했던 제인 애셔와 맺어지지 못했고 음악적으로도 부침을 거듭했습니다.

그래서 현재 가장 행복한 노후를 보내고 있는 사람을 꼽으라면 아마 링고 스타가 아닐까 합니다. 물론 그도 비틀스 해체 직후에는 솔로 활동을 해보려고 몸부림쳤지만 음반사로부터 신작 앨범 제작을 거부당하는 수모를 겪기도 했지요. 이에 낙담하고 잠시 알코올 중독에 빠지기도 했지만 1980년대 후반에는 그다운 낙천적인 성격으로 훌훌 털어버리고 일어섰습니다.

그의 무던한 성격을 보여주는 에피소드는 많습니다. 미국 애니메이션 〈심슨 가족〉에서 호머 심슨이 "됐어. 그래, 난 필요 없는 존재야. 비틀스로 치면 링고 스타 같은 존재라고!"라고 말하는 장면이 있을 정도인데요. 어찌 보면 링고의 입장에서는 모욕적인 대사였을 수 있는데, 이 에피소드를 본 그는 껄껄 웃으면서 "20년 넘게 저런 말 들어왔으니 괜찮아"라고 했다고 합니다.

꽤 오래전에는 일본의 사과주스 광고에 출연하기도 했습니다. 일본어로 '린고'가 사과인데 두 남녀가 "이거 린고 주스야!"라고 하면 벤치에서 카메라를 등지고 있던 링고 스타가 몸을 돌리며 "나 불렀어?" 하는 게 전부인 황당한 광고였습니다. 정말 링고 스타처럼 무던한 성격이 아니라면 레전드급 뮤지션이 그런 광고에 출연하는 것은 상상도 못 할 일이었겠지요.

1989년 이후 그는 솔로 활동을 깨끗하게 접고 '링고 스타와 그의 올스타 밴드'를 만들어 세계 투어를 다녔습니다. 사실 그 어떤 스타라도 비틀스의 링고가 전화해서 "이봐, 나랑 공연 하나 하지" 하면 거절하기 어렵지 않을까요? 그래서 2015년에 내한했을 때도 토토의 스티브 루카서, 미스터미스터의 리처드 페이지, 퀸스라이크의 토드 룬드그렌 등이 동행했습니다. 자기 노래가 몇 개 안 되기 때문에 다른 가수들을 불러 공연의 반을 채우는 공연이라서, 사실 링고의 입장에서는 부담이 없었지요. 그래서 그가 밴드와 함께 다니는 세계 투어는 말 그대로 '투어(tour)', 그러니까 세계여행이나 팔도유람과 크게 달라 보이지 않습니다. 우리나라에 왔을 때도 며칠간 여기저기 구경하며 즐거운 시간을 보냈지요.

비틀스에서 가장 나이가 많은 멤버이다 보니 2024년 기준으로 83세입니다만, 여전히 링고 스타는 올스타 밴드와 함께 공연을 다니며 건강을 유지하고 있습니다. 여든이 넘은 나이에도 부와 명예, 정신 건강까지 챙기며 즐겁게 살고 있는 링고야말로 비틀스 전설의 진정한 승리자이자 수혜자가 아닐까요?

실패를 두려워하지 않는 여유란
: 제임스 캐머런 이야기

〈아바타〉로 증명한 캐머런 감독의 성공 신화

2022년 12월 개봉한 제임스 캐머런(James Cameron) 감독의 〈아바타 2: 물의 길〉은 당시 세계적인 화제를 불러일으켰습니다. 러닝타임이 3시간 10분이나 되고 이 영화를 제대로 즐기려면 아이맥스 3D 상영관을 찾아야 해서 티켓 가격도 꽤 비쌌는데요. 하지만 영화를 본 이들은 입을 모아 '완전히 새롭고 환상적인 경험'이라고 극찬했고 관객과 평론가 모두 호평 일색이었습니다. 그렇게 〈아바타 2〉는 캐머런 감독의 필모그래피를 장식하는 또 다른 대표작이 되었지요.

사실 〈아바타 2〉는 개봉 전까지 우려의 시각이 적지 않았습니다. 일단 제작 기간이 계속 늘어지면서 애초 예정되었던 2017년 개봉이 한 해 한 해 밀려 5년이나 늦어졌습니다. 게다가 코로나19로 중국 등 꽤 많은 지역이 완전한 정상화가 이뤄지지 않은 상황이었지요. 무엇보다 너무 많은 제작비가 투입되었습니다. 이 영화에 들어간 제작비와 마케팅 비용은 약 4억 달러, 한화로 5,000억 원 이상입니다. 물론 함께 제작된 〈아바타 3〉의 비용 일부까지 포함된 것이라고는 해도 할리우드 역사상 가장 비싼 영화였죠. 캐머런 감독은 개봉 전 인터뷰에서 "상업적 차원에서 보면 최악의 영화"라고 고백할 정도였습니다.

하지만 이렇게 엄청난 제작비가 들어갔음에도 사람들은 〈아바타 2〉가 손익분기점을 쉽게 넘을 것이며, 최고 흥행 기록을 갱신할 것인가가 문제라고들 했습니다. 그런데 역대 최고 흥행 영화 기록을 살펴보면 재밌는 사실을 확인할 수 있습니다. 당시 역사상 가장 큰 흥행을 기록한 영화 1위는 2009년 29억 달러의 흥행을 기록한 〈아바타〉였고, 2위가 2019년 27억 달러를 기록한 〈어벤져스: 엔드게임〉 그리고 3위가 1997년 22억 달러를 기록했던 〈타이타닉〉이었습니다. 즉 역사상 최고 흥행 1위, 3위 영화가 모두 제임스 캐머런 감독의 영화였고 이번엔 〈아바타 2〉로 자신이 세운 기록을 또 한 번 깨고자 했죠. 정말 대단한 감독이라고 하지 않을 수 없습니다.

그는 이 외에 여러 개의 초대형 블록버스터 영화를 연달아 찍으면서도 거의 실패를 경험하지 않은 능력자, 아니 예외적일 만큼 운이 좋은 행운아였습니다. 이 문장에서 '한 번도 실패를 경험하지 않은'이 아니라 '거의'라고 쓴 이유는 그 역시 딱 한 번, 아주 크게 실패한 경험이 있기 때문입니다.

딱 한 번의 실패

제임스 캐머런의 가장 처참한 흑역사를 이야기할 때 빠지지 않고 언급되는 것은 그의 데뷔작이었던 〈피라냐 2〉입니다. 애초에 감독이 아니라 특수효과 담당 스태프로 들어갔던 작품인데, 촬영이 진행되는 중에 영화제작자가 마음대로 영화를 만들려고 감독을 자르고 아무나 골라잡아 앉힌 것이 캐머런이었습니다. 그래서 얼떨결에 감독이 되긴 했지만 말도 안 되는 예산, 말도 안 통하는 이탈리아 배우들, 말도 안 되는 일정 속에서 졸속으로 만들어진 영화였지요. 심지어 캐머런이 명목상 감독임에도 편집 작업에 손도 못 대도록 막아놓았던 터라 엄밀히 말하자면 그의 영화라고 부르기는 어려운 괴작입니다.

하지만 어쨌든 본인의 이름이 감독으로 크레디트에 올라갔으니 〈피라냐 2〉는 캐머런의 커리어에 심각한 장애물이 됐습니다. 〈터미네이터〉라는 멋진 각본을 썼음에도 이 흑역사 때문에 어떤 영화사에서도 감독으로 써주려 하지 않았으니까요. 결국 캐머런은 감독을 맡게 해주면 자신이 쓴 각본을 1달러에 넘기겠다는, 말도 안 되는 조건으로 간신히 〈터미네이터〉의 감독을 맡았습니다. 다행히 별로 예산도 크지 않았던 이 영화가 엄청난 히트를 기록하면서 캐머런은 할리우드에서 자리를 잡을 수 있었지요. 그리고 연이어 〈에이리언 2〉를 감독하면서, 리들리 스콧 감독의 전작 〈에이리언〉을 뛰어넘는 흥행작으로 만들어냅니다. 드디어 그도 자기 목소리를 낼 수 있는 흥행 감독의 반열에 올랐지요.

원래 캐머런은 SF 덕후로도 유명했습니다. '우주' 그리고 우리가 실제로 접근할 수 있는 우주의 이미지를 가진 '바다'는 그의 가장 큰 관심사였습니다. 그래서 언젠가는 바다, 그것도 심해저와 관련된 영화를 만들겠다는 야심을 품고 있었지요. 하지만 바닷속에서 벌어지는 사건을 그린 영화를 찍으려면 대형 수조와 특수 촬영 장비가 필요했습니다. 거대한 자본이 들어갈 수밖에 없는 해양 영화를 초짜 감독이 시도하는 것은 언감생심이었죠. 그런데 〈터미네이터〉와 〈에이리언 2〉가 연달아 대박을 터트리자 비로소 그는 해보고 싶던 영화를 마음껏 시도할 수 있었습니다. 그렇게 시작된 초대형 프로젝트가 1989년에 개봉한 영화 〈심연(Abyss)〉입니다.

제목 자체가 대놓고 심연, 심해를 의미하는 'abyss'였으니, 평생 꿈꿔온 바다 영화의 한을 남김없이 풀고야 말겠다는 캐머런의 야심이 절절히 느껴지지 않나요? 그 야심을 현실로 만들기 위해 안 그래도 완벽주의자인 데다 다혈질에 입도 걸걸하기로 유명한 그의 폭주가 시작되었습니다. 예산은 마구 초과되었고 촬영 일정도 질질 늘어졌지요. 여기에 대부분 장면이 물속 촬영이었고 감독의 반복된 재촬영 요구와 내용 수정으로 배우와 스태프들 모두 신경이 날카롭게 곤두서서 촬영 현장에서는 막말이 오갈 정도였다고 합니다. 오죽하면 스태프와 배우들이 영화 제목을 'Abuse(학대)'로 바꿔야 한다고 씁쓸한 농담을 했을까요.

서양 속담에 '돈이면 다 해결된다(Money Talks)'라는 말도 있듯이, 만일 이 영화가 흥행에 성공했다면 결국은 좋은 게 좋은 것으로 마무리되었을 겁니다. 하지만 아이러니하게도 많은 영화가 제한된 예산이나 여건에서 오히려 더 멋진 결과가 나오는 일이 적지 않습니다. 반대로 예산이나 기획의 제한 없이 만들어지는 작품은 감독의 자의식이 과도하게 들어가서 재미가 떨어지고 결국은 망하는 경우가 종종 있는데요. 안타깝게도 〈심연〉이 정확하게 그런 경우였습니다.

더구나 제작 기간이 길어지는 사이 '흥행 감독 제임스 캐머런이 심해영화를 찍고 있더라'라는 소문이 할리우드에 돌면서 〈레비아탄〉, 〈딥 식스〉 등 유사한 심해저 액션 영화들이 먼저 시장에 나왔습니다. 결국 너무 많은 예산, 너무 긴 제작 기간, 너무 긴 러닝타임의 〈심연〉은 1989년 당시 자그마치 7,000만 달러의 제작비를 들였지만 북미 지역 수익 5,400만 달러, 월드 박스오피스 최종 9,000만 달러의 수익을 올리는 데 그쳤습니다. 그래도 제작비보다 2,000만 달러 정도 더 벌었으니 괜찮다고 생각할지 모르지만, 이런 대작 영화는 순수 제작비의 배 이상이 마케팅 비용으로 들어갑니다. 즉 단순 계산으로도 5,000만 달러 이상의 거대한 적자를 기록한 것이지요.

실패를 두려워하지 않는 사회

하지만 이 '거대한 실패'는 단순히 좌절로 끝나지 않았습니다. 다음 페이지의 사진 옆에 있는 QR 코드로 영상을 재생하면 외계인이 바닷물을 이용해 여주인공의 얼굴을 흉내 내어 합성하며 소통을 시도하는 장면이 등장합니다. 영화에서 가장 유명한 장면 중 하나인데요. 당시로서는 불가능하게 여겨졌던 물의 질감을 표현하는 CG를 만들기 위해 짧은 장면임에도 엄청난 비용과 기술이 투입되었지요. 그런데 이 장면을 찬찬히 들여다보면 혹시 떠오르는 다른 영화가 없으신가요?

그렇습니다. 액션 영화의 영원한 걸작이자 전편보다 나은 속편의 예외로 〈대부 2〉와 함께 언급되는 〈터미네이터 2〉에 나오는 악역 로봇 T-1000이 바로 이 기술로 구현된 것입니다. 〈터미네이터 1〉에서 아무리 총으로 쏘고 불로 태워도 죽지 않는 근육질의 강철 로봇이

| 그림 2 | 2010년 테드(TED) 강연 당시 제임스 캐머런의 모습을 담은 사진. QR 코드를 찍으면 영화 〈심연〉의 수중 장면 묘사를 볼 수 있다.

배우 아널드 슈워제네거의 연기로 매우 강렬한 인상을 주었기 때문에, 속편에서 이를 넘어서는 다른 악역이 있을 거라고는 아무도 상상하지 못했습니다. 하지만 캐머런은 속편에서 전편의 완전한 대척점에 있는, 호리호리하고 빠르지만 몸 전체가 액체금속으로 되어 있어 어떤 모습으로도 변형될 수 있고 어떤 공격을 받아도 금세 복원되는 무시무시한 로봇을 상상해냈습니다.

하지만 이 로봇이 주는 충격의 핵심인 액체금속의 변신 장면을 구현할 수 있는 기술이 없었다면 이런 구상은 화면에 옮겨질 수 없었겠죠. 아니, 반대로 〈심연〉에서 개발한 이 초현실적인 기술을 활용하고 싶어서 이리저리 궁리하다가 T-1000을 착안했다고 보는 게 더 타당한 추론일지도 모르겠습니다.

〈심연〉의 영향은 여기서 그치지 않습니다. 〈터미네이터 2〉와 〈트루 라이즈〉의 대성공으로 흥행 감독의 자리를 되찾은 캐머런은 전열을 가다듬은 후, 기어코 다시 한번 바다 영화에 도전합니다. 이쯤 되면 이 양반의 바다에 대한 집착도 참 어지간하다 싶은데, 그렇게 고생하며 만들어낸 영화가 바로 역대 흥행 기록 3위에 빛나는 대작 〈타이타닉〉입니다. 이미 〈심연〉에서 물이 나오는 장면들은 질릴 만큼 찍어봤기 때문에 수조 제작, 수중촬영, 화면구도와 편집 등 이 영화에서 얻은 거의 모든 경험이 〈타이타닉〉에 남김없이 재활용되었습니다. 심지어 〈타이타닉〉의 첫 부분에 등장하는 잠수정은 〈심연〉에 나온 잠수정을 다시 등장시킨 것이었습니다. 제작비가 부족해서 재활용했다기보다는 〈심연〉의 실패가 헛되지 않았음을 만방에 알리고 싶었던 캐머런의 의도가 반영된 게 아닌가 싶습니다.

그리고 영화 〈아바타 2〉 역시 관객들의 가장 큰 찬탄을 불러일으키는 부분은 바로 환상적인 수중 장면의 묘사입니다. 이 또한 〈심연〉에서 시작된, 액체를 묘사하는 촬영 기술 발전의 연장선에 서 있다고 할 수 있겠죠. 그런데 〈심연〉의 실패가 가져다준 성과는 캐머런 개인뿐 아니라 지금 이 글을 읽고 있는 우리 모두에게로 확장됩니다. 캐머런은 〈심연〉 특수효과를 맡은 ILM에 액체가 다양한 형상으로 변화되는 특수효과를 요구했는데 당시 기술로는 이것을 동영상으로 구현해낼 방법이 없었습니다.

그래서 ILM에 근무하던 기술자인 존 놀(John Knoll)은 고민 끝에 당시 개발 단계에 있던 빛, 각도, 질감 등을 계산해 CG를 만들어내는 소프트웨어로 한 컷 한 컷 장면을 그린 후 이어 붙여 동영상을 만들어냈습니다. 형제인 토머스 놀(Tomas Knoll)과 함께 개발한 이 소프트웨어는 〈심연〉의 충격적인 영상으로 크게 화제를 모았지요. 이후 PDF 소프트웨어로 유명한 어도비에서 라이선스를 구입해 개인 사용자를 위한 상품으로 내놓아 판매하게 되었고 1995년에는 두 형제에게 3,450만 달러라는 거액을 주고 저작권까지 사들였습니다. 이 프로그램이 바로 '뽀샵질'이라는 속어까지 만들어낼 정도로 많은 사람이 사진 보정에 일상적으로 사용하고 있는 영상 소프트웨어 포토샵(Photoshop)입니다.

결국 〈심연〉의 거대한 실험과 실패가 없었더라면 제임스 캐머런이 역대 최고 흥행 영화 기록을 자신의 이름으로 수놓을 일도 없었을 것이고, 영상 기술의 혁신도 늦어졌을 것입니다. 그처럼 크게 실패할 수 있는 환경, 그렇게 실패하고도 능력과 아이디어만 있다면 다시 일어설 수 있는 환경에서 작업을 하고 있었다는 것이 바로 그의 '예외적인 행운'의 실체가 아니었을까요?

최근 몇 년 사이 우리나라의 국제적 위상이 급격히 높아지고 있습니다. K-Pop, K-드라마, K-음식을 넘어 요즘은 폴란드에 거액의 무기를 수출하면서 급부상하고 있는 K-방산에 이르기까지, 요즘 우리는 실패를 모르는 기관차처럼 달려나가는 것 같습니다. 그럼에도 여전히 우리나라는 단 한 번의 실패도, 단 한 번의 경로 이탈도 쉽게 용납하지 않는 사회라는 점이 많은 사람을 두렵게 합니다. 그리고 지금 '절정'으로 치닫고 있다면 다른 의미에서는 '한계'가 가까워지고 있다고 볼 수 있는데요. 이제까지 해왔던 방식의 효용이 다할 때가 머지않았다는 것이지요.

그 한계를 돌파하기 위해서는 다양한 형태의 실패, 때로는 거대한 규모의 실패를 받아들일 수 있는 여유가 필요하지 않을까 싶습니다. 이제까지 기성세대가 아등바등하며 벌어들인 얼마 안 되는 밑천을 바탕으로 다음 세대에게 주어야 할 가장 큰 선물은 바로 이런 '실패를 두려워하지 않는 사회'가 아닐까요?

거대한 벽 앞에 선 이들에게 : 조 윌프리드 송가의 마지막 눈물

테니스 코트에 엎드려 우는 사나이

최근 코로나19로 주춤했었던 야외 활동이 활발해지면서 그중에서도 스포츠에 대한 사람들의 관심이 높아지고 있습니다. 전통적인 인기 종목인 프로야구나 축구의 인기도 여전하지만 요즘 갑작스럽게 많은 관심이 쏠린 종목으로 테니스가 있습니다. 아무래도 보는 스포츠보다는 하는 스포츠로서 접근성도 좋은 편이고, 테니스 패션이라고 불리는 셔츠, 스커트, 모자 등의 산뜻한 기능성에 주목하는 이들도 많아져서인 것 같습니다.

하지만 세계적인 차원에서 보면 테니스 역시 보는 스포츠, 특히 프로의 영역에서 오랫동안 인기를 유지해온 종목입니다. 워낙 저변이 넓고 선수들도 많다 보니 전 세계에서 열리는 대회의 숫자도 어마어마하지요. 현재는 마치 피라미드처럼 대회의 수준과 형식이 체계를 이루고 있는데요. 대회에서 입상하면 얻는 랭킹 포인트와 상금을 차등화해서 이를 바탕으로 세계 랭킹이 정해지기 때문에, 상급 대회에 나가려면 꾸준히 여러 대회에 참가해 포인트를 쌓아야 합니다. 가장 아래에는 ITF 월드테니스 투어, 그 위에 ATP 챌린저 투어, 250투어, 500투어, 마스터스 1000 투어까지 층층시하인데 그 피라미드의 맨 꼭대기에 있는 가장 영예로운 네 개 대회를 '그랜드 슬램'이라고 부릅니다.

이 네 대회가 열리는 시기를 순서대로 말씀드리면 호주 멜버른에서 1월에 열리는 호주 오픈, 프랑스 파리에서 5월에 열리는 롤랑가로스 오픈, 영국 런던에서 6월 말에 열리는 윔블던 대회, 미국 뉴욕에서 8월 말에 열리는 US 오픈입니다. 이 대회들은 열리는 시기나 대륙, 기후가 모두 다르기도 하지만 코트의 성질도 달라서 팬들의 흥미를 불러일으키는데요. 호주 오픈과 US 오픈은 모두 파란색 하드코트지만 롤랑가로스는 '클레이코트'라고 불리는 흙으로 된 바닥이고 윔블던은 잔디코트입니다. 코트의 재질에 따라 공이 튀는 각도나 속도, 선수들의 스텝 등이 모두 달라지기 때문에 다양한 선수들이 두각을 드러내는 계기가 되기도 하지요.

그중 롤랑가로스의 흙바닥은 붉은 벽돌 가루로 만드는 '앙투카' 재질이기 때문에 전체적으로 코트가 붉은색을 띠는데요. 앙투카는 롤랑가로스의 상징과도 같아서 대회가 열리는 현지에서는 앙투카를 유리병에 담아 기념품으로 팔기도 합니다.

2022년 롤랑가로스 대회 3일 차였던 지난 5월 24일, 한 남자 선수가 이 앙투카 코트에 머리를 대고 엎드려 흐느꼈습니다. 잠시 후 선수가 고개를 들자 이마에 붉은 앙투카 흙이 잔뜩 묻었는데요. 다

부진 몸매를 가진 흑인 선수였기 때문에 흡사 전투에 나서는 아프리카 전사의 얼굴 장식같이 보이기도 했습니다. 하지만 현실은 정반대였습니다. 그는 지금 막 전투를 마친 상황이었고 전투에서 패배한 뒤였습니다. 심지어 그는 다시는 전투에 임할 수조차 없었지요. 그는 생애 마지막 전투에서 패배한 후 오열하고 있었던 겁니다. 도대체 그에게 무슨 일이 있었던 것일까요?

최고가 될 수 없었던 최고의 선수

이 선수의 이름은 조 윌프리드 송가(Jo-Wilfried Tsonga)입니다. '송가'로 불러야 할지, '쏭가'로 불러야 할지, 아니면 '총가'로 읽어야 할지 혼란스러운 그의 성은 콩고인이었던 아버지로부터 물려받은 것인데요. 콩고의 핸드볼 선수였던 아버지는 프랑스인 아내를 만나 1970년대에 프랑스로 이주해왔습니다. 송가는 아버지로부터 건강한 신체를 물려받아 188센티미터의 큰 키와 유연하면서도 강한 근육을 지닌 스포츠맨으로 어려서부터 두각을 드러냈습니다. 테니스 주니어 대회를 휩쓸었던 그는 19세였던 2004년 일찌감치 프로 무대에 데뷔했습니다.

하지만 그의 프로테니스 무대는 시작부터 벽에 부딪혔습니다. 프로테니스 역사상 최고의 선수들로 불리는 빅 4의 시대가 막 시작되었기 때문입니다. 1998년에 데뷔한 로저 페더러가 당시 정상을 찍고 있었고, 2001년 데뷔한 나달은 클레이코트에 엄청나게 강한 '흙신'으로 군림하며 송가의 홈 무대인 프랑스의 롤랑가로스 오픈을 독식하기 시작했습니다. 여기에 2003년에는 그랜드 슬램 최다 우승을 나달과 다투게 되는 노박 조코비치가, 2005년에는 영국 윔블던의 희망 앤디 머레이까지 등장해 송가는 앞뒤로 완전히 포위된 형국이 되어버렸지요.

이 네 명의 선수는 이전에도, 아마 앞으로도 다시 없으리라 여겨지는 테니스계의 신과 같은 존재들로 거의 모든 상급 대회를 휩쓸었습니다. 안타깝게도 송가에게 남겨진 몫은 없었지요. 차라리 꿈조차 꿀 수 없는 실력 차이가 있었다면 깨끗하게 포기했겠지만 송가는 자타가 공인하는, 빅 4의 바로 다음에 있는 '인간계 최고 선수'였습니다.

이는 기록을 통해서도 확인할 수 있습니다. 송가는 프로선수 경력 동안 467승 238패로 승률 66.2퍼센트를 기록했는데요. 4대 그랜드 슬램 대회 모두에서 준결승에 진출했으나 단 한 번도 타이틀을 따지 못했습니다. 그랜드 슬램 대회 최고 기록은 2008년 호주오픈 준우승이었는데 이때 우승을 한 것도 빅 4의 노박 조코비치였습니다. 심지어 2012년 송가가 생애 최고의 세계 랭킹인 세계 5위를 기록했을 때도 그 앞의 네 명이 페더러, 나달, 조코비치, 머레이였습니다.

하지만 송가는 메이저 대회에서 이 빅 4를 모두 이긴 적 있는 세 명 중 한 명이었지요. 그것도 한 대회에서 빅 4 세 명을 만나 모두 이긴 유일한 두 명 중 한 명이며, 페더러, 나달, 조코비치가 세계 랭킹 1위일 때 그들을 이긴 세 명 중 한 명입니다. 그는 신계로 불리는 빅 4와 맞서 가장 잘 싸운 인간계 선수였지만, 반대로 보면 이렇게 빅 4와 비교하는 것으로만 자신의 성취를 말할 수밖에 없는 불운한 선수이기도 했습니다.

결국 그는 18년의 프로선수 생활 동안 마스터즈급 대회를 2회

우승하는 데 그쳤습니다. 송가의 절정기는 2008년이었고 프랑스 마스터즈 대회에서 우승한 것도 이때였는데요. 사실 이 해에 송가는 꿈에 그렸던 그랜드 슬램 타이틀에 가장 가까이 갔습니다. 하지만 첫 그랜드 슬램 대회였던 호주 오픈에서 그의 대진운은 지독히도 나빴습니다. 1회전에 들어가자마자 머레이를 만났고 4강에서는 나달을 만났으며 천신만고 끝에 결승에 올라갔더니 조코비치가 기다리고 있었던 것입니다. 사실 나달과 4강전에서 엄청나게 진을 빼지 않았더라면 조코비치가 타이틀을 차지하기는 쉽지 않았을 것입니다.

한 대회에서 빅 4 중 세 명을 줄줄이 만나다니, 이쯤 되면 신이 송가에게 타이틀을 주지 않기로 한 것처럼 보입니다. 아니나 다를까, 이후 심각한 무릎 부상을 입은 송가는 최고의 절정기였던 2008년의 나머지 그랜드 슬램 대회들도 별다른 성과 없이 흘려보내고 말았습니다.

시대를 잘못 타고난 비운의 테니스 천재

이렇게 높은 벽을 넘기 위해 송가는 모든 수단을 동원해서 몸부림을 쳤습니다. 원래 그의 강점은 강력한 서브와 짧게 떨어지는 발리입니다. 예전 나무 라켓의 시대였다면 그의 장점은 눈부시게 빛났을 것입니다. 존 매켄로로 대표되는 당시 선수들의 주요 전략은 일단 강하게 서브를 넣은 후 무조건 네트 앞으로 대시해 들어가서, 넘어오는 공을 발리로 커트하는 '서브 앤드 발리' 전략이었습니다. 유튜브에서 당시 경기 영상들을 보면 선수들이 모두 네트 앞으로 다가가려고 안달하는 모습을 확인할 수 있습니다.

하지만 라켓의 재질이 카본 그라파이트가 주가 되는 강인한 합성 재료들로 바뀌면서 더 강하고 빠른 스트로크가 가능해졌고, 무작정 네트 앞으로 들어오다가는 좌우로 빠르게 뚫고 지나가는 패싱샷에 당할 가능성이 커졌습니다. 그래서 이반 렌들 이후 스트로크 중심의 플레이 스타일이 이제는 거의 공식처럼 정착되어, 코트 맨 끝의 베이스라인 부근에서 강한 스트로크를 퍼붓는 베이스라인 플레이가 대세가 되어버렸습니다. 빅 4가 바로 이런 베이스라인 플레이를 주무기로 삼는 선수들입니다. 따지고 보면 이 부분도 송가가 운이 없다고 할 수 있는 부분입니다. 조금만 더 일찍 태어났더라면 역사가 바뀌었을 텐데요.

하지만 시대를 탓하는 게 무슨 의미가 있을까요. 나무 라켓의 전통을 지키자고 주장하던 존 매켄로가 결국 플레이 스타일을 바꾸고 변화를 인정했듯이, 송가도 변화해야 했습니다. 그는 자신의 새로운 무기로 강력한 포핸드를 장착하고 동작이 느리다는 지적을 받은 두 손 백핸드도 연습을 통해 한 손으로 치는 변형 공격이 가능하도록 훈련하는 등 다양한 시도를 꾀했습니다.

그러나 이런 노력이 도리어 무리가 되었던 걸까요? 송가는 끊임없이 부상에 시달렸습니다. 물론 살인적인 일정을 소화해야 하는 프로선수들에게 부상은 늘 따르기 마련이지만 송가의 경우는 정도가 좀 심했습니다. 2004년 데뷔 시점부터 그는 디스크, 오른쪽 어깨 부상, 배 근육 부상을 시작으로 무릎, 등, 손목, 엉덩이, 발목, 손가락, 내전근, 팔 부상 등 2014년 한 해를 빼고는 매해 심각한 부상으로 기권과 수술, 재활을 거듭했습니다.

특히 2018년 고질적인 무릎 부상을 치료하기 위해 시도한 수술의 예후가 좋지 못했습니다. 스트로크를 할 때 몸을 든든히 받쳐줘야 할 무릎에서 계속 고통이 느껴지다 보니 수술 이후 송가의 성적은 급전직하하기 시작했습니다. 2012년 세계 5위였던 그의 순위는 2022년 어느새 297위까지 떨어졌습니다. 결국 그는 2022년 4월 SNS를 통해 "내 몸으로는 더 이상 갈 수 없다는 걸 깨달았다"며 이번 롤랑가로스 대회를 마지막으로 은퇴하겠다는 뜻을 밝혔습니다.

라스트 왈츠

운명의 5월 24일, 롤랑가로스의 센터코트인 필립 샤트리에 아레나에 수많은 관중이 운집했습니다. 센터코트는 순위 상위권 선수들에게 우선 배정되는 곳이지만 송가의 은퇴 경기가 될 수도 있으므로 주최 측에서 특별히 배려한 것이었지요. 상대는 현재 세계 순위 8위인 노르웨이의 캐스퍼 루드 선수였는데요. 순위도 높지만 클레이코트에 특히 강한 선수였기 때문에 사실상 송가의 현재 컨디션으로는 이길 수 없었습니다.

하지만 송가의 마지막 불꽃은 엄청났습니다. 테니스에서는 여섯 게임을 먼저 따면 한 세트를 가져오게 되어 있고 5:5가 되면 두 게임을 먼저 따서 7:5가 되어야 승리, 그런데 6:6까지 가면 경기가 한없이 이어질 수는 없으니 '타이브레이크'라는 7점 먼저 내기 승부로 마무리를 합니다. 송가는 모두의 예상을 뒤엎고 첫 세트를 타이브레이크 끝에 7:6으로 가져왔고, 두 번째 세트도 타이브레이크까지 갔습니다.

여기서도 이겼다면 영화의 피날레와 같은 기적적인 승리도 가능했겠지만 마지막 순간에 루드의 엄청난 샷이 나오면서 두 번째 세트 그리고 세 번째 세트도 내주었지요. 롤랑가로스에서는 세 개의 세트를 먼저 따면 승리하기 때문에 네 번째 세트를 내주면 경기가 끝이었습니다.

관중들이 역시 이대로 마무리되는 것인가 아쉬워하는 순간 송가가 다시 힘을 내기 시작했습니다. 5:5로 맞선 상황에서 루드의 서브 게임을 브레이크해낸 것입니다. 테니스에서는 서브하는 쪽이 절대적으로 유리하기 때문에 당연히 자신이 서브하는 게임은 가져와야 하고, 만약 상대 선수가 이기면 이런 흐름을 막았다는 뜻으로 '브레이크했다'라고 표현합니다. 특히 남자 테니스는 서브가 아주 강력해서 한번 서브 게임이 브레이크되면 세트 전체를 넘겨줄 가능성이 커집니다. 그런데 송가가 루드의 서브 게임을 브레이크해서 6:5가 되었으니, 이제 서브가 강한 송가가 자신의 서브 게임만 이기면 세트 스코어 2:2로 마지막 승부를 볼 수 있었지요. 송가의 활약에 신이 난 프랑스 관객들은 입을 모아 국가를 제창하는 등 난리가 났습니다.

하지만 송가는 마지막의 마지막까지 불운했습니다. 하필 바로 그 타이밍에 오른쪽 어깨 부상이 재발한 것입니다. 그의 데뷔 시즌 첫 부상이 어깨 부상이었으니 마치 데칼코마니 같은 불운이었습니다. 의료진까지 들어와서 임시로 치료해봤지만 사실상 어깨를 들어 올리는 것조차 힘들었지요. 하지만 그는 기권하지 않고 최선을 다해 나머지 경기를 소화했습니다. 도저히 어깨를 들어 올릴 수 없어 테니스 초심자들도 잘 하지 않는 언더 서브도 넣고, 왼손으로 라켓을 바꿔 쥐어가면서 분투했으나 그런 임시방편으로는 세계 8위의 프로선수를 상대할 수 없었습니다. 결국 송가는 루드에게 서브 게임을 내주고 이어진 타이브레이크에서 6점을 내리 빼앗기며 6:0이 되었지요.

이제 한 점만 빼앗기면 경기가 마무리되고 그의 한 많았던 테니스 인생도 마무리되는 그 순간, 송가는 마지막 서브를 위해 공을 튀기다가 그만 눈물을 쏟고 말았습니다. 눈물이 앞을 가려서 공이 보이지 않아 서브를 넣을 수 없게 되자 그는 시간을 끌어 미안하다고 루드에게 손을 들어 사과했습니다. 프로경기에서는 20초 정도의 서브 제한 시간이 있어서 이 시간을 넘기면 경고를 주게 돼 있지만 어떤 주심도 이 상황에서 경고를 줄 수는 없었을 겁니다.

간신히 마음을 추스른 송가는 힘없는 마지막 서브를 넣었습니다. 루드는 송가에 대한 경의를 담아 강력한 포핸드 샷으로 공을 코트에 내리꽂으며 경기를 마무리했습니다. 그리고 통상 승자가 세리머니를 하지만 조용히 물러섰지요. 송가는 그대로 코트 위에 엎드려 오열하기 시작했습니다. 그의 흐느끼는 거대한 등 위로 수많은 관중의 박수갈채가 물방울처럼 쏟아져 내렸습니다.

흔히 '운칠기삼'이라고 말할 때 사람들이 강조하려는 부분은 자신의 노력이 3할의 역할을 한다는 게 아니라 운이 7할이나 차지한다는 것입니다. 즉 아무리 노력해도 안 되는 일은 안 되며, 무언가를 이룬 사람들은 자신의 능력보다는 행운의 덕을 봤다고 생각하는 것이죠. 그렇게 보면 송가는 무척 어리석은 사람일 수도 있습니다. 애초에 허락될 리 없는 성공을 꿈꾸며 무리하게 달리다가 만신창이가 되어 끝내 실패하고 말았으니까요.

하지만 성공과 실패라는 문제는 그렇게 간단히 볼 일이 아닙니다. 당시 빅 4의 벽에 가로막혀 분루를 삼킨 사람들이 많았지만, 한

| 그림 3 | 2008년 호주 오픈 당시 송가의 사진. QR 코드를 찍으면 그의 마지막 경기 영상 하이라이트를 볼 수 있다.

편으로는 빅 4의 인기 덕분에 전 세계적으로 테니스 붐이 일어나 프로 테니스 선수의 입지가 넓어지고 수입도 많아졌으니까요. 송가 역시 따낸 타이틀 수는 많지 않지만 누적 상금이 2,200만 달러에 이르고 스폰서 수입을 포함하면 전체 수입은 그 몇 배나 될 것으로 추정됩니다. 게다가 그는 프랑스 테니스를 대표하는 선수로 많은 사랑과 명예를 얻었지요. 그러나 제가 가장 높이 평가하고 싶은 점은 그가 끝까지 최선을 다해 싸웠다는 점입니다. 송가의 마지막

눈물이 많은 사람의 박수를 끌어낼 수 있었던 건, 그가 더할 수 없을 만큼 모든 것을 테니스에 쏟아부었다는 사실을 모두가 알고 감동했기 때문입니다.

독일의 철학자 프리드리히 니체는《차라투스트라는 이렇게 말했다》라는 책에서 인간이 두려움과 유혹에 쉽게 무너지는 동물의 길과 그 모든 것에 맞서 싸우며 운명을 직시하는 '초인'의 길 사이 외줄에 서 있는 존재라고 말합니다. 여기서 초인이란 슈퍼맨처럼 인간 이상의 힘을 발휘해서 모든 사람을 압도하는 능력을 갖춘 존재가 아니라, 자신에게 주어진 최악의 상황에도 굴하지 않고 끝까지 다시 일어나 편안한 삶에 대한 1차원적인 욕망을 뛰어넘어 더 높은 무언가를 추구하는 존재입니다. 그리고 결국엔 그 무언가를 달성해내는 사람이 아니라, 그렇게 해내기 위해 공포와 안일을 뛰어넘어 끝까지 싸우는 바로 그 순간이 인간이 인간을 넘어서는 초인의 순간입니다. 그렇다면 송가 역시 초인이라고 부르기에 모자람이 없지 않을까요?

필 콜린스의 버티는 삶

미운 기성세대의 아이콘

한때 영국을 대표하는 유명 그룹이었던 오아시스의 두 형제 노엘 갤러거와 리엄 갤러거는 원체 입이 험하기로 유명했습니다만, 그중에서도 별다른 친분이나 개인적인 인연도 없던 필 콜린스(Phil Collins)를 툭하면 욕하는 것으로도 유명했습니다. 그들의 음악 여정을 그린 영화 〈슈퍼 소닉〉을 보면 서로를 욕할 때 "이런 필 콜린스 같은 자식아!"는 기본이고 "필 콜린스의 머리를 잘라다가 냉장고에 넣어야 해"라는 밑도 끝도 없는 끔찍한 말을 낄낄거리며 내뱉는 장면이 나옵니다. 그들은 왜 그렇게 필 콜린스를 싫어했던 걸까요? 무명의 그룹으로 바닥을 전전하던 시절의 오아시스에게 필 콜린스는 같은 영국 출신이며 대중적으로 가장 성공한, 심지어 록도 아니고 상업 음악을 하는 기성세대이기 때문이었습니다.

| 그림 4 | 1996년 이탈리아 페루자에서 열린 움브리아 재즈 페스티벌(Umbria Jazz Festival) 당시 필 콜린스의 모습을 담은 사진.

1951년생인 필 콜린스는 제네시스라는 전설적인 프로그레시브 그룹의 드러머로 커리어를 시작했습니다. 그러다 슬럼프에 빠진 제네시스를 다시 일으켜 세우는 과정에서 〈인비저블 터치(Invisible Touch)〉라는 신스팝을 연주하는 그룹으로 변화시키는 주역이 되었지요. 하지만 예술 음악을 하던 제네시스의 골수팬들에게 이런 변화는 변질이자 배신으로 여겨졌습니다.

게다가 필은 드럼 연주도 수준급이었지만 노래도 잘 부르고 작사, 작곡, 편곡까지 못 하는 게 없는 만능 엔터테이너였습니다. 그런 능력을 바탕으로 아예 제네시스를 벗어나 솔로로 독립하면서 빌보드 차트를 석권하는 훨씬 큰 성공을 거두었지요. 음악에 대한 욕심이 많았던 그는 스타가 되고 난 후에는 최고의 세션들, 특히 웬만한 가수들은 비용이 엄두가 안 나서 앨범 녹음할 때도 부르기를 주저하는 풀 브라스밴드를 본인의 백 밴드로 대동하고 다녔습니다. 그것도 초음속 제트기인 콩코드를 타고 전 세계 공연을 다닐 정도였으니, 오아시스가 무명 시절 "저놈은 모든 걸 다 가졌잖아!"라고 욕할 만도 했던 겁니다.

필의 성공은 명예뿐 아니라 부의 측면에서도 타의 추종을 불허했습니다. 인류 역사상 가장 많이 돈을 번 드러머는 당연히 비틀스의 링고 스타지만 역대 2위를 기록하고 있는 드러머가 바로 필입니다. 그는 인간이 올라갈 수 있는 성공의 계단 맨 끝까지 올라 말 그대로 천상계에 이른 스타였습니다.

시련, 그러나 꺼지지 않은 열정

그 펄펄 날던 필 콜린스도 50대에 들어서면서 건강에 이상이 오기 시작했습니다. 2000년 그는 청력에 이상을 느꼈습니다. 여러 유명 의사들의 진찰을 받았지만 회복 가능성이 없다는 절망적인 진단을 받자, 결국 은퇴를 결심하고 2004년부터 2005년까지 2년에 걸친 은퇴 투어(Farewell Tour)를 벌였습니다.

하지만 음악계에서 완전히 물러선 것은 아니었습니다. 라이브 부담이 없는 영화음악 작곡으로 영역을 확상한 필은 2006년 디즈니의 애니메이션 〈타잔〉의 주제곡 '유 윌 비 인 마이 하트(You'll be in my heart)'를 만들어 다시 한번 세계적인 히트를 기록했습니다. 또한 청력 치료도 꾸준히 해서 완전하지는 않지만 청력도 어느 정도 회복되었지요. 하지만 이렇게 다시 일어서려는 시점에 아내와의 갈등이 커져 영국 역사상 최대 규모의 이혼 소송을 벌였고, 결국 2006년 2,500만 파운드의 위자료를 지급하고 이혼하게 되었습니다. 그는 이 소송의 여파로 큰 심리적 타격을 입고 3년간 알코올중독에 빠지기도 했습니다.

포기하지 않고 재활을 시도한 끝에 알코올중독을 극복한 필은 2009년 새로운 앨범 계획을 발표했습니다. 하지만 예전에 공연 중 삐끗했던 목 관절에 심각한 이상이 오면서 큰 수술을 받게 되었는데요. 결국 이 수술의 후유증으로 신경을 다쳐서 드러머로서는 생명과도 같은 손가락에 감각이 없어졌고 왼손은 아예 스틱을 쥘 수도 없게 되었지요.

하지만 필은 자신의 음악적 정체성의 바탕에는 언제나 드러머로서의 자부심이 있다고 믿었습니다. 그는 손아귀가 쥐어지지 않는 왼손에 드럼 스틱을 테이프로 둘둘 감아서 고정하고 드럼을 연주하는 등 노력에 노력을 거듭했습니다. 그 결과 2010년에 새 앨범 〈고잉 백(Going Back)〉을 냈고 투어도 다시 시작했습니다. 그러나 냉정하게 말해서 이 앨범은 내지 않는 편이 나았다고 생각합니다. 이미 그는 몸도 목소리도 한계를 넘어선 상태라서 록 음악은 감당할 수 없는 상태였거든요. 그래서 부담이 훨씬 덜한 옛날 모타운 레코드의 재즈, 블루스 곡들을 재탕해서 녹음한 리메이크 앨범을 낸 것이었는데, 한 시대를 풍미한 거장 필 콜린스의 정규 앨범이라고 하기엔 민망한 수준이었지요.

이 앨범으로 그는 거장이 귀환했다며 잠시 대중의 관심을 받는 듯했으나 결국 혹평으로 끝나고 말았고, 이후 본격적으로 우울증과 자살 충동에 시달리게 되었습니다. 게다가 2014년에는 신경 이상까지 와서 몸의 근육들이 제대로 통제가 안 되었는데요. 이젠 드럼 스틱을 쥐는 게 문제가 아니라 손에 계속 경련이 일어나서 덜덜 떠는 수전증까지 생겼습니다. 엎친 데 덮친 격으로 2015년에는 척추에 이상이 와서 대대적인 척추 수술을 받았는데, 그 결과 한쪽 다리가 다른 쪽보다 심하게 짧아져서 지팡이를 짚어야만 겨우 절룩거리며 걸을 수 있었습니다.

그러나 여전히 음악에 대한 열정을 불사르던 그는 2016년부터 다시 양손 모두에 테이프로 스틱을 감은 채 드럼을 치는 연습을 시작했습니다. 의사들이 말려도 소용이 없었습니다. 하지만 그런 노력도 무색하게 2017년부터는 심각한 당뇨 증세가 왔고 그 합병증으로 발이 썩어들어 갔습니다. 아시다시피 드럼은 손으로만 치는 것이 아니라 양발도 사용해야 해서, 제대로 페달을 밟을 수 없었던 필은 드럼을 포기할 수밖에 없었습니다.

끝없는 고통 속에서도 버티는 삶에 대하여

필 콜린스는 육신이 온전하지 못한 상황에서도 노래만 할 수 있다면 여전히 가수라는 생각으로 콘서트만은 꾸준히 이어갔습니다. 하지만 드럼을 포기한 2017년 6월, 그는 투어 중에 머물던 호텔 방에서 미끄러져 바닥에 크게 넘어졌습니다. 하필 그 과정에서 의자의 날카로운 모서리에 머리를 세게 부딪혀 눈자위가 찢어지는 큰 부상을 입었지요. 그해의 남은 콘서트들은 모두 취소되었고 다친 눈의 시력도 크게 떨어져서 돋보기를 써야만 사물을 분간할 수 있었습니다.

그러나 이 모든 불행도 그를 꺾을 순 없었습니다. 필은 지팡이를 짚고 무대에 올랐고, 도저히 서 있을 수 없어서 무대 여기저기에 의자를 설치하고 앉아서 노래를 불렀습니다. 그리고 그의 아들이 아버지처럼 드러머가 되어 밴드에 합류해 그에게 든든한 지팡이가 되어주었습니다. 필은 이 상태로 2017년부터 2019년까지 총 97회에 이르는 대대적인 콘서트 투어를 소화했습니다. 이 투어의 제목은 '나 아직 안 죽었어(Not Dead Yet Tour)!'였습니다.

가끔 기성세대가 다음 세대에게 자리를 내주어야 한다거나 만들어줘야 한다고 하는 말들을 듣곤 합니다. 물론 좋은 의도에서 나온 말이라고 생각하지만 과연 세대교체가 또는 어떤 세대의 성공이 그렇게 선의의 양보로 이루어질 수 있는 것인지는 의문이 듭니다. 세대로 묶이기 이전에 한 인간의 자리를 다른 인간이 밀어낸다는 것은 어떤 의미에서든 도전과 응전, 극복과 항복의 과정을 수반할 수밖에 없지 않을까요? 그렇게나 필 콜린스를 빈정거리던 오아시스는 그가 첫 번째 복귀를 하기도 전인 2009년에 해체되고 말았습니다. 그들은 결국 필을 넘어서지 못한 것입니다.

지팡이를 짚고 의자에 앉아서라도 어떻게든 무대를 지키며 투어를 이어가는 그의 공연이 수준의 높고 낮음을 떠나 대단하게 느껴지는 것은, 그가 끝내 버텨냈기 때문입니다. "이 의자가 그렇게 탐나거든, 자, 이리 와서 차지해봐라, 이놈들아!"라고 외치는 그의 모습은 짧고 굵게 열정을 불사르는 것 못지않게, 끝까지 버티고 매달리며 살아남는 것 역시 대단한 성취이며 성공이라는 걸 보여주는 듯합니다.

코로나 팬데믹 기간에도 그는 쉬지 않고 움직여 친구들을 모아

제네시스 재결합 공연을 여러 차례 이어갔고, 2022년 3월 26일 마지막 런던 공연을 마무리했습니다. 그리고 2022년 후반기부터는 2019년에 시작했다가 팬데믹으로 잠시 중단된 투어 일정을 다시 이어갔습니다. 이 투어의 제목은 '나 여전히 아직 안 죽었어(Still Not Dead Yet Tour)!'입니다. 필 콜린스는 정말 무대 위에서 죽을 작정인가 봅니다.

아멜리아 에어하트,
우연한 성공을 필연의 성취로 바꾸다

내가 전자기타를 포기한 이유

저는 취미 삼아 기타를 꽤 오래 쳤는데요. 처음 기타를 접한 건 고등학생 때였고 대학에 와서는 밴드를 하면서 전자기타를 배워야 했습니다. 하지만 당시는 지금처럼 유튜브 같은 매체로 쉽게 배울 수도 없었고 혼자 공부할 만한 교재도 마땅치 않았기 때문에 주변에 기타를 가르쳐줄 만한 사람이 없다면 초보자가 길을 찾기는 쉽지 않았지요.

고민하던 저는 악기 상가들이 밀집해 있는 것으로 유명한 낙원상가에 가서 단골 가게 아저씨로부터 불법 복사된 해외 기타 레슨 비디오를 구입했습니다. 이제야 제대로 전자기타를 배울 수 있을 것 같은 마음에 두근거리며 비디오테이프를 재생했더니, 자막도 없는 영상에 한 아저씨가 담배를 문 채 나왔습니다. 표정마저도

'아, 나한테 왜 이렇게 귀찮은 걸 시켜?'라는 나른함이 가득했는데요. 일단 그 사람이 '기본적인 손가락 풀기'라고 보여주는 연습 방법부터가 왼손가락을 좌우로 한참 벌려야만 지판을 짚을 수 있는 포지션이었습니다.

아무리 따라 하려고 해도 도대체 흉내를 낼 수 없어서 화면을 정지해놓고 자세히 들여다보니, 그의 손가락이 기타 넥을 손으로 감싸면 손가락 두 마디가 넥 위로 올라올 만큼 긴 게 아니겠습니까. 아, 이건 애초에 아무나 흉내 낼 수 있는 게 아니구나. 저 사람처럼 특별한 신체 조건이라야 가능한 거로구나. 저는 곧바로 포기했습니다. 그래서 리드기타는 밴드의 다른 친구에게 넘기고 좀 수월한 베이스기타를 맡아야겠다 싶어서 다시 낙원상가에 가서 베이스기타 레슨 비디오를 사왔습니다.

그런데 이번엔 머리에 빨간 두건을 두른 아저씨가 나와서 오른손, 왼손을 정신없이 놀리며 뭘 어떻게 짚는지 보이지 않을 정도로 무지무지한 속주를 보여주는 게 아니겠습니까? 마치 미술가 밥 아저씨가 "참 쉽죠? 이렇게만 하면 됩니다"라고 하는 것처럼요. 와, 저렇게 별 볼 일 없는 레슨 비디오를 찍는 사람들도 저 정도 수준이면 이번 생에 나는 전자기타와는 인연이 없겠구나 싶었습니다. 간신히 공연곡 몇 개만 반주할 수준으로 배우고 전자기타는 포기했지요.

그런데 나중에 알고 보니 그 별 볼 일 없는 연주자라고 생각했던 사람들이 미스터빅이라는 그룹의 리드 기타리스트였던 폴 길버트(Paul Gilbert)와 베이스기타의 신으로 불리는 자코 파스토리우스(Jaco Pastorius)였습니다. 둘 다 기타 실력으로는 신의 반열에 오른 사람들이었죠.

그 사실을 알고 나서는 마음이 아주 가벼워졌습니다. 아니, 초보자에게 그런 비디오를 들이밀고 배우라고 하는 게 말이 되나? 낙원 아저씨가 잘못했네. 아니, 애초에 그 두 기타리스트가 잘못한 거지. 그 정도 사람들이 레슨 비디오는 왜 찍어? 찍을 거면 자기 올챙이 시절 생각해서 좀 차근차근 쉽게 설명해주든가. 그러니까 제가 포기한 것은 제 잘못이 아니고 제 수준과 단계에 전혀 맞지 않았던 레슨 비디오의 탓이었던 겁니다.

마술사 이은결이 세계 대회에서 우승한 비결

그런데 6년 전 산책하면서 〈진중권의 문화다방〉이라는 팟캐스트 방송을 듣는데 마술사 이은결 씨가 초대 손님으로 나왔습니다. 진행자는 이런저런 얘기를 나누다 이은결 씨에게 국내 최연소로 국제마술대회에서 우승하면서 성공 신화를 쓰기 시작했는데 우승 비결이 무엇이냐는 질문을 던졌습니다. 그런데 이은결 씨가 그 대답으로 '레슨 비디오' 얘기를 꺼내는 것이 아니겠습니까? 갑자기 옛날 기억이 떠오르면서 귀를 기울였는데 그의 대답은 저의 예상과 정반대였습니다.

> 제가 처음 마술을 시작할 때부터 영어도 모르고 무작정 봤던 마술 비디오가 세계 최정상급 마술사들이 대회에서 우승하고 수상 기념으로 공연하는 걸 모아놓은 거였어요. 그 비디오를 마르고 닳도록 돌려봤는데, 그러다 보니 원래 저 정도 해야 하는 줄 알고 그 수준이 될 때까지 연습한 거죠. 그런데 대회 나가보니까 그 정도가 평균이 아니더라고요.

그가 처음 접한 마술 비디오도 제가 접했던 기타 레슨 비디오처럼 최정상급 수준의 내용을 담아놓은 것이었습니다. 저는 '저게 일반적인 수준이면 난 못 하겠다'라고 생각해 쉽게 포기했지요. 나중에 그들이 평균을 훨씬 넘어선 대단한 사람들이라는 것을 알게 되었을 땐 '그러니 내가 못 한 게 당연하지. 처음부터 저런 레슨 비디오를 접한 내가 운이 없었던 거네'라고 생각했습니다. 하지만 이은결 씨는 '저게 일반적인 수준이면 최소한 저 정도는 해야 하는 거구나'라고 생각했고, 그 비디오를 수없이 돌려보며 기술을 익혔습니다. 그 결과 자기도 모르는 새 세계 최정상급의 실력을 갖추게 되어 세계 대회에서 우승까지 하는 엄청난 성과를 거둔 것입니다.

이은결 씨는 이 이야기를 하면서 자신의 성공이 '우연'이었다고 겸손하게 말했지만, 저는 중요한 것은 우연이 아니라 그 우연을 대하는 '태도'라는 걸 깨달았습니다. 따라 할 수 없을 만큼 높은 수준의 영상을 똑같이 접했지만 이은결 씨는 포기하지 않고 자신을 성장시키는 계기로 만들었으니까요. 아마 그는 그 비디오가 아니었더라도 어떤 계기를 통해서든 결국 멋진 마술사가 되었을 겁니다. 다시 말해 태도를 갖춘 사람에게 우연은 언제가 되었든 찾아올 수밖에 없습니다. 그러니 그건 더 이상 우연이 아니라 '필연'이라고 불러야 하는 것이 아닐까요?

아멜리아 에어하트를 아시나요?

큰아이가 태어나고 막 책을 읽기 시작할 무렵, 제가 어린 시절 그랬던 것처럼 세계 위인전집을 읽혀야겠다는 생각이 들었습니다. 그래서 여기저기 알아보다가 60권쯤 되는 전집을 구입했는데요. 시대가 바뀐 만큼 위인들의 목록도 많이 달라져 있었습니다. 빌 게이츠나 스티븐 호킹 같은 최근의 인물들이 포함된 것은 그러려니 했는데 아예 낯선 인물이 있었습니다. 바로 아멜리아 에어하트(Amelia Earhart)였는데요. 생소한 이름에 호기심이 생겨 제가 먼저 서가에서 뽑아 읽어봤지요.

아멜리아 에어하트는 여성으로서는 처음으로 비행기를 타고 대서양을 횡단한 인물이었습니다. 아마도 기존의 위인전들이 남성 위주로 구성된 것을 바로잡기 위해 여성들의 성취와 도전 정신을 재평가하는 과정에서 위인전의 인물로 선정된 모양이었습니다. 모든 페이지에 알록달록한 그림이 들어간 이 위인전에서 에어하트는

| 그림 5 | 비행기에 탄 아멜리아 에어하트의 모습을 담은 사진.

그녀의 트레이드마크인 스카프가 휘날리는 멋진 비행사 복장으로 등장하고 있었습니다. 하지만 그저 비행기를 타고 대서양을 건넜다는 것만으로 '위인'의 반열에 오르는 것이 타당할까 하는 의문이 문득 들었습니다. 그리고 그 의문은 에어하트의 비행에 대해 자세하게 알아볼수록 더 커져만 갔습니다.

먼저 그녀가 한 일을 이해하기 위해 당시의 시대적 상황을 살펴볼 필요가 있습니다. 1903년 라이트 형제가 세계 최초로 동력 비행에 성공한 이후 전 세계의 사람들은 인간이 하늘을 나는 꿈에 성큼 다가섰다는 데 열광했습니다. 처음엔 12초에 불과하던 비행 시간이 38분, 45분, 한 시간으로 늘어났고 비약적으로 발전한 엔진과 프로펠러를 사용한 비행기들은 부자들의 취미와 스포츠의 영역을 넘어 사람들의 실생활을 바꿔나가기 시작했습니다.

'이제 비행기로 세계 어디든 갈 수 있을 거야!'라는 사람들의 꿈은 걷잡을 수 없이 부풀어 올랐습니다. 그리고 그 꿈의 이정표는 '대륙 간 횡단'이었는데요. 중간에 마땅히 착륙할 곳이 없는 망망대해를 비행기로 단숨에 건널 수 있다면, 대륙과 대륙을 징검돌처럼 밟으며 세계 일주 여행을 하는 것도 가능해지기 때문입니다.

특히 막 떠오르는 태양처럼 당시 눈부신 성장 가도에 있었던 신대륙 미국의 사람들을 가장 흥분시킨 프로젝트는 비행기로 대서양을 횡단하는 것이었습니다. 영국계 이민으로 시작해 200년 가까이 구대륙 유럽에 대한 역사적, 문화적 콤플렉스에 시달려온 미국인들이었습니다. 그들에게는 새로운 시대를 상징하는 문명의 이기를 활용해 대서양을 건너 두 대륙을 잇는 항로를 만든다는 건 부모의 성취를 뛰어넘은 청년의 자기 선언 같은 의미가 있었지요.

1919년 라파예트 호텔 경영자인 레이먼드 오티그(Raymond Orteig)는 비행기를 이용해 뉴욕과 파리 간 무착륙 대서양 횡단비행에 성공한 사람에게 2만 5,000달러의 상금을 주겠다고 선언했습니다. 돈과 명예를 한순간에 거머쥘 수 있는 이 레이스에 수많은 사람이 부나비처럼 뛰어들었습니다. 하지만 아직 비행기의 기계적 완성도도 낮고 항공 운항의 기술과 노하우도 부족하던 시절이라, 8년이 지나고 6명의 사망자가 나왔음에도 대서양 횡단에 성공한 사람은 아무도 없었습니다.

그러다 1927년 찰스 린드버그가 '세인트루이스의 혼'이라는 이름을 붙인 비행기로 대서양 횡단에 성공하면서 서구 세계의 관심을 한 몸에 받는 명사가 되었습니다. 이렇게 린드버그의 성공이 엄청난 관심을 받자 '다음 도전은?' 하고 새로운 화젯거리를 찾는 여론의 움직임도 커졌습니다. 이제 눈치 빠른 분들은 '아하!' 하고 상황을 파악했을 겁니다. 남자 비행사가 성공했으니 이번엔 여자 비행사가 대서양을 횡단하면 새로운 뉴스거리가 되지 않겠느냐는 것이죠. 그리고 이때 등장한 이가 바로 아멜리아 에어하트였습니다.

정말로 에어하트는 대서양 횡단에 성공했을까

아주 냉정하게 말하자면 린드버그의 성공으로부터 5년 후에 이뤄진 에어하트의 대서양 횡단은 '여성 최초의 대서양 횡단비행'이라 하기엔 여러모로 무리가 있었습니다. 물론 에어하트는 여성에 대한 사회적 제약이 많았던 1923년 당시에 여성으로서는 세계에서 16번째로 국제항공연합의 비행사 자격을 획득한 보기 드문 인물이었습니다. 하지만 에어하트는 취미의 수준에서 비행을 좋아했을 뿐 실제로는 간호사, 사진작가, 이민자를 위한 영어 강사 등 직업 비행사와는 거리가 있는 다양한 일들을 하고 있었습니다.

당연히 이 정도의 경력과 실력으로 대서양 횡단비행이라는 엄청난 일을 시도할 수는 없었습니다. 실제로 이 비행 계획을 주도한 것은 에이미 펍스라는 런던에 사는 귀부인이었는데요. 그녀는 린드버그의 엄청난 명성과 인기를 보면서 여성도 할 수 있다는 것을 보여주고 싶었습니다. 그래서 우선 남극 탐험을 준비하고 있던 버드 제독의 비행기를 구매해 미국과 영국의 친선을 도모한다는 의미로 '우정호'라는 이름을 붙였습니다. 하지만 정작 그 비행기를 몰고 갈 여성 비행사를 구할 수 없었지요. 수소문한 끝에 당시 비행사 경험이 있는 에어하트를 찾아내 여정에 참여하겠느냐는 초대 편지를 보냈습니다. 그리고 린드버그의 횡단이 성공한 지 1년 뒤인 1928년에 에어하트 역시 대서양 횡단에 성공하면서 다시 한번 세상을 놀라게 했습니다.

하지만 앞서 말한 것처럼 에어하트의 비행 실력과 경험으로는 직접 우정호를 몰고 대서양을 건널 수는 없었습니다. 당시 연비가 낮았던 엔진의 한계로 연료를 최대한 실어야 했기 때문에 비행기의 앞부분을 모두 연료탱크로 채웠는데요. 그렇다 보니 바깥을 제대로 볼 수 없는 상태에서 계기판, 나침반에만 의지해서 방향을 잡고 날아야 하는 '계기비행'을 해야 했습니다. 하지만 에어하트는 계기비행 경험이 전혀 없었지요. 그래서 실제로 비행기를 조종한 것은 원래 버드 제독과 함께 이 비행기로 남극 탐험을 준비하던 남자 조종사 빌 스툴츠였고, 혹시 모를 고장에 대비한 남자 정비사 루이스 고든까지 함께 탔습니다.

두 사람은 각각 2만 달러, 5,000달러의 돈을 받고 고용되었으나 에어하트는 돈을 내거나 받지 않고 함께 탔을 뿐이어서 사실상 그녀는 우정호에 탑승한 승객이나 마찬가지였습니다. 비행 여정 자체도 세세히 따지자면 갸우뚱해지는 부분이 있었지요. 대서양을 최단 거리로 횡단하기 위해 일단 뉴펀들랜드로 이동한 후 이륙했는데, 그나마도 도중에 여러 문제가 발생해서 원래 계획했던 곳까지 가지 못하고 웨일스에 착륙하는 것으로 마무리되었거든요.

물론 그래도 대서양을 건넌 것 아니냐고 말할 수도 있겠지만, 앞서 대서양 횡단 레이스에서 린드버그보다 먼저 에어하트와 같은 경로로 뉴펀들랜드에서 아일랜드에 도착한 비행사도 완전한 횡단으로 인정받지 못해 상금 획득에 실패했습니다. 뉴욕에서 런던까지 비행한 린드버그에게 성공 판정이 내려진 것을 고려하면, 에어하트의 대서양 횡단은 린드버그의 비행에는 여러모로 미치지 못하는 제한적인 성공이었지요.

하지만 '여성 최초의 대서양 횡단 성공'이라는 언론 매체의 타이틀은 린드버그에 못지않은, 어떤 의미에서는 그보다 더 큰 대중의 열광을 불러일으켰습니다. 에어하트는 단숨에 세계적으로 유명한 비행사가 되었으며 그녀가 입었던 비행복은 최신 패션 아이템이 되었습니다. 에어하트가 비행복 위에 맸던 스카프는 지금도 여성 파일럿의 상징처럼 여겨질 정도죠.

각종 언론 매체의 인터뷰가 쇄도했고 강연 여행으로 몇 년간의 일정이 꽉 찼습니다. 그녀를 따라 비행사를 꿈꾸는 사람들을 위해 유명 잡지인 〈코스모폴리탄〉에 항공 부문이 신설되어 에어하트가 고정 필자로 질의응답을 싣기도 했지요. 우정호가 착륙한 영국 웨

일스의 버리포트에는 이 비행을 기념하는 기념비까지 세워졌는데요. 그 내용이 약간 미묘한 뒷맛을 남깁니다.

> 아멜리아 에어하트 양을 기념하는 비
> 대서양 횡단에 최초로 성공한 여성 비행사
> 동료로는 윌머 빌 스툴츠, 루이스 슬림 고든

비의 내용으로만 봐서는 에어하트가 비행기를 조종하고 스툴츠와 고든이 따라온 것처럼 되어버렸으니 두 사람 입장에서는 좀 억울할 것 같은 기념비 아닌가요?

운명은 찾아오는 것이 아니라 만드는 것

사실 우연이든, 의도한 것이든 다른 사람의 성공에 자신의 이름을 올린 사람들은 생각보다 훨씬 많습니다. 사진술의 창시자로 알려진 루이 다게르(Louis Daguerre)는 사실 조제프-니세포르 니엡스(Joseph-Nicéphore Niepce)가 개발한 기술을 끈질긴 협업 요청 끝에 습득한 후 부분적인 개량만을 했지만, 특허권 습득과 연금 획득 과정에서 니엡스의 이름을 빼버리고 기술에도 '다게레오 타이프'라는 명칭을 붙여 영광을 독차지했죠. 전화기의 발명자로 알려진 알렉산더 그레이엄 벨이 실은 다른 연구자들 성과를 가로채서 자신의 것으로 만들었다는 사실은 이제는 널리 알려진 일이기도 합니다.

에어하트도 이미 대중의 열광이 끓어오르고 있는 시점에서 그저 시치미를 떼고 손만 흔들어도 평생 부와 명예를 보장받는 국제적인 유명 인사의 반열에 올라 있었습니다. 하지만 어쩌면 비행 참여를 결정했을 때보다 더 큰 인생의 갈림길에서 그녀는 결코 손쉬운 길을 택하지 않았습니다. 실은 위에 언급한 에어하트의 비행 과정은 모두 그녀의 자서전《펀 오브 잇》에서 그녀가 직접 언급한 것입니다. 심지어 그녀는 버리포트의 기념비에 담긴 비문의 내용도 이야기하며 "명백하게 불공평한 사실이다. (…) 모든 영광은 동승자와 후원자에게 있다"라고 솔직하게 밝힙니다.

그 '솔직함'은 새로운 시작점이 되었습니다. 에어하트는 자신이 부탁받은 모든 강연, 기고문에서 이와 같은 사실을 분명하게 밝히고 제대로 대서양 횡단을 하기 위해 자금을 모으고 비행술을 갈고닦았습니다. 그리고 4년이 지난 1932년 5월 20일, 마침내 그녀는 13시간 30분의 단독비행 끝에 대서양 횡단에 성공했습니다. 1935년에는 하와이에서 캘리포니아에 이르는 태평양 상공 비행과 로스앤젤레스에서 멕시코시티에 이르는 미대륙 종단 단독비행에도 성공했지요.

명문 대학인 퍼듀대학교의 교수직까지 얻었으나 그녀는 대서양 횡단도 성공했고 태평양의 중간 기착 지점인 하와이까지의 비행도 성공했으니, 이제는 세계 일주 비행에 대한 새로운 꿈을 꿀 차례였습니다. 그것도 최장 항로인 적도를 따라 자그마치 2만 9,000마일을 비행한다는 원대한 계획이었지요.

꿈을 이루기 위해 에어하트는 1937년 동료인 프레드 누넌(Fred Noonan)과 비행에 나섰다가 태평양 상공에서 실종되었습니다. 한때 그녀의 최후에 대해 여러 가지 낭설이 돌았지만 현재는 태평양 해상에 불시착해서 사망했다는 것이 거의 정설처럼 받아들여지고 있는데요. 몇 해 전 어느 다큐멘터리 채널에서는 예전에 태평양의 무인도에서 발견된 유골이 아마 그녀의 것일 가능성이 크다는 내용을 방영하기도 했습니다.

살아가면서 우리는 많은 사건을 만나게 됩니다. 어떤 것들은 그저 시간의 흐름에 따라 우리를 비껴가기도 하고, 어떤 것들은 우리의 삶을 크게 바꿔놓기도 하죠. 그 물결에 부딪혀 우리는 아주 엉뚱하거나 잘못된 곳으로 휩쓸려가기도 하고 상상하지 못한 멋진 곳에 도달하기도 합니다. 우리는 흔히 그 차이가 물결의 방향이나 세기 또는 우리의 의지와 무관하게 존재하는 운명 때문이라고 생각합니다. 하지만 그보다는 그 물결을 어떤 자세로 받아들일 것인지 스스로 결정한 나 자신의 태도가 더 큰 이유가 아닐까요. 당대에는 초신성처럼 빛났던 다게르와 벨의 이름이 시간이 갈수록 퇴색하고, 오히려 갸우뚱하는 사람이 적지 않았던 에어하트의 성취가 오래도록 많은 사람에게 이정표가 되는 밤하늘의 별이 된 것도 모두 그들의 선택과 태도가 낳은 결과입니다.

어제와 같고 내일도 다르지 않을 것 같은 오늘 하루, 이 하루를 어떤 자세로 맞이하고 있는지 책에서 눈을 들어 바깥 풍경을 바라보며 잠시 생각해보면 어떨까요?

태도가 인간을 완성한다 : 오드리 헵번의 예의와 헌신

'Manner Maketh Man'

영국의 신사들로 구성된 비밀 첩보 조직의 이야기를 다룬 영화 〈킹스맨〉은 세계적으로 흥행하면서 후속작까지 제작되었습니다. 이 영화의 성공에는 말쑥한 영국 신사의 이미지에 딱 들어맞는 귀티 넘치는 배우 콜린 퍼스의 활약이 한몫했는데요. 특히 그가 깡패들을 때려눕히기 전에 멋지게 내뱉는 "매너가 사람을 만든다(Manner Maketh Man)"라는 말은 영화 전체를 대표하는 대사로 많은 이들의 기억에 남았습니다.

영국 귀족답게 현대어인 'makes'가 아니라 고어인 'maketh'로 발음한 이 영국 속담은 마치 신사가 되려면 매너가 있어야 한다는 것 같지만 실은 더 깊은 의미를 담고 있습니다. 일단 'man'은 '남자'라기보다는 보편적인 '인간'으로 봐야 합니다. 'make'도 '만든다'라는 의미보다는 '완성한다'라는 의미에 가깝습니다. 즉 인간은 그저 태어난다고 다 인간이 되는 것은 아니라 매너를 갖췄을 때 비로소 제대로 된 인간으로 완성된다는 의미를 담고 있지요.

문제는 'manner'라는 단어입니다. 차라리 예의 바름, 친절함 등 그 자체로 좋은 의미를 담고 있는 단어였다면 '좋은 사람이 되어야 한다' 정도로 쉽게 해석될 텐데 '매너'는 그 의미가 좀 다릅니다. 사전적으로 보면 매너는 '일이 되어가는 방식'이고 '타인을 대하는 외면적인 태도'입니다. 즉 사회적으로 통용되고 고정된 어떤 코드에 따라 타인을 대하는 것이 매너의 기본적인 의미입니다. 따라서 매너는 좋은 의미인 반면 매너에 얽매이는 매너리즘(mannerism)은 '틀에 박힌 일정한 방식이나 태도를 취함으로써 신선미와 독창성을 잃는 일'로 부정적인 의미를 띠는 아이러니가 발생합니다.

이 둘 사이의 거리감은 어째서 발생한 것일까요? 이 속담이 애초에 답하고자 하는 질문은 '인간은 무엇으로 인간이 되는가, 무엇으로 제대로 된 인간이 되는가'일 것입니다. 당연히 제대로 된, 완성된 인간은 우선 그 자신이 '괜찮은 사람'으로 완성되어 있어야 합니다. 다정하고, 친절하고, 다른 사람을 존중하고 배려하려는 마음을 가진 사람이겠죠. 하지만 그런 내재적 가치는 결국 외면으로 드러나는 무언가를 통해 확인될 수밖에 없습니다. 따라서 매너는 그 사람이 가지고 있는 내재적 가치를 외부로 표현하는 양식이라고 할 수 있습니다.

문제는 그 매너가 일종의 습관이자 형식이 되어버리면 사람은 내재적 가치 따위는 상관없이 '그런 척'하는 행동을 무의식적으로 반복할 수 있다는 겁니다. 그게 바로 '매너리즘'이겠지요.

개념상의 구분이 비교적 명확하지만 실제로 이 둘을 구분하는 건 쉽지 않습니다. 결국 어떤 사람의 매너가 내면적 가치를 반영하고 있는지 확인하려면 오랜 시간 동안 일관된 말과 행동, 특히 말에만 그치지 않는 행동을 했는지를 기준으로 삼을 수밖에 없습니다. 자신의 무언가를 내주고 얻어야만 하는 결과로서의 품위를 지니고 있을 때 그 사람의 행동은 진정한 의미에서 매너라고 할 수 있고, 그는 매너를 갖춘 완성된 인간이라고 볼 수 있지요.

하지만 세상엔 그런 사람이 참 드뭅니다. 그런 매너, 자기희생, 배려와 인내는 마치 타인의 결혼식을 축하해주기 위해 몸에 꼭 끼는 정장을 입고 가는 일처럼 불편하고 보상이 없는 일이니까요. 그러나 할리우드 배우이자 세계주의자였던 오드리 헵번(Audrey Hepburn)은 그렇게 보기 드문 매너를 통해 영원한 별의 반열에 올랐습니다.

백조의 수면 아래에선

〈넘버 3〉라는 영화가 있습니다. 무척 오래된 영화라서 기억하실 분이 많지 않을 텐데요 영화는 모르더라도 영화 중에 등장한 대사는 많은 사람이 알고 있을 겁니다. 백조가 물 위에서는 아주 우아하게 떠 있지만 그렇게 떠 있기 위해 물 아래에서는 두 발을 미친 듯이 젓고 있다는 대사였는데요. 사실 야생동물 전문가들의 말에 따르면 백조는 깃털 때문에 그냥 물 위에 떠 있을 수 있어서 저 대사가 과학적으로는 그리 정확하지 않다고 합니다. 하지만 과학적 진실과는 상관없이 이 대사는 평범한 일상을 지키기 위해 우리가 보이지 않는 곳에서 얼마나 노력해야 하는지를 보여주는 것 같아 많은 사람의 공감을 얻었습니다.

오드리 헵번의 어린 시절만큼 이 대사에 걸맞은 사례도 없을 것 같습니다. 일단 그녀를 대표하는 이미지 자체가 영화 〈로마의 휴일〉에 나왔던 공주 역할이나 〈티파니에서 아침을〉에서 맡았던 고급 콜걸처럼 귀족적이고 우아한 백조의 이미지였습니다. 어려서부터 발레를 해서 진짜 백조처럼 호리호리한 몸매와 세상의 시름 따위는 전혀 모르는 것처럼 천진난만하게 웃음 짓는 천사 같은 표정이 그녀의 트레이드마크였죠. 게다가 헵번이라는 성 자체가 영국의 스튜어트 왕가와 연결된 유명한 귀족 집안이었고 어머니 쪽은 네덜란드계 남작 집안이었기 때문에 양가가 모두 귀족 혈통인 '진짜 귀족'으로 여겨졌습니다.

하지만 실상은 사람들의 상상과 많이 달랐습니다. 일단 그녀의 아버지는 성이 헵번이 아니었고 귀족도 아니었지요. 영국계 노동자 출신이었던 그의 성은 '러스턴'이었습니다. 이름에 슬쩍 끼워 넣은 '헵번'을 나중에 다른 사람들이 오해해서 "오, 그 유명한 헵번 가의 사람이군요"라고 말하자 굳이 바로잡지 않고 넘기다가 딸인 오드리 헵번조차도 자신이 헵번 가 사람이라고 착각하도록 만들었던 겁니다. 어머니는 실제로 네덜란드계 남작 집안의 딸이지만 러스턴과 눈이 맞아 영국으로 사랑의 도피를 하면서 집안으로부터 절연을 당한 상태였습니다.

더 나쁜 건 두 사람이 모두 히틀러의 열렬한 추종자들이었다는 점입니다. 어머니는 대놓고 영국 파시스트동맹의 공식 신문 〈더 블랙셔츠(The Blackshirt)〉에 히틀러를 찬양하는 글을 게재하고 나치 후원 모임을 찾아다닐 정도로 열성적인 지지자였고, 아버지는 파시스트 영국 지부의 비밀 요원으로 활약했기 때문에 제2차 세계대전

| 그림 6 | 1960년 이탈리아의 아카데미상이라 불리는 다비드 디 도나텔로상(Premio David di Donatello)의 최우수 여자배우상을 받을 당시 오드리 헵번의 모습을 담은 사진.

이 벌어지자 내부 반역자로 영국 정부에 체포되어 수감되기까지 했습니다.

두 사람은 열정적인 성격 때문이었는지 각각 불륜을 벌여 이혼했고, 제2차 세계대전이 벌어질 징후가 보이자 어머니 엘라는 오드리를 데리고 네덜란드의 친정으로 먼저 도피했습니다. 오드리는 이후 약 25년간이나 아버지를 만나지 못했지요. 네덜란드에 놀아와 철없는 파시스트 행적을 후회한 어머니는 친정의 도움으로 어떻게든 살아가려 했습니다. 하지만 아른헴의 토착 귀족이었던 집안은 나치의 탄압 속에 완전히 기울어가고 있었고 오드리의 가족은 당장 하루하루 먹을 것을 걱정할 상황에 놓였습니다.

심지어 독성이 있는 것으로 알려진 튤립의 구근까지 파서 먹다가 부작용으로 고생하게 되는데요. 특히 오드리는 영양실조로 인한 부종이 심해져 죽음의 문턱까지 이르게 됩니다. 치료를 위해서는 당시 개발된 신약이었던 페니실린이 필요했는데 너무 비싸서 살 엄두도 낼 수 없었습니다.

딸이 죽어가는 것을 그대로 볼 수 없었던 엘라는 영국의 친구에게 도움을 청하는 편지를 보냈습니다. 친구는 당시 네덜란드에서 담배가 비싸게 팔린다는 말을 듣고 영국산 담배를 잔뜩 부쳐주었지요. 엘라는 이 담배들을 암스테르담의 암시장에서 밀거래했고 그 돈으로 페니실린을 사서 오드리를 살렸습니다. 훗날 제2차 세계대전이 끝났을 때 어떤 기분이었냐는 기자의 질문에 오드리 헵번이 "해방은 영국 담배 냄새가 났어요"라고 답한 데는 이런 배경이 있었던 겁니다.

불운 속에서도 좋은 것을 보려는 태도

그녀의 불운은 여기서 그치지 않았습니다. 가장 큰 좌절을 안겨준 것은 평생의 꿈이었던 발레를 포기했던 것입니다. 어려서부터 발레 수업을 받았던 오드리는 발레리나의 꿈을 이루기 위해 하루 한 끼를 먹기도 어려웠던 전쟁 중에도 어떻게든 발레 연습만은 쉬지 않고 이어갔습니다. 그녀를 대표하는 가녀리지만 꼿꼿한 자세는 발레로 단련된 것이었죠.

오드리는 영양실조로 몸은 빼빼 말랐지만 키가 큰 부모의 유전자 때문인지 키만은 껑충하게 커서 175센티미터에 이르렀습니다. 여자로서는 지금도 작지 않은 키인데 발레에서 여성 발레리나는 남성 발레리나보다 적어도 3~4센티미터는 작아야만 했기에 오드리는 한계를 인정할 수밖에 없었습니다. 결국 영국 왕립 발레학교까지 입학했던 오드리는 발레를 포기했습니다.

부모의 불륜으로 인한 이혼, 친나치 전력으로 주변으로부터 백안시되었던 가족들, 생계가 어려울 정도의 불안한 경제 현실, 한 줄기 빛처럼 꿈꿔온 발레의 길조차 막혀 어둡고 답답한 상황이었지요. 이때 모든 상황을 바꾼 것은 바로 오드리 자신의 '태도'였습니다. 태도는 '어떤 상황이나 대상에 대한 자세'를 의미합니다. 즉 자신이 처한 상황을 어떻게 인식하고 받아들이는가를 말하지요.

흔히 태도에 관한 사례로 '물이 절반쯤 차 있는 컵'에 관한 이야기가 있습니다. 이 컵을 받아 든 사람 중 누군가는 "물이 절반밖에 없네?"라며 실망하지만 누군가는 "물이 절반이나 차 있네?"라며 기뻐한다는 것입니다. 낙천적 사고의 중요성을 강조하는 이 이야기를 비꼬기 위해 어떤 사람은 "물이 절반밖에 없다고 생각하는 사람은 나머지 반을 채우기 위해 노력하겠지만, 절반이 차 있다며 만족하는 사람은 물을 홀짝홀짝 마셔버릴 테니 오히려 낙천적 사고가 나쁜 것 아닌가?"라고 말하기도 합니다.

그래서 저는 이 비유가 약간 수정될 필요가 있다고 생각합니다. 절반이 아니라 바닥에 아주 조금의 물이 남은 경우로 말이죠. 과연 이 경우에도 "그래도 물이 조금은 남아 있잖아. 이건 좋은 일이야"라고 말할 수 있는 사람이 얼마나 될까요?

오드리는 그 얼마 안 되는 쪽에 속한 사람이었습니다. 그녀는 부모가 잦은 다툼을 벌일 때도 각자의 상황을 이해하는 균형 잡힌 사고를 하려고 노력했고 항상 긍정적인 부분, 사람들의 장점을 보려고 했습니다. 그래서 많은 사람이 그녀와 함께 있으면 자신이 실제보다 훨씬 괜찮은 사람처럼 느껴졌다고 말했지요.

전쟁 중에 그녀는 자신의 유일한 재능인 발레로 공연해서 수익금을 레지스탕스에 후원하기도 하고, 목숨을 걸고 직접 레지스탕스를 지원하는 비밀연락책 역할을 하기도 했지요. 몇 번의 죽을 고비를 넘기면서 그녀는 '이 전쟁이 끝나면 다시는 어떤 것에 대해서도 불평하지 않겠다'라고 다짐했다죠.

이런 긍정적인 태도는 삶의 고비마다 그녀를 지켜준 빛이 되었습니다. 발레리나의 꿈을 접고 사진 모델로, 연극배우로, 다시 영화배우로 성공의 계단을 빠르게 올랐을 때 그녀를 캐스팅한 사람들은 아침햇살처럼 도무지 그늘을 찾을 수 없는 그녀의 밝은 성격과 생동감에 매료되었다고 입을 모았습니다. 오로지 '느낌이 좋다'는 이유만으로 빠른 성공을 거두자, 그녀를 시기하는 목소리가 높아졌습니다. 하지만 그 당시 그녀가 보인 반응도 겸손하기 이를 데 없는 것이었습니다.

오드리 헵번의 성장 과정을 그린 알렉산더 워커의《오드리 헵번 스토리》를 보면 그녀는 이렇게 말했다고 합니다. "제가 한 일이라곤 팔을 올리고 웃었을 뿐인데 신문에 기사가 실리는 유명인이 되어버렸어요. 그건 정말 다른 분들에게는 불공평한 거죠." 그리고 그녀는 밤마다 이런 기도를 했다고 합니다. "하늘이시여, 제가 이 모든 기대를 따라갈 수 있도록 도와주세요."

그녀가 평생 자신의 트레이드마크가 된 유명 패션 디자이너 지방시를 만났을 때의 일입니다. 세계적인 스타덤에 오르게 된 영화 〈로마의 휴일〉이 아직 개봉하지 않아 무명에 가까웠던 그녀는 다음 영화인 〈사브리나〉를 위한 패션 협찬을 부탁하려고 지방시를 찾아갔습니다. 처음에 지방시는 자신에게 전속 디자인을 부탁할 정도이니 자신에게 연락한 '미스 헵번'이 당연히 당대의 배우였던 캐서린 헵번이었다고 생각했다고 합니다. 그런데 생전 처음 보는 무명 배우 오드리를 만난 지방시는 크게 당황했습니다. 일단 약속했으니 못마땅해하며 만났는데, 대화를 나누다 보니 오드리의 우아하면서도 반짝거리는 매력에 지방시도 금세 빠져버렸습니다. 이 때부터 두 사람은 평생 믿고 의지하는 친구가 되었지요. 〈티파니에서 아침을〉에 등장한 오드리 헵번을 대표하는 검은 드레스가 바로 지방시가 디자인한 '헵번 드레스'입니다.

이후 그녀는 여느 배우들이 그랬듯이 결혼과 이혼을 겪고 영화에서 성공과 실패를 거듭했지만 〈로마의 휴일〉, 〈사브리나〉, 〈화니 페이스〉, 〈티파니에서 아침을〉, 〈마이 페어 레이디〉, 〈샤레이드〉, 〈어두워질 때까지〉, 그녀의 후기 대표작으로 꼽히는 〈파계〉에 이르기까지 꾸준히 필모그래피를 쌓았습니다. 그리고 영화계 전반에 그녀를 좋아하지 않는 사람이 없을 정도로 넓은 인맥을 쌓았고 전설의 반열에 올랐습니다. 에미상, 그래미상, 아카데미상, 토니상 등 미국에서 가장 큰 영상매체 관련 상을 모두 받은 데다가 미국 영화연구소에서 선정한 가장 위대한 여성 배우 3위에 올랐을 정도니 '살아 있는 전설'이라는 표현이 결코 부족함이 없었지요.

예전에 교사 생활을 하면서 그런 의문을 가진 적이 있었습니다.

어린 시절에 역경을 겪은 아이들이 더 성숙한 인간이 되는 것일까, 아니면 반대로 '구김살'을 전혀 겪지 않고 무난하고 행복한 삶을 산 아이들이 더 다정한 사람이 되는 것일까? 고생을 많이 한 사람은 그래서 다른 사람을 더 배려할 것 같기도 하고, 아니 그렇게 고생을 많이 했으니 엄청나게 꼬인 사람이 될 것 같기도 해서 쉽게 답을 내릴 수 없는 문제였습니다.

지금 생각해보면 이건 애초에 잘못된 질문이었습니다. 역경이 있었는가 없었는가는 중요한 문제가 아닙니다. 문제는 역경을 받아들이는 그 사람의 '자세'가 모든 걸 결정한다는 점입니다. 네, 그렇습니다. '태도가 인간을 완성'하는 것이지요.

헵번이 보여준 '인간에 대한 예의'

하지만 우리가 그녀를 기억하는 가장 큰 반짝임은 그녀가 영화계에서 은퇴하고 삶의 황혼으로 접어들던 바로 그 시점부터 시작되었습니다.

1988년 오드리 헵번은 유니세프의 친선대사가 되었습니다. 사실 구호 활동을 위해 상시적으로 후원금이 필요한 이런 단체의 친선대사는 기관 측에서 먼저 요청하는 경우가 많은데요. 그녀는 스스로 친선대사가 되겠다고 자원한 특이한 케이스였습니다. 자신이 분에 넘치게 얻은 영향력을 선한 곳에 써야겠다는 생각도 있었겠지만, 전후 기아에 시달리던 자신의 가족이 살아날 수 있도록 도와준 유엔 국제구호기금의 후신이 유니세프이니 오래된 빚을 갚겠다는 생각도 있었을 것입니다.

그러나 그렇게 시작된 첫 번째 구호 활동지였던 에티오피아에 도착한 오드리는 상상을 초월하는 참상에 큰 충격을 받았습니다. 특히 구호 캠프에서 만난 한 여자아이와의 대화가 오래 기억에 남았다고 합니다. 나중에 커서 뭐가 되고 싶으냐는 오드리의 일상적인 질문에 그 소녀는 이렇게 대답했습니다.

"살아 있는 거요."

에티오피아 구호 활동을 계기로 오드리는 이후 유니세프 활동에 전심과 전력을 쏟아부었습니다. 대부분 오지에 치안이 위험한 분쟁 지역들임에도 자신을 찾는 곳이 있으면 가리지 않고 달려갔습니다. 그 대가로 그녀가 받는 지원금은 유니세프에서 회계상의 이유로 지불하는 1년에 1달러의 보수 그리고 숙박비뿐이었습니다. 나머지는 전액 자비로 부담해야 했지요. 사생활 보호를 중시하고 부모님에 관한 질문이 나올까 봐 극도로 제한했던 언론 인터뷰도 분쟁 지역의 참상을 알리기 위해서라면 마다하지 않았고 모금에 도움이 된다면 꺼리던 일도 얼마든지 떠맡았습니다.

이 '꺼리던 일'의 목록에는《안네의 일기》가 있었습니다. 사실 그녀는 제2차 세계대전 중에 안네와 비슷한 나이로 비슷한 궁핍과 고립을 겪었으며, 나중에 알고 보니 암스테르담에 있을 때는 안네가 숨어 있던 곳과 그리 멀지 않은 곳에 살고 있었다고 합니다. 네덜란드어를 비롯해 6개 국어에 능통했던 오드리는 나이로 보나 이미지로 보나 안네의 역할에 딱이었지요.《안네의 일기》가 영화화될 때마다 캐스팅 1순위로 오드리가 언급되곤 했습니다.

하지만 그녀는 정식으로 들어온 캐스팅 제안을 두 번이나 거절했습니다. 그녀 자신의 표현에 따르면 "성스러운 사람을 팔아서 돈을 벌고 싶지는 않다"라는 것이 이유였습니다. 하지만 그 이면에는 나치 전력을 지닌 부모의 이야기가 새삼스럽게 들춰지는 것이 불편했고, 그녀 자신이 처절하게 겪었던 전쟁의 트라우마를 다시 건드리는 일이라는 이유가 있지 않았을까 합니다.

하지만 당장 죽어가고 있는 수백만 명의 아이들을 위해서라면 그런 거부감과 고통도 견뎌내야 한다고 생각한 오드리는 1991년 안네 프랑크의 이야기를 주제로 하는 콘서트에서 안네의 역할을

| 그림 7 | 유니세프 친선대사 활동 당시 오드리 헵번(오른쪽)의 사진.

맡아 편지를 낭송하는 내레이션 역할을 했습니다. 안네의 고통과 자신의 고통이 겹쳐지면서 주저앉아 울면서도 끝까지 내레이션을 했다는 뒷이야기가 전해집니다.

확실히 그녀는 무리하고 있었습니다. 정이 많은 사람이라서 갑작스레 몰아닥치는 엄청난 감정의 파고를 감당하기 힘들었지만, 지금 자신이 하지 않으면 쓰러지는 아이들이 있다는 의무감에 외면하고 싶은 마음을 애써 참으며 자신을 부르는 곳은 어디든 달려갔습니다. 당연히 생명의 불꽃은 빠르게 잦아들었고 결국 1992년 결장암 선고를 받았습니다.

하지만 암 선고를 받고 나서도 그녀는 당시 최고의 분쟁 지역이었던 소말리아 아이들을 만나러 다시 힘든 여행을 떠났습니다. 오드리 헵번의 '가장 아름다운 사진'으로 알려진 그 사진들을 가만히 살펴보면 그녀가 마지막 생의 기운을 쥐어짜서 아이들에게 빛을 전해주고 있는 느낌에 숙연해집니다. 결국 그녀는 이듬해인 1993년, 어렵게 돌아온 스위스의 자택에서 63세라는 너무나 젊은 나이에 생을 마감했습니다.

그녀가 보여준 매너는 결국 언제나 '인간에 대한 예의'였습니다. '인간으로서 다른 인간에게 어떤 자세로 다가가고 함께 존재할 것인가'였지요. 그녀가 출연료를 유니세프에 기부하기 위해 마지막으로 단역으로 출연했던 스티븐 스필버그의 1989년 영화 〈영혼은 그대 곁에(Always)〉에서 오드리 헵번은 천사의 역할을 맡았습니다. 산불 진화를 위해 출동했다가 사망한 비행사 피트를 천국에서 환영하고 조언을 해주는 역할이었는데 그녀의 마지막 대사, 그녀의 영화 인생의 마지막 대사가 참으로 의미심장합니다.

당신 자신을 위해 하는 일은 영혼을 낭비하는 것일 뿐이에요. 피트, 당신은 좋은 사람이지만 진정으로 자유롭고 싶다면 다른 사람을 위해 헌신해야 한다는 걸 배워야 해요. 자, 이제 가서 시도해보세요.

은막의 스타로 살아온 삶의 끝자락에서 그녀는 '헌신'이라는 삶의 태도를 통해 우리가 오래도록 바라보고 삶의 방향을 잡을 수 있는 진정한 하늘의 별이 되었습니다. 매너는 인간을 완성하지만 매너를 넘어선 헌신은 별을 탄생시킬 수도 있는 모양입니다.

2장

성공은 온전한 나로 성장해가는 과정이다

초조한 사람들이 모여 만든 세기의 걸작 : 영화 〈대부〉의 비하인드 스토리

그들에겐 '내일이 없었다'

마리오 푸조(Mario Puzo)는 초조했습니다. 그의 나이 45세, 전업 작가로 나선 이후 장편 소설을 두 편이나 썼지만 제대로 된 히트작도 없이 도박장에 진 빚만 자그마치 2만 달러를 넘어가고 있었거든요. 이 난국을 타개하고자 그는 어떻게든 돈이 되는 소설을 쓰겠다는 각오를 다졌습니다. 그래서 다른 작가들이 저속한 소재라고 피하던 갱, 섹스, 마약이 난무하는 범죄소설을 구상했는데요. 시간도 돈도 없던 터라 제대로 된 자료 수집도 못 하고 진짜 마피아는 한 명도 못 만나본 상태에서 오로지 신문과 잡지의 쪼가리 가십을 조합해 100쪽짜리 마피아 소설 초안을 썼습니다.

피터 바트(Peter Bart)도 초조했습니다. 그는 〈월스트리트 저널〉과 〈뉴욕 타임스〉에서 객원기자로 10년이나 일했으나 정식 기자로 채

용될 가망은 요원했고 생계를 이어나가기도 힘든 상황이었죠. 아예 영화계에 몸을 담는 편이 낫겠다는 생각에 굴지의 영화사 파라마운트의 제작 담당으로 입사했습니다. 하지만 책상에서 펜대만 굴리다 뒤늦게 영화판에 뛰어든 그에게 제대로 된 프로젝트가 주어질 리 없었죠.

그는 쓸 만한 원작소설을 직접 발굴하고자 했습니다. 하지만 이미 히트한 소설은 저작권료도 그만큼 높아서 그에게는 순서가 오질 않았지요. 그래서 아직 출판되지 않았고 비교적 싼 값에 계약을 맺을 수 있는 작품을 찾아다녔습니다. 그러던 중 출판사의 소개를 받아 마피아 소설을 쓰고 있다는 마리오 푸조를 만났습니다. 푸조는 돈이 절박했기 때문에 이 소설이 절대로 영화사에 손해를 끼치지 않을 거라 열변을 토했습니다. 바트 역시 일단 작품을 잡아야 하는 절박한 상황이었기에 아무리 봐도 미심쩍어 보이는 이 풋내기 소설가의 손을 잡지 않을 수 없었습니다.

대신 계약금을 최소한으로 줄이고 나중에 영화가 흥행하면 결과에 따라 인세를 받는 조건으로 보험을 들어두었죠. 이 시점에서 소설은 겨우 5분의 1 수준만 완성된 상태였는데요. 원고 맨 첫 장에 적혀 있던 제목은 바로 '대부'였습니다.

말론 브란도(Marlon Brando)도 초조했습니다. 나이가 쉰을 바라보던 그는 배우로서는 전성기를 넘어선 데다 괴팍한 성격으로 제작자들과의 관계도 그리 좋지 않았습니다. 발음이 부정확하다는 지적을 많이 받기도 했지만 가장 큰 문제는 최근 출연한 작품들이 연달아 흥행에 실패했다는 것이었습니다. 이제 할리우드는 그를 한물간 배우로 취급하며 확연히 차가워진 태도를 보였습니다. 그러

| 그림 8 | 영화 〈대부〉를 만든 마리오 푸조, 말론 브란도, 프랜시스 포드 코폴라, 알 파치노의 사진 (왼쪽 위에서 시계 방향으로).

던 차에 마피아 깡패들의 이야기를 다룬 영화 대본이 할리우드에 돌고 있다는 이야기를 들은 것입니다. 파라마운트에서는 사그마치 100만 달러의 출연료를 걸었지만, 누가 출연하든 범죄 조직을 미화

하는 영화에 출연했다는 이유로 두고두고 욕먹을 것이 뻔했죠. 이 영화에 출연한다는 건 메이저급 배우로서 자신의 커리어를 스스로 끝장내겠다는 선언이나 마찬가지였습니다. 하지만 그로서는 이게 주연급으로 캐스팅될 수 있는 마지막 기회로 보였고, 결국 할리우드 유명 배우들이 거절한 이 역할을 해보겠다고 자청했습니다.

함께 출연한 알 파치노(Al Pacino)도 초조하긴 마찬가지였습니다. 그는 몇몇 저예산 영화들에 출연하긴 했지만 메이저급 영화에서는 거의 신출내기급이었습니다. 〈대부〉의 캐스팅에도 열정적으로 준비했으나 키가 작고 지명도가 너무 낮다는 이유로 3, 4순위로 밀렸지요. 다행히 앞순위 배우들이 이런저런 사정으로 출연을 고사하면서 어렵게 기회를 얻었지만, 언제 어느 순간 잘릴지 모른다는 공포에 쫓기고 있었습니다.

대규모 자본이 투입되는 할리우드 영화에서는 영화가 흥행하지 못하면 거대 영화사도 한순간에 무너질 수 있었습니다. 때문에 이미 촬영에 들어간 영화라도 도중에 배우나 감독을 자르고 처음부터 다시 촬영하는 일이 그리 드물지 않은 일이었는데요. 정말 목숨을 걸고 매 장면 자신의 배역에 집중하지 않을 수 없었습니다.

하지만 작가와 배우들의 초조함을 모두 합친대도 프랜시스 포드 코폴라(Francis Ford Coppola)만큼 초조하지는 않았을 겁니다. 사실 1950~1960년대까지 전성기를 구가하던 할리우드 영화는 TV의 등장과 함께 몰락의 길에 들어섰습니다. 1960년대 말에는 해마다 제작 편수가 평균 40퍼센트씩 감소했으니, 이 정도면 '몰락'이라는 표현이 어색하지 않을 수준이지요.

하지만 이 타이밍에 뒤늦게 영화에 꽂힌 '진짜 또라이'들이 있었습니다. 바로 UCLA 영화학과에 진학한 학생들이었는데요. 이들의 큰형 역할을 했던 이가 코폴라 감독이었습니다. 그는 창의력이 뛰어났던 친한 동생과 영화사를 설립하고 이 동생의 미래적이고 혁명적인 아이디어를 그대로 담은 SF영화 〈THX 1138〉을 만들었습니다. 안 그래도 영화가 망해가는 판에 이런 예술영화를 만들었으니 흥행 참패는 당연한 결과였지요. 하지만 문제는 거기서 그치지 않았습니다.

젊은 영화 천재들을 추어올리며 돈을 투자했던 메이저 영화사가 갑자기 태도를 바꿔 그 돈은 투자금이 아니라 대출금이었다며 돈 갚으라고 협박하기 시작한 것입니다. 큰형인 코폴라는 동생들을 대신해서 그 빚을 떠안기로 했는데 워낙 액수가 커서 영화사가 파산하는 것은 시간문제였습니다. 결국 코폴라는 돈 문제를 해결하기 위해 그동안 계속 거절해오던 지저분한 영화 프로젝트 하나를 억지로 떠맡기로 합니다. 욕먹을 것이 분명한 깡패 이야기, 바로 〈대부〉였습니다.

상황이 이 지경이니 당연히 파라마운트 영화사도 초조할 수밖에 없었지요. 영화가 사양길로 들어가는 시기에 어떻게든 사람들의 흥미를 끌어올리려 한다는 비난을 감수하고, 영화계에 상당한 영향력을 미치는 마피아들로부터 직접적인 위협을 당할 것까지 감수하며 만든 프로젝트였습니다. 그런데 처음 생각했던 배우들은 전부 출연을 고사해 캐스팅도 산으로 가고 있었고, 감독들도 자그마치 12명이나 거절해서 이젠 할리우드에 남은 감독이 없을 지경이었습니다. 액션 연출의 대가로 〈패튼 대전차 군단〉을 만든 프랭클린 샤프너 감독이 거절한 건 그렇다 쳐도, 이미 막 나가는 갱스터 영화로 당대 최고였던 〈우리에게 내일은 없다(Bonnie and Clyde)〉의 감독 아서 펜마저 "아무리 나라도 마피아를 미화하는 영화를 찍을 순 없다"라며 거절한 것은 큰 충격이었습니다.

결국 파라마운트는 이제 막 첫 장편영화를 찍었고 그조차 흥행 참패를 기록한 초짜 감독 코폴라에게 프로젝트를 맡겨야 했습니다. 감독도, 배우도, 제작자도, 심지어 작가까지 미덥지 못한 프로젝트가 되어버렸으니 예산을 대폭 줄이고 촬영 기간도 단축했지요.

절박함이 낳은 성공

이 모든 초조함이 부딪혀 촬영 현장은 아수라장 그 자체였습니다. 안 그래도 줄어든 촬영 일정과 빡빡한 예산으로 촬영이 톱니바퀴처럼 돌아가도 모자랄 상황인데, 코폴라 감독은 대학 시절처럼 디테일을 하나하나 따지면서 시간을 질질 끌고 있었지요. 말론 브란도는 그래도 자신이 여기서 제일 유명한 배우인데 대접이 왜 이러냐며 툴툴거리고, 알 파치노는 '나 잘하고 있는 거지? 안 잘리는 거지?' 이러면서 신경이 곤두서 있었습니다.

이 상황에서 마피아를 미화해도 안 되지만 그렇다고 열받게 만들어도 안 된다는, 말도 안 되는 외줄 타기를 하려니 촬영장은 처음부터 끝까지 전쟁터였다고 합니다. 코폴라의 표현을 빌리자면 '내일은 없다!'라는 심정으로 하루하루 촬영을 했다고요.

이보다 더 막장일 수 있을까 싶은 환경에서 만들어진 영화였지만 아시다시피 모두의 예상을 깨고 엄청난 성공을 거두었습니다. 그래서일까요. 아카데미상까지 받은 코폴라 감독이 수상 인터뷰에서 한 말은 좋은 경험이었다거나 스태프들에게 고맙다가 아니라

"이제 진정으로 만들고 싶은 영화를 만들 수 있게 되었다"였습니다. 뒤집으면 '대부는 진짜 내가 만들고 싶은 영화가 아니었고 어찌어찌 꾸역꾸역 만들었다'라는 말을 대놓고 한 것이죠. 하지만 감독, 배우, 영화사, 제작자 모두가 가장 절박한 상황에서 탄생한 〈대부〉는 이후 그들에게 주어진 여러 기회와 엄청난 지원에도 불구하고 두 번 다시 만들어내지 못할 최고의 작품으로 남았습니다.

더 시간 여유가 생기면, 더 경제적 여유가 생기면, 지금 나쁜 상황이 일단 지나가면…. 이렇게 나중에, 나중에 하면서 상황을 탓하는 경우가 많지만 생각해보면 진짜 위대한 결과물, 정말 대단한 성공은 조건도, 상황도, 사람도 어느 하나 여유롭지 않은 '절박함' 속에서 탄생하는 것 같습니다. 어쩌면 우리에게 부족한 것은 시간과 돈과 마음의 여유가 아니라 최대한의 집중을 끌어낼 절박함이 아닐까요?

천재들의 전쟁, 그 후

코폴라 감독과 같이 영화사를 만들었다가 자신의 아이디어로 만든 첫 영화가 망한 '친한 동생'은 기본적으로 천재였지만, 천재들은 모두 속 좁은 고집불통들이기도 합니다. 원래 첫 영화에서는 자신이 감독이었는데 나중에 코폴라 형이 더 큰 성공을 거두었지요. 게다가 함께 세운 영화사 조트로프의 메인 스태프들이 모두 〈대부〉 제작에 투입되어 자신의 손발이 잘린 것 같은 느낌도 억울했을 겁니다. 이 모든 난리가 자신이 만든 영화가 망했기 때문에 일어났다는 사실은 잊어버리고 말이죠.

게다가 이 천재 동생은 성격도 안 좋아서 다른 영화를 만들 때마다 자꾸 제작사와 트러블을 일으켰습니다. 그때마다 '대감독'이 된 코폴라가 나서서 중재를 해줬지요. 당연히 고마워해야 하는데 이 속이 꼬인 천재 동생은 왠지 형이 '저쪽 편'이 되어 자신을 물먹인다는 피해의식이 생겼습니다. 그래서 자신과 가장 가까워야 할 아버지 같은 존재가 자신을 배신하고 거대한 악의 일부가 되고, 자신은 거기에 맞서 싸우는 외로운 반항군으로 설정한 시나리오를 써냅니다. 그 후 제작사와의 악전고투를 치르고 빚을 끌어다 쓰는 처절한 고통 끝에 영혼의 마지막 한 방울까지 탈탈 털어서 어쩌면 자신의 마지막이 될지도 모를 영화를 완성했습니다. 이 영화가 바로 〈스타워즈〉입니다. '친한 동생'은 바로 조지 루카스 감독이었지요.

코폴라와 루카스의 첫 영화 〈THX 1138〉은 말 그대로 '폭망'했지만 이 영화가 보여준 미래 사회의 새로운 이미지, 특히 하얀색 플라스틱으로 모든 것이 뒤덮인 '살균된 미래'와 같은 병적인 깔끔함의 이미지에 꽂힌 사람이 있었습니다. 바로 스티브 잡스입니다.

그는 애플 전체의 브랜드 이미지를 여기서 가져왔습니다. 나아가 1980년대 IBM의 거대 독재 시스템을 깨부수는 애플의 혁신적 광고에 〈THX 1138〉의 장면들을 그대로 사용해서 IT 업계의 혁명을 알렸지요. 이어팟의 하얗고 매끈한 곡선을 물끄러미 보고 있노라면 자동으로 이 영화의 장면들이 떠오릅니다. 같이 있으면 피곤할 것 같은 사람들이지만 천재는 천재구나 싶습니다.

그리고 아무도 성공하지 못했다
: 세 탐험가 이야기

로버트 스콧의 명예로운 최후

19세기 말은 유럽에서 제국주의가 절정에 달했던 시기입니다. 바다를 제패한 영국은 '해가 지지 않는 나라'로 최고의 패권을 누리고 있었고, 영국의 영원한 라이벌 프랑스 역시 전 세계에 진출해 식민지를 넓히고 있었죠. 프랑스와의 전쟁에서 승리해 제국의 대열에 합류한 독일도 유럽의 신흥 강자로 떠오르고 있었습니다.

이제 지구상의 웬만한 곳에는 제국의 손길이 거의 다 뻗쳐 있었고 마지막 남은 곳은 혹독한 추위로 사람이 살 수 없는 땅이었던 극지 지역, 즉 남극과 북극이었습니다. 그중 북극은 북극해의 얼음 바다를 뚫고 지나가는 '북극 항로'를 발견할 수 있다면 북미 대륙의 동쪽과 서쪽을 효율적으로 연결할 수 있었기 때문에 캐나다, 미국 등 북미 국가들이 개척에 적극적으로 나섰습니다. 최초로 북극점에 도달한 것도 미국인 탐험가 로버트 에드윈 피어리(Robert Edwin Peary)였지요.

이후 남극은 유일하게 남은 미개척지이자 인류의 마지막 도전 대상으로 더 큰 관심을 모았습니다. 북극 항로라는 실질적 이점이 있었던 북극 탐험과 달리, 남극 탐험은 직접적 이득이 눈에 보이는 상황은 아니었습니다. 하지만 '최후에 남은 미지의 세계를 탐험해 지도를 완성한 나라'라는 상징적 타이틀이 자존심 경쟁을 벌이던 유럽 제국들 사이에서는 엄청나게 중요했지요. 어쩌면 이미 먹고 살 만한 여유가 있었기 때문에 이런 탐험에 투자할 여유도 있었을 것이고요. 멀리 보면 남극 역시 '대륙'이기 때문에 먼저 깃발을 꽂는 것이 훗날 소유권 다툼에서 유리하게 작용할 여지도 없지 않았습니다. 더구나 모험가, 탐험가가 아이돌 스타와 같은 부와 명성을 보장받던 시대였기에 탐험가 개인에게는 인생 역전의 마지막 기회로 보였을 겁니다.

이런 상황에서 20세기가 열리는 1900년, 신흥 강국인 독일에서 남극탐험대를 조직하고 있다는 소식이 들리자 영국은 발칵 뒤집혔습니다. 국력의 차원에서는 영국이 독일보다 우위에 있었지만 그렇기에 더더욱 이 탐험에서 밀리면 위신이 떨어지고 독일의 기만 살려줄 수 있었으니까요. 그래서 영국 왕실이 직접 후원하는 남극 탐험대가 조직되었고, 여기에 31세의 젊은 해군 대위 로버트 팰컨 스콧(Robert Falcon Scott)이 자원했습니다.

통상 극지 탐험은 탐험에 사용된 기함의 이름을 따 탐험명이 붙여지는데요. 디스커버리호를 타고 1901년에서 1904년까지 4년간 이어진 스콧의 '디스커버리 탐험'은 당시 남극점에 가장 가까운 남

| 그림 9 | 디스커버리 탐험 당시 로버트 펠컨 스콧(가운데)과 어니스트 헨리 섀클턴(왼쪽)의 모습을 담은 사진.

위 82도 17분까지 접근하는 데 성공했습니다. 스콧은 이 탐험의 경험을 담은 책을 펴내자마자 바로 영국의 영웅이자 유명 인사로 떠올랐습니다. 약간의 문제라면 이 책에서 스콧이 자신의 역할을 부각하고 동료들을 다소 깎아내리면서 다른 부하 대원들, 특히 중요한 역할을 했던 어니스트 헨리 섀클턴(Ernest Henry Shackleton)과 사이가 벌어졌다는 것이었습니다. 분노한 섀클턴은 독자적인 탐험대를 구성해서 1908년 12월 남극점 100마일 전방까지 갔다가 돌아왔습니다. 스콧보다 훨씬 더 가까이 간 것이기 때문에 스콧을 제치고 새로운 영웅으로 부상했지요.

자신의 탐험대에 있던 부하, 심지어 자신이 폄하했던 인물이 더 높은 명성을 얻게 되었으니 스콧의 마음이 초조해진 것도 당연합니다. 이러다 다음 탐험에서 섀클턴 혹은 다른 사람이 먼저 남극점에 도달한다면 자신은 완전히 잊힌 존재가 될 테니까요.

서둘러 새로운 탐험대를 조직하던 스콧에게 거의 비슷한 시기에 노르웨이의 탐험가 로알 아문센(Roald Amundsen)도 남극 탐험에 도전할 거라는 소식이 전해졌습니다. 이제 남극 탐험은 영국과 노르웨이의 자존심을 건 국가 대항 레이스가 되어버렸고 여기에 내기를 거는 사람들도 생겨났죠. 대다수 사람은 국력과 지원 수준이 훨씬 앞서 있었던 영국의 스콧이 당시 가난한 신생 국가였던 노르웨이의 아문센을 쉽게 이길 거라고 예상했습니다. 사실 이렇게 이기면 본전이고 지는 걸 상상할 수 없는 경기야말로 어찌 보면 제일 불리한 경기긴 하지만 말이죠.

1910년 6월 스콧은 새로운 탐험선 테라노바호를 타고 남극 탐험에 나섰습니다. 지난번의 실패에서 얻은 교훈으로 캐터필러가 달린 스노모빌과 스키, 말, 개까지 철저하게 준비했습니다. 하지만 이 탐험은 남극에 닿기도 전부터 악전고투의 연속이었습니다. 뉴질랜드의 항구에서 출발하자마자 큰 폭풍우를 만나 스콧과 일행이 탄 배가 난파될 뻔했고, 이걸 겨우 이겨냈더니 배가 빙산에 갇혀 20일이나 허비하는 바람에 남극의 겨울에 대비할 소중한 시간이 사라졌습니다. 게다가 남극에 도착해서는 값비싼 스노모빌을 배에서 내리다가 얼음이 깨지면서 바닷속에 빠뜨리는 어처구니없는 사고도 났습니다.

우여곡절 끝에 남극에 도착한 스콧 탐험대를 더욱 괴롭힌 것은 그나마 믿었던 말들이 알고 보니 병약한 녀석들을 잘못 구입한 것이었다는 점이었습니다. 나중에 극점을 정복하고 돌아올 때를 대비해서 미리 보급품을 중간중간에 옮겨둬야 했는데 그 말들로는 제대로 운반할 수 없었지요. 그래서 원래 계획한 것보다 56킬로미터쯤 못 미친 곳에, 여러 곳에 나누지도 못하고 한곳에 몰아서 쌓아 두었습니다.

1911년 11월 1일, 마침내 스콧은 남극점 공략에 나섭니다. 다행히 바다에 빠지지 않은 몇 대의 스노모빌과 개, 말들로 구성된 팀이었지만 스노모빌은 출발 닷새 만에 완전히 고장 나버렸습니다. 개들은 중간에 다른 팀원들과 함께 돌려보내고 나머지는 그냥 풀어줬으며, 마지막 남은 말은 남극의 추위에 버티지 못해서 결국 죽게 되자 식량으로 삼았습니다.

이제 300킬로그램이 넘는 짐이 실린 썰매를 사람의 힘으로 끌고 가야 하는데, 남극점을 찍고 기지까지 돌아오려면 약 1,600킬로미터를 걸어야 했습니다. 하루에 고작 10킬로미터를 가기도 버거운 탐험대의 속도를 고려하면 자그마치 다섯 달 이상을 영하 40도의 추위 속에 걷고 또 걸어야 한다는 뜻이었죠.

사실 이 시점에서 스콧은 탐험을 포기하고 귀환을 결정했어야 합니다. 하지만 군인의 신분인 데다 영국인들의 기대를 한 몸에 받는 탐험대의 대장으로서 스콧은 불가능한 일에 도전하기로 했습니다. 그래서 자신을 포함한 다섯 명의 최종 공략 팀을 구성해 썰매를 짊어지고 앞도 제대로 보이지 않는 눈보라 속을 걷기 시작했습니다. 그렇게 덜덜 떨면서 걷고 자고, 또 걷고 자기만을 반복하면서 정신력만으로 버틴 끝에 마침내 78일 만인 1912년 1월 17일, 스콧 탐험대는 불가능할 것만 같던 남극점 도착에 성공했습니다.

하지만 이미 그곳엔 한 달 전 남극점에 도날한 아문센 일행이 꽂아놓은 노르웨이 국기가 펄럭이고 있었습니다. 스콧은 아문센과의 경쟁에서 패배한 것입니다. 죽을 고생이 결국 패배로 마무리된 것을 알게 된 일행은 극심한 허탈감에 빠졌습니다. 그러나 더 무서운 것은 다시 기지까지 돌아갈 길이 까마득히 남아 있다는 거였죠. 서둘러 귀로에 나섰지만 이미 식량은 바닥을 드러내고 있었고 설상가상으로 연료통에 구멍이 나서 음식과 몸을 데울 연료도 모두 잃었습니다.

오랜 시간 극한 환경에 시달린 대원들은 하나둘 쓰러지기 시작했습니다. 가장 먼저 크레바스에 빠지면서 머리를 크게 다친 에번스가 사망했고, 이어서 발이 심한 동상에 걸려 일행들의 발목을 잡는다는 사실에 죄책감을 느낀 오츠가 스스로 텐트 밖의 눈보라 속으로 걸어가 자살을 택했습니다.

나머지 탐험대는 사력을 다해 전진했지만 악천후와 추위를 견디지 못하고 결국 더 이상의 전진을 포기한 채 텐트 안에서 마지막 남은 식량인 홍차 잎만 생으로 씹어 먹으며 버텼습니다. 18킬로미터만 더 가면 보급품을 저장해놓은 창고에 도달할 수 있었지만 당시의 상태로 눈보라를 뚫고 그 거리를 이동하는 것은 불가능한 일이었습니다. 애초에 보급품 창고를 원래 계획대로 56킬로미터 앞에 설치할 수만 있었더라면 모두 살아날 수 있었겠지요. 후회해도 이미 때는 늦었습니다.

나머지 세 명의 탐험대원은 결국 텐트 안에서 모두 동사했습니다. 가장 마지막까지 버텼던 스콧은 탐험 내내 써왔던 일기장에 "신이여, 우리 국민을 보호해주소서"라는 마지막 문장을 쓰고 숨을 거두었습니다. 안타까운 것은 그들이 거리를 잘못 계산해서 마지막 텐트를 치고 사망에 이른 지점이 보급품 창고에서 18킬로미터가 아닌 불과 800미터 떨어진 곳이었다는 점입니다. 모든 것이 너무나 철저하게 어긋난 비극이었습니다. 그렇게 스콧은 향년 43세로 사망했습니다.

현실적인 리더 어니스트 섀클턴의 결단

여러 측면에서 스콧의 대척점에 서 있는 탐험가가 바로 어니스트 헨리 섀클턴입니다. 앞서 이야기한 것처럼 섀클턴은 스콧의 최초 남극 탐험이었던 디스커버리 탐험에 동행했던 인물입니다. 하지만 스콧이 출간한 탐험기에 섀클턴은 설맹, 동상, 괴혈병을 심각하게 앓아 강제로 본국에 송환되어 탐험에 짐이 된 인물처럼 묘사되었고, 이에 섀클턴은 분노해 독자적인 탐험대를 꾸렸습니다.

1907년 섀클턴은 '님로드 탐험'에 나섰습니다. 힘이 센 조랑말과 스노모빌을 이용해서 더 많은 무게의 짐을 한꺼번에 옮기려고 했지만 오판이었습니다. 말은 땀을 흘리는 동물이라서 남극의 추위를 견디기 어렵고 많은 건초도 필요했습니다. 그리고 내연기관을 쓰는 스노모빌은 극한의 추위에서 쉽게 고장이 나곤 했지요

결국 남극점 공략 과정에서 스노모빌은 전부 고장이 났고 말도 모두 죽게 되었습니다. 최종적으로 남극점에서 156킬로미터를 남겨둔 가까운 거리까지 접근했지만 식량 부족과 추위를 고려할 때 안전을 보장할 수 없다는 이유로 섀클턴은 발길을 돌렸습니다. 이 결정을 회고하면서 나중에 섀클턴이 아내에게 한 말은 그의 성격을 보여주는 유명한 말로 남았지요.

"죽은 사자보다는 산 당나귀가 낫지(Better a live donkey than a dead lion)."

이런 섀클턴의 실패를 보고서도 3년 후 스콧이 똑같은 장비와 똑같은 코스로 테라노바 탐험에 나선 게 의외이긴 합니다. 아무래도 스콧은 섀클턴이 이 방법으로 156킬로미터 지점까지 도달할 수 있었다면 그보다 더 나은 경험과 자금, 후원자들을 가지고 있는 자신은 남극점까지 갈 수 있을 거라고 판단한 듯합니다. 그런데 섀클턴이 겪은 똑같은 문제를, 오히려 그보다 훨씬 많은 거리를 남겨둔 상태에서 맞이한 스콧이 섀클턴과 정반대로 남극점까지 돌파하는 선택을 했다는 점은 매우 흥미롭습니다.

1909년 영국에 돌아온 섀클턴은 남극에 가장 가까이 간 탐험가로 영웅이 되었습니다. 그러나 바로 이듬해인 1910년 스콧과 아문센의 남극 레이스가 시작되자 금세 섀클턴에 대한 관심은 시들해졌지요. 이어 1912년 아문센의 남극점 정복 그리고 다시 8개월 후 스콧 구조대가 밝힌 드라마틱하고 비극적인 스콧 탐험대의 전원 사망 소식이 전해졌습니다. 스콧은 영국인의 불굴의 의지를 보여주는, 아쉽지만 어쨌든 실제로 남극점을 정복한 최초의 영국인으로 추앙받게 되었습니다.

새로운 목표가 필요해진 섀클턴은 아예 남극을 횡단하는 것을 내세워 '제국 남극 횡단 탐험대(Imperial Trans-Antarctic Expedition)'를 기획했습니다. 탐험의 이름은 이를 위해 구입한 배의 이름이 인듀어런스호였기 때문에 '인듀어런스 탐험'이라고 불렸습니다. 횡단 탐험이었기 때문에 또 다른 배인 오로라호가 남극대륙 반대편에 미리 도착해 있도록 하고 인듀어런스호의 28명이 출발점에 도착하면 섀클턴이 6명을 이끌고 남극점을 횡단해 오로라호를 타고 귀환하는 계획이었습니다.

1914년 8월 8일 출항한 인듀어런스 탐험대는 부에노스아이레스를 거쳐 12월 5일 사우스조지아섬을 출발하는 것으로 본격적인 남극 탐험 여정을 시작했습니다. 하지만 떠다니는 얼음 조각들이 많아져서 점차 전진 속도가 느려지다가 1915년 1월 19일 마침내 인듀어런스호는 완전히 얼음에 갇혔습니다. 섀클턴과 탐험대는 포기하지 않고 바다표범, 펭귄 사냥으로 식량을 조달하며 배를 둘러싼 얼음이 풀리기만을 기다렸습니다. 하지만 상황은 오히려 점점 나빠져서 자그마치 아홉 달이나 얼음에 갇혀 표류하다 10월 24일, 마침내 선체가 부서지고 물이 새어 들어오기 시작했습니다. 섀클턴은 탐험 대원들에게 배를 포기하라고 명령하고 짐을 얼음 위로 옮겨 캠프를 설치했습니다.

이미 식량이 부족해진 상황이었기 때문에 섀클턴은 일단 생존을 위해 전에 다른 탐험대가 식량을 비축해놓은 창고가 있는 폴렛섬을 향해 400킬로미터 얼음 위를 걸어 건너가기로 했습니다. 언제 바다가 나타날지 모르기 때문에 커다란 보트를 얼음 위에서 오직 사람의 힘만으로 끌고 건너가는 무지막지한 여정이었습니다. 체력이 초인적인 탐험가들이었는데도 하루에 전진할 수 있는 거리가 불과 1.6킬로미터였다니 상황이 얼마나 절망적이었는지 짐작할 수 있습니다.

해를 넘겨 1916년 3월 17일 섀클턴 일행은 폴렛섬에서 97킬로미터 떨어진 지점까지 접근했지만 얼음이 자꾸 갈라져서 더 이상 전진할 수 없게 되었습니다. 마침내 섀클턴은 끔찍한 결정을 내립니다. 탐험을 위해 데려온 54마리의 개 모두를 죽여서 식량으로 삼기로 한 것입니다. 보트가 세 척밖에 없어서 어차피 개들을 태울 수 없었기에 내린 결정이긴 하지만 비슷한 상황에서 개들을 모두 풀어 놓아주었던 스콧과 역시 상반된 조치였습니다.

얼음이 쪼개져 나타난 바다 위에 세 척의 배를 띄워 나누어 탄 대원들은 닷새 동안 차갑고 거친 바다 위에서 사투를 벌인 끝에 4월 15일 간신히 엘리펀트섬에 도착했습니다. 497일 만에 처음 밟아보는 육지였습니다. 하지만 안도하기도 잠시, 이 섬은 무인도에 먹을 거리도 연료도 없었고 무엇보다 어선이 절대로 지나가지 않는 코스였기 때문에 구조를 기대하는 것이 불가능했습니다. 게다가 남극의 혹독한 겨울이 다가오고 있었기 때문에 섀클턴은 섬에 도착한 지 닷새 후인 4월 20일 포경선 기지가 있는 사우스조지아섬에 가서 구조를 요청하겠다는 계획을 발표했습니다.

그런데 엘리펀트섬에서 사우스조지아섬까지 거리는 자그마치 1,300킬로미터가 넘었고 중간에 쉬어갈 만한 섬조차 하나도 없는, 높이 20미터가 넘는 거친 파도의 드레이크 해협을 건너가야 하는 죽음의 항로였습니다. 이 항로를 뚫고 가기 위해 탐험대가 탈 배는 겨우 길이 6미터의 자그만 돛대가 하나 달린 보트였으니 사실상 불가능한 여정이었지요. 하지만 가만히 앉아 있으면 모두가 죽을 상황이라 다른 선택의 여지가 없었습니다. 섀클턴을 비롯한 다섯 명의 자원자들은 조각배에 몸을 맡기고 다시 얼음 바다로 나섰습니다. 그리고 16일 동안 단 하루도 맑은 날이 없이 휘몰아친 폭풍우 속에서 서로를 의지하고 보살피며 마침내 기적처럼 사우스조지아섬에 도착했습니다.

하지만 이렇게 운이 없을 수 있을까요? 기진맥진한 이들이 마침내 힘든 여정이 끝났다고 생각한 순간, 그들이 상륙한 곳이 섬에서 항구가 있는 곳의 반대편이라는 것을 깨달았습니다. 섬이 꽤 크기 때문에 다시 거친 바다로 나가 섬을 우회하는 것은 불가능했고 섬을 횡단하는 수밖에 없었지요. 하지만 섬의 한가운데는 거대한 산맥이 가로막고 있었는데 그 꼭대기는 만년설로 덮인, 아무도 횡단해본 적 없는 엄청난 벽이었습니다.

섀클턴은 세 명을 그 자리에 남기고 자신과 다른 두 명을 최후의 공략 팀으로 구성해 횡단에 나섰습니다. 이미 체력은 바닥난 지 오래였고 제대로 된 등반 장비조차 없는 맨몸으로 산에 올랐다 내려오기를 거듭한 끝에 섀클턴 일행은 마침내 마지막 산등성이에 이르렀습니다. 하지만 내리막이 얼음비탈이라서 제대로 딛고 내려갈 수가 없어 오도 가도 못하게 되었습니다.

여기서 섀클턴은 마지막 결정을 내립니다. 어차피 여기서 돌아가면 죽음뿐이니 그냥 미끄럼을 타고 내려가기로 한 것입니다. 무서운 속도로 내려꽂히다가 나무나 작은 돌덩이에만 부딪쳐도 목숨을 잃을 상황이었지만, 달리 선택의 여지가 없었기 때문에 세 사람은 모든 것을 하늘의 뜻에 맡기고 목숨을 건 미끄럼타기를 했습니다. 하늘도 그동안 무심했다고 생각했는지 이번만은 이들의 편을 들어주었습니다. 세 사람은 아무런 상처 없이 산기슭까지 그대로 내려올 수 있었고 마침내 포경선 기지에 도착해 구조를 요청하는 데 성공했습니다.

하지만 이후의 과정도 그리 쉽진 않았습니다. 우선 섬 반대편에 있는 세 사람은 포경선의 도움으로 구출했습니다. 하지만 당시는 제1차 세계대전 중이라 배를 구하기도 어려웠고 계절노 남반구가 한겨울인 시점이었죠. 어렵게 세 차례나 구조선을 파견했지만 얼음과

풍랑에 막혀 구조선조차 난파될 위험까지 겪으며 실패를 거듭했습니다. 그렇게 자그마치 4개월이나 시간을 흘려보내고 네 번째 시도 끝에 1916년 8월 30일 마침내 엘리펀트섬에 갇혀 있던 대원들을 구출했습니다. 놀랍게도 모든 대원이 생존해 있었지만 남은 식량은 겨우 4일치뿐이었습니다. 정말 아슬아슬한 타이밍에 전원 무사 귀환이라는 기적을 만들어낼 수 있었던 것입니다.

| 그림 10 | 로버트 팰컨 스콧, 어니스트 헨리 섀클턴, 빌햐울뮈르 스테파운손의 사진(위에서 아래로).

하지만 한 가지 생각해볼 점이 있습니다. 이런 기적에도 불구하고 섀클턴의 인듀어런스 탐험은 남극 횡단은커녕 남극점에도, 심지어 남극대륙 자체에 상륙하는 것조차 실패한 탐험이었습니다. 이 탐험이 '성공한 탐험'이었을까요? 1922년 퀘스트호를 타고 다시 남극 탐험에 나선 섀클턴은 애증의 사우스조지아섬에서 과로와 스트레스로 쓰러져 사망했습니다. 그의 나이 47세였고 찬사를 받은 인듀어런스 탐험에서 빚 2만 파운드, 새로운 퀘스트 탐험 때문에 진 빚 2만 파운드까지 총 4만 파운드의 빚(현재 환율로 약 36억 원)만이 유족에게 남겨졌

습니다. 그의 유해는 영국으로 돌아오지도 못하고 그대로 사우스조지아섬에 묻혔습니다.

스테파운손의 오명뿐인 성공

불굴의 의지로 목표를 이루었으나 비극적인 최후를 맞은 영국 신사 로버트 스콧은 20세기 초반 영국의 자존심을 대표하는 인물로 크게 추앙받았습니다. 제가 어렸을 때 읽은 위인전에 섀클턴의 이름은 없었지만 스콧은 아문센, 피어리의 이름과 함께 당당히 실려 있었던 이유가 바로 이것이지요.

반면 섀클턴은 후대에 와서 재평가가 이루어진 인물입니다. 목표 자체는 한 번도 달성하지 못했지만 생존에 대한 의지, 팀원 전체를 아우르는 단호하면서도 따뜻한 리더십이 각광을 받으면서 '섀클턴을 배우자!'라는 붐이 일었고 현재 상당히 많은 책이 나와 있는 상황입니다. 요즘 아이들이 읽는 위인전에는 스콧을 찾아보기 어렵고 섀클턴의 이야기가 등장하는 경우가 많더군요.

이들에 비해 대중적 인지도는 떨어지지만 여러 측면에서 함께 비교되는 인물이 있습니다. 캐나다의 북극탐험가이자 인류학자인 빌햐울뮈르 스테파운손(Vilhjalmur Stefansson)입니다. 아이슬란드에서 캐나다로 부모님이 이주했기 때문에 이름에서 북유럽의 느낌이 납니다. 사실 이 북유럽 느낌의 이름은 북극탐험가로서 그에게 적지 않은 도움이 되었을 겁니다. 아무래도 이름에서부터 극지 전문가의 냄새가 풍기니까요.

하버드 대학원에서 인류학을 전공하는 엘리트 코스를 밟고 강의까지 하던 스테파운손은 북미 지역의 이누이트와 극지 연구로 방향을 잡았습니다. 앞서 이야기한 것처럼 북극을 직접 접하고 있는 캐나다, 북극 항로에 걸린 이권, 북극해의 섬과 자원들 그리고 북극 너머에 있는 러시아와 미국의 관계에 이르기까지 북극 연구는 적지 않은 수요가 있는 분야였죠. 그래서 그의 연구는 대부분 정부의 지원으로 이루어졌습니다.

섀클턴이 인듀어런스 탐험을 떠나기 1년 전인 1913년에 스테파운손은 캐나다 극지 탐험대를 꾸려 카를루크호를 비롯해 배 세 척을 몰고 캐나다 북부 지역 탐험에 나섰습니다. 하지만 탐험대의 메인 선박인 카를루크호가 1913년 8월 얼음에 갇혀 고립되자 스테파운손은 사냥으로 신선한 고기를 구해오겠다며 대원 다섯 명과 함께 식량과 장비를 챙겨 배를 떠났습니다. 나머지 24명은 스테파운손이 배가 얼음에 끼어 표류할 것 같자 거짓말을 하고 달아난다고 의심했지만, 대장의 명령이니 따를 수밖에 없었지요. 실제로 이들이 떠나고 나자 얼음에 갇힌 배가 해류를 따라 서쪽으로 표류하기 시작했고 얼음 사이에 끼어 계속 부서지다가 5개월 후인 1914년 1월 11일 마침내 침몰해버렸습니다.

침몰한 배에서 탈출해 사방으로 흩어진 생존자들 가운데 네 명은 간신히 해럴드섬에 도착했으나 그곳에서 죽었고, 섀클턴의 님로드 탐험에도 참여해 살아남았던 맥케이를 포함한 네 명도 브랑겔섬으로 가는 도중에 실종되었습니다(아마도 사망했을 것으로 추정됩니다). 남은 16명은 다행히 3월에 브랑겔섬에 도착했지만 그곳에서 또다시 세 명이 사망했습니다. 구조를 요청하기 위해 두 명은 얼음 바다를 건너 시베리아로 도움을 청하러 갔고, 남은 11명은 9월까지 6개월간 사투를 벌이다 지나가던 미국 낚싯배에 간신히 구조되었습니다.

이 비극이 벌어지는 와중에 스테파운손은 썰매를 타고 96일간 사냥으로 식량을 조달하며 북극해를 건너 미리 파견되어 있던 지원선인 메리사치호에 도착했고, 이후 1918년까지 예정된 탐사를 모두 순조롭게 마쳤습니다.

1921년 스테파운손은 다시 브랑겔섬을 탐험해서 식민지로 만들겠다며 캐나다 정부에 지원을 요청했습니다. 하지만 지난 실패를 들어 캐나다 정부는 지원을 거절했지요. 스테파운손은 영국에도 지원을 요청했지만 브랑겔섬이 시베리아 북부에 있어 러시아와 충돌이 우려된다는 이유로 거절당했습니다.

결국 스테파운손은 독자적으로 네 명의 젊은이들을 모아 섬으로 보냈습니다. 하지만 이들은 탐험 경험도 부족하고 장비도 형편없는 상태에서 고생하다가 전원이 사망하는 비극을 맞이했지요. 유일하게 요리사로 고용했던 이누이트 여성 한 사람만 살아남았는데, 이 여성에 대한 구조도 늑장을 부려서 그녀가 돌봐주던 마지막 생존자가 사망한 지 2년 후인 1923년에야 구출되었습니다. 비난받아 마땅한 최악의 비극이었습니다.

하지만 결과적으로 보자면 그는 이후로도 여러 차례의 탐험을 통해 많은 섬을 발견했고 연구 성과도 훌륭했기 때문에 1921년 왕립지리학회에서 최고의 영예인 금메달을 수상했고 평생 탐험가로서의 명성을 누렸습니다. 극지 연구 전문가로서 아이비리그 명문 대학인 다트머스대학교 교수로 재직했고, 미 육군 한랭지역 연구소 핵심 멤버로 정부 정책에 큰 영향력을 미치는 정치적 파워도 있었지요. 특히 미국 정부의 소련 정책에 협조하면서 학계는 물론 정계의 거물로 위세를 떨쳤습니다.

더불어 그는 탐험가클럽 회장 2회, 1941년 미국 극지 학회 명예 멤버, 1946년 과학사학회 회장 등 탐험 관련 요직은 모두 거쳤습니다. 그 과정에서 명사들과 스캔들이 나기도 했고 1940년에는 62세의 나이에 28세의 여비서와 결혼하기도 했습니다.

그런 스테파운손의 행보에 대해 아문센은 '살아 있는 최고의 사기꾼'이라고 비난했지만 모두 바람에 날려가는 말일 뿐, 그는 1962년까지 부유하고 행복한 삶을 누리다 82세의 나이에 생을 마감했습니다. 이후 일부에서는 그를 비난하는 목소리도 있었지만 1986년 미국 체신청에서는 그를 기념하는 우표까지 발행해서 그가 이룬 일들과 그 영향력이 여전하다는 사실을 보여주었습니다.

자, 여러분이 보기엔 세 명의 탐험가 가운데 누가 성공한 사람이고 누가 실패한 사람인 것 같은가요? 불가능에 도전해서 결국 남극점에 도달했으나 비극적인 죽음을 맞이한 스콧인가요? 기적과 같이 모든 대원을 살렸으나 어느 하나 뚜렷한 성취를 거두지 못하고 오히려 개를 잡아먹었다는 도덕적 비난과 빚만을 남긴 섀클턴인가요? 아니면 이기적이고 계산적인 판단으로 대원들을 죽음으로 몰아넣었으나 대부분 탐험에서 소기의 목적을 달성하고 부귀영화와 장수까지 누린 스테파운손인가요?

저는 잘 모르겠습니다. 스콧과 섀클턴도 결국은 대단한 과학적 목적보다는 극점을 정복해서 부귀영화를 얻겠다는 야심이 컸을 테니 살아남아 모든 것을 누린 스테파운손이 최후의 승자 같기도 합니다. 하지만 당대에 불멸의 명성을 얻은 스콧이 더 오래가는 승리를 거둔 것 같기도 하고요. 2000년대 이후로는 '생존'이라는 가장 중요한 조건을 지켜낸 섀클턴이 크게 평가받는 분위기지만 그 죽을 고생에도 불구하고 남극의 텐트 안에서 죽어간 스콧보다 겨우 4년을 더 살았다는 사실이 허탈하기도 하네요.

결국 성공과 실패는 누가, 어떤 기준으로 판단하느냐의 문제가 아닐까요. 그러니 지금 성공을 꿈꾸고 있다면, 실패하지 않으려고 몸부림치는 중이라면 먼저 내가 생각하는 성공과 실패의 기준을 명확하게 세우는 일이 정말 중요한 것 같습니다.

당신의 우선순위는 무엇입니까? : 가리발디의 결단

이상한 벽화

다음 그림은 이탈리아 시에나의 시민박물관에 있는 프레스코 벽화입니다. 제목은 '테아노에서 가리발디와 만나고 있는 비토리오 에마누엘레 2세'입니다. 간단히 말씀드리면, 이탈리아 북부 사르데냐 왕국의 국왕 에마누엘레 2세가 이탈리아 남부를 평정한 주세페 가리발디(Giuseppe Garibaldi)로부터 남부 지역의 지배권을 넘겨받아 통일 이탈리아가 처음으로 탄생한 1860년 10월 26일의 역사적인 장면을 묘사한 것입니다.

그런데 이 '간단한' 설명을 곱씹어보면 뭔가 머리를 갸웃하게 되는 의문들이 뭉게뭉게 피어오릅니다. 두 사람이 이탈리아를 남과 북으로 나눠 차지한 상태라면 이제는 '왕중왕 결정전'이 벌어져야 할 순서가 아닌가요? 가리발디는 왜 본게임에 들어갈 생각도 하지 않

| 그림 11 | 피에트로 알디(Pietro Aldi)가 그린 벽화 '테아노에서 가리발디와 만나고 있는 비토리오 에마누엘레 2세(L'incontro tra Giuseppe Garibaldi e Vittorio Emanuele II, 1886)'.

고 항복한 것일까요? 아니, 저게 지금 항복하는 장면이긴 한가요? 두 사람 다 말에 타고 있을 뿐 아니라 친근하게 서로 악수를 하고 있잖아요?

그림을 자세히 보면 더 신기한 것들이 많습니다. 악수를 하는 두 사람 중 누가 국왕이고 누가 가리발디일까요? 당연히 당당하게 버티고 서 있는 흑마 위에 위엄 넘치는 망토를 두른 왼쪽 사람이 국왕이고, 군복을 입고 말도 사람도 긴장해서 자세가 흐트러져 있는 오른쪽이 가리발디일 것 같지만 실제로는 정반대입니다. 가리발디는 빅토리아 시대에 방 안에서 담배를 피우는 사람들이 머리카락에 담배 냄새가 배지 않도록 썼던 납작한 원통 모양의 '스모킹 캡'을 자신의 트레이드마크처럼 쓰고 다녔거든요. 그래서 왼쪽이 가리발디이고 오른쪽이 전쟁에 나서며 군복 차림을 한 에마누엘레 2세입니다.

또 한 가지 가리발디를 확인할 수 있는 증거는 케이프 아래로 슬쩍 드러난 붉은색 군복입니다. 가리발디는 남부 이탈리아 통일 전쟁 과정에서 자신과 뜻을 같이하는 1,000명의 의용군과 함께하면서 이들에게 '천인대(Mille)'라는 이름을 붙여주었습니다. 이들은 붉은색 셔츠를 입고 다녔기 때문에 '붉은 셔츠단'이라는 별명으로 불리기도 했는데요. 그림의 왼쪽을 보면 붉은 옷의 군인들이 보이죠? 이 사람들이 바로 붉은 셔츠단이고 오른쪽 뒤편의 거뭇거뭇한 군복을 입은 사람들이 사르데냐 군대입니다.

그런데 그림을 보면 항복한 군인들이라고 할 수 있는 붉은 셔츠단이 숫자도 더 많고, 더 신나 있고, 그림의 절반 이상을 차지하면서 크게 그려져 있어서 누가 봐도 붉은 셔츠단과 가리발디가 승리를 거둔 것처럼 보입니다.

도대체 이 벽화는 왜 이렇게 이상하게 그려져 있는 것일까요? 항복하는 장면에서 왜 두 사람은 친구처럼 악수하는 걸까요? 애초에 가리발디는 왜 싸워볼 생각도 하지 않고 자신이 정복한 영토를 모두 내놓은 걸까요? 사실 이 장면은 가리발디가 패배한 장면이 아니라 가리발디의 인생에서 그리고 근현대 이탈리아 역사에서 가장 큰 '성공'을 거둔 장면입니다. 이 아이러니를 이해하기 위해 아주 복잡한 이탈리아의 역사 속으로 잠시 몸을 담가볼까요?

리소르지멘토의 불길이 솟아오르다

한때 로마 제국은 유럽의 거의 전역을 차지하는 대제국으로 엄청난 위세를 자랑했습니다. 하지만 330년 콘스탄티누스 대제가 현재 이스탄불 지역에 동로마 제국을 만들면서 로마는 둘로 분열되었지요. 서로마 제국이 멸망하고 외세에 의한 점령과 파괴가 반복되자 이탈리아반도는 혼돈의 도가니에 빠졌습니다. 이후 랑고바르드족, 프랑크 왕국, 로마 교황청이 차지한 중부 이탈리아의 교황령, 남부를 치고 들어온 노르만족이 세운 시칠리아 왕국까지 여러 세력과 도시의 개입이 거듭되면서 이탈리아반도의 정치 상황은 1,000년이 넘도록 불안정한 상태를 지속했습니다. 통일은 요원한 꿈이 되어 버렸지요.

변화의 계기를 만든 것은 아이러니하게도 나폴레옹의 공격이었습니다. 1796년 나폴레옹의 이탈리아 원정이 성공적으로 마무리되면서 이탈리아 전역은 프랑스의 지배에 놓였습니다. 나폴레옹은 이탈리아인에겐 침략자이자 외세였지만, 프랑스 대혁명의 정신을 유럽에 전파한다는 기치를 내걸고 있었기 때문에 봉건적인 구체제에 머물러 있는 이탈리아의 현실을 타개해줄 것으로 기대하는 지식인들도 많았습니다. 하지만 나폴레옹은 프랑스 내에서 개혁을 단행한 것과 달리 이탈리아에서는 별다른 개혁 조치를 취하지 않았습니다.

나폴레옹이 몰락한 후에는 빈 체제에서 주도권을 잡은 오스트리아가 프랑스의 뒤를 이어 이탈리아를 지배했습니다. 오스트리아는 이탈리아 내에 신분제, 봉건제 등의 구체제를 더욱 강화하려 했는데요. 이에 오스트리아로부터 독립해 통일된 국가를 만들고 자

| 그림 12 | 주세페 마치니, 카밀로 카보우르, 주세페 가리발디의 모습(왼쪽에서 오른쪽으로).

유를 획득하자는 이탈리아 부흥 운동이 벌어졌습니다. '부흥 운동', 즉 이탈리아어로 '리소르지멘토(Risorgimento) 운동'이라 불리는 대장정이 시작된 것입니다.

이 리소르지멘토 운동의 과정에서 핵심적인 역할을 했던 세 사람이 있습니다. 이탈리아의 '혼'으로 불렸던 주세페 마치니(Giuseppe Mazzini), '두뇌'의 역할을 했던 카밀로 카보우르(Camillo Cavour), '검'으로 추앙받은 가리발디였습니다.

마치니는 타고난 혁명가였습니다. 지금 우리가 볼 때는 이탈리아라는 민족국가의 개념이 너무 당연하지만, 당시는 로마 제국이 분열된 지 1,000년이 넘는 세월이 지난 시점이었기 때문에 이탈리아 사람들에게 동질감이나 소속감 같은 것은 없었습니다. 하지만 마치니는 '이탈리아 민족'이라는 개념을 내세워 이탈리아인들의 단결과 통일을 주장했습니다. 무엇보다 신분제에 기반을 둔 국왕 중심의 낡은 체제를 부정하고 프랑스 혁명 정신과 일맥상통하는 민주공화제 국가의 수립을 주장했습니다. 이를 통해 한 국가가 다른 국가를 착취하지 않고 평등하게 공존하는 평화적 공동체로 나아가려고 했으니 대단히 이상주의적인 신념을 지닌 사람이었다고 할 수 있지요.

그 반대편에 있던 사람이 바로 카보우르였습니다. 민족주의를 향한 열정을 바탕으로 세상을 바꿀 수 있다고 믿은 마치니와 달리, 카보우르는 현재 이탈리아반도에 있는 국가들 가운데 그나마 규모가 있고 국왕이 개혁과 통일의 의지가 있는 사르데냐 왕국을 확장해서 이탈리아 전역을 장악하는 것이 가장 현실적인 통일 방안이라고 생각했습니다. 그러자면 군주정, 신분제 등 구체제가 유지되는 것은 어쩔 수 없는 일이고 강대국인 프랑스나 영국과도 타협하는 외교술이 중요하다고 봤습니다. 즉 최종적으로는 영국처럼 입헌군주정으로 나아가는 것이 가장 안전하고 실현 가능성이 크다고 생각한 것입니다. 이를 위해 그는 반대파를 거침없이 제거하고 때로는 음모와 술수로 보이는 전략도 주저 없이 사용하며 이탈리아 북부를 장악해나갔습니다.

가리발디는 사르데냐 왕국의 항구도시였던 니스에서 태어났습니다. 그는 타고난 군인으로 사르데냐 해군에 입대하면서 경력을 시작했는데요. 이때 마치니의 연설을 듣고 감동해서 청년 이탈리아당에 입당하고 파란만장한 혁명가의 삶을 시작했습니다. 프랑스, 스위스, 런던을 돌며 이어지던 그의 활동은 남아메리카 대륙으로까지 이어져 리오그란데와 우루과이 혁명전쟁에서 큰 공을 세웠는데요. 사르데냐 왕국이 프랑스와 연합해 오스트리아를 몰아내는 이탈리아 통일전쟁을 시작했다는 소식을 듣고 귀국해 육군 원수로 활약했습니다. 하지만 이런 프랑스의 협력에 대가가 없을 리 없었습니다. 카보우르가 프랑스가 전쟁에 협력하고 중부 이탈리아의 프랑스령을 사르데냐가 차지하는 것을 눈감아주는 조건으로 가리발디의 고향인 니스와 사보이아 일대의 땅을 프랑스에 넘겨주는 '거래'를 했던 것입니다.

자신의 고향 땅을 더러운 정치 협상으로 빼앗기게 된 가리발디는 격분했습니다. 때마침 이탈리아 남부의 섬 시칠리아에서 지나친 세금과 지주들의 착취를 견디다 못한 농민들이 반란을 일으켰는데요. 가리발디는 이들을 돕기 위해 의용군을 조직해 상륙하기로 합니다. 제대로 된 군사훈련을 거의 받지 않았고 대부분 학생으로 구성된 병사 1,000명이 프랑스가 오랫동안 지배해온 시칠리아, 즉 이탈리아 남부 전체와 싸우겠다고 나선 것은 자살행위나 마찬가지였습니다. 현실주의자였던 카보우르는 이런 가리발디의 시도를 '얼빠진 모험'이라며 비웃었지요.

전설의 시작 그리고 완성

하지만 꼼꼼한 카보우르는 그 얼빠진 모험이 혹시라도 성공해서 통일 운동의 주도권을 빼앗길까 봐 천인대가 출발하기 전에 무기를 빼앗고 해상에서 이 보트들을 저지하도록 해군에 명령하는 등 여러 가지 방해 공작을 펼쳤습니다. 그러나 가리발디의 천인대는 이 모든 방해를 뚫고 시칠리아 서부 해안에 상륙한 후 파죽지세로 두 달 만에 시칠리아 전역을 점령해버렸습니다. 당황한 카보우르는 부관을 파견해시 점령한 시칠리아를 사르데냐에 넘기라고 요구했으나 어이없는 요구에 화가 난 천인대는 부관을 쫓아냈습니다. 여기까지도 이미 기적이라 할 만한데요. 가리발디는 다시 군대를 몰고 이탈리아 본토 남부에 상륙해서 4개월 만에 남부 전역을 장악하고 나폴리 왕국의 수도였던 나폴리에 입성합니다.

도저히 있을 수 없는 가리발디의 눈부신 성공에 당황한 카보우르는 사르데냐군을 급파해 나폴리에서 가리발디를 막아섰습니다. 흥분한 가리발디가 로마까지 공격하면 강대국인 프랑스가 개입해서 이탈리아 통일이 불가능해질 것이라는 명분을 내세웠지만, 속내는 남부 이탈리아가 완전히 공화파에 장악되어 독립 선언이라도 한다면 왕국인 사르데냐와 대결 구도를 이룰 수 있어 최악의 경우 무력 충돌도 불사한다는 생각이었지요.

실제로 가리발디의 군대에 합세한 마치니는 남부를 장악했으니 공화정을 선포하라고 가리발디를 재촉했습니다. 마치 우리나라가 38선을 사이에 두고 남과 북으로 나뉜 것처럼 이제 이탈리아의 분단뿐 아니라 엄청난 규모의 충돌도 피할 수 없는 일처럼 보였습니다. 이렇게 남쪽에서 북쪽으로 밀고 올라간 가리발디의 군대와 북쪽에서 급하게 치고 내려온 사르데냐의 군대가 조우한 역사적인 장소가 바로 테아노였습니다.

이탈리아 건국 과정을 통해 청 말의 혼란기에 방향을 찾으려 했던 량치차오(梁啓超)가 쓴 책을 단재 신채호 선생님이 번역한《이태리 건국 삼걸전》이라는 책이 있습니다(여기서 삼걸, 즉 '세 명의 호걸'이 바로 마치니, 카보우르, 가리발디입니다). 세부적으로는 저자의 상상이 많이 개입되어 있지만 객관적인 사실관계는 정확한 것으로 평가받는데요. 이 책에 바로 이 백척간두의 상황을 묘사한 부분이 나옵니다. 남부 이탈리아가 모두 평정되자 마치니는 어서 공화국을 선포하지 않고 뭐하냐고 가리발디를 비난하는데, 이에 가리발디는 이렇게 답합니다.

통일이 안 되면 이태리도 없소. 나는 공화를 진정 사랑하지만 이태리를 더욱 사랑하오. 공화를 한 뒤에 이태리를 통일할 수 있다면 만사를 희생하고서라도 공화를 따를 것이오. 그러나 공화를 버린 뒤에야 이태리를 통일할 수 있다면 나는 만사를 희생해서라도 공화를 버리고자 할 것이니, 내가 바라는 것은 오직 이태리를 통일해야 한다는 목적뿐이오. 따라서 하나의 이태리만이 있어야 하오. 두 개의 이태리가 있어서는 안 되오. (…) 이태리를 진실로 사랑하는 자들이라면 한쪽이 굽히고 한쪽은 펼치는 것이 옳은 법이오.

_량치차오, 《이태리 건국 삼걸전》, p. 98.

이 대화는 구체적인 역사 기록이라기보다는 량치차오의 상상이 더 많이 개입된 것으로 보입니다. 하지만 가리발디의 실제 행동은 저 대화에 담긴 이탈리아 통일에 대한 순수한 열정을 그대로 보여주는 것이었습니다. 앞서 그림의 악수 장면에 대해서는 다른 역사책에 이렇게 묘사되어 있습니다.

아주 습한 가을 아침이었다. 모자를 쓴 가리발디는 사르데냐의 군대를 응시하고 있었다. 잠시 후 사르데냐 군인들이 외치기 시작했다.

"왕이다! 왕이 오신다!"

가리발디와 동료들은 말에 탄 채 길을 따라 걸어 나갔다. 비토리오 에마누엘레 2세가 그들을 만나기 위해 달려왔나. 가리발디는 모자를 벗고 외쳤다.

"이탈리아 최초의 왕을 뵙습니다!"

왕은 손을 내밀었고 가리발디도 손을 내밀어 서로 맞잡은 채 1분

넘게 서로를 응시하고 있었다.

"친애하는 가리발디, 잘 지냈소?"

"네, 폐하. 폐하는 어떠십니까?"

"아주 좋소."

_G. M. Trevelyan(2012), *Garibaldi and the Making of Italy*, pp. 341-342.

사실 이 묘사도 역사적 기록이라기엔 신빙성이 높진 않습니다. 애초에 '테아노에서의 만남' 자체가 있었는지, 그 장소가 테아노가 맞는지조차 논란이 될 만큼 사실관계가 불분명한 일화이기 때문입니다.

하지만 저런 묘사가 과장이 아니라고 할 만큼 이후 가리발디가 보인 행동은 깔끔했습니다. 그는 아무런 조건 없이 자신이 점령한 남부 이탈리아 영토 전체를 비토리오 에마누엘레 2세에게 헌납했고, 심지어 에마누엘레 2세의 신하를 자처하며 나폴리 안팎의 공공 행사에서 이탈리아의 유일한 왕이 에마누엘레임을 여러 차례 선언했습니다. 더 나아가 혹시 모를 혼란을 막기 위해 이후 모든 공직을 사양하고 은퇴해서 자신의 작은 집이 있는 카프레라섬에 틀어박혔지요.

이탈리아 통일 운동의 횃불을 들어 올린 이는 마치니였고, 실질적으로 가장 현실적인 작업을 많이 한 사람은 카보우르였습니다. 하지만 마치니는 사르데냐 왕국으로 이탈리아가 통일되고 난 후에도 여전히 공화국과 민족주의를 강조하는 철 지난 혁명가 취급을 받았습니다. 그리고 카보우르는 통일 이탈리아의 초대 총리가 된 지 석 달 만인 1861년 6월 6일 사망했고, 프랑스와의 거래로 니스와 사보이아를 넘겨줬다는 비난에서 지금까지도 자유롭지 못합니다. 하지만 가리발디는 유럽 최고의 명사가 되었지요. 가는 곳마다 그를 만나고 싶어 하는 사람들로 인산인해를 이루었습니다. 미국에서 남북전쟁이 일어났을 때는 링컨이 북부군 사령관으로 참전을 요청할 정도였습니다.

그가 얼마나 큰 존경과 사랑을 받았는지에 대한 일화도 수두룩한데요. 1882년 75세의 가리발디가 여행 중 시칠리아의 수도 팔레르모를 지나간다는 소식이 전해지자, 그가 도시를 가로질러 3킬로미터의 거리를 이동하는 동안 도시 전체가 어떤 소리도 내지 않고 완벽한 침묵을 지키는 것으로 경의를 표했다고 합니다. 그리고 그해 여름, 그의 낡은 집이 있는 카프레라섬으로 돌아온 가리발디는 영면에 들었습니다.

진짜로 원하는 것 하나에만 집중하라

14세기 영국의 작은 마을인 오컴에 살던 수도사이자 논리학자인 윌리엄은 "똑같은 결론을 낳는 두 개의 이론이 경합하고 있을 때는 더 단순한 것이 훨씬 훌륭하다"라는 '오컴의 면도날(Ockham's Razor)'이라는 원칙을 제시했습니다. 쓸데없는 전제조건이나 비약 등은 마치 면도날로 수염을 베어내듯 과감하게 잘라내어 사고의 경제성, 효율성을 추구해야 한다는 것입니다. 'simple is the best'라고나 할까요.

얼핏 들으면 '오, 그렇군' 하다가도 조금만 생각해보면 좀 무모해 보이는 말이기도 합니다. 세상일이라는 게 칼로 무 썰 듯 간단하고 깔끔한 게 어디 있겠습니까. 이 사람 저 사람, 이런 사정 저런 사정이 다 얽혀 있기 마련인데 그걸 무리하게 단순화한다면 오히려 잘못된 판단을 합리화하는 오류에 빠질 수 있죠. 그렇다면 오컴의 윌리엄은 어째서 저런 주장을 한 것일까요?

우리의 삶이, 살아가면서 맞닥뜨리는 여러 상황이 아주 복잡한 맥락과 의도가 결합되어 만들어지는 것은 분명한 사실입니다. 하지만 그 모든 상황은 마치 낡은 성벽을 뒤덮은 담쟁이덩굴처럼 본질을 제대로 파악하지 못하고 앞으로 한 걸음도 나가지 못하도록 막는 마음의 벽이 될 수도 있습니다. 그리고 그렇게 복잡하고 얽힌 생각은 다른 사람에게 전달하기도 어렵지요.

이상과 현실 사이의 괴리를 쳇바퀴처럼 돌 수밖에 없었던 마치니나 복잡한 국제정치의 역학 관계를 정글 속의 미로를 헤매다니듯 요리조리 빠져나가야 했던 카보우르와 달리, 가리발디는 그가 왜 싸우고 있는지, 그에게 가장 중요한 것이 무엇인지 우선순위를 분명히 하고 그 외의 다른 요소들을 과감하게 배제했습니다.

'이렇게까지 성공했으니 아예 내가 남부의 지도자가 되는 게 좋지 않을까? 민중의 지지율은 내가 더 높은데 남부를 중심으로 잘 싸우면 내가 통일을 이룰 수도 있지 않을까? 공화정 아닌 이탈리아가 무슨 의미가 있나? 이렇게 물러나면 정치적으로 보복을 당하는 거 아냐? 날 따라서 싸운 사람들도 좀 챙겨줘야 할 텐데. 사르데냐의 카보우르는 내 고향을 프랑스에 넘긴 원수잖아. 넘길 때 넘기더라도 조건을 붙일 필요가 있지 않을까?'

이 모든 생각이 '내가 진짜로 원하는 것은 이탈리아의 통일'이라는 오컴의 면도날 앞에 깨끗하게 잘려나갔기에 그는 주저 없이 남부 이탈리아를 넘길 수 있었습니다. 그리고 그의 명확한 결단 덕분에 1,000년이 넘도록 요원한 꿈으로만 남아 있던 이탈리아반도의 통일이 가능했지요.

가리발디가 기적적인 승리를 거둔 것도, 대중의 절대적인 지지를 받은 것도 이렇게 '앞과 뒤가 다르지 않은 단순함' 때문이었습니다. 그가 바라는 이탈리아는 외세에 시달리지 않고 모두가 행복하게 살아갈 수 있는 나라였습니다. 그래서 그를 따르는 의용군들에게는 오로지 통일 이탈리아에 대한 꿈을 이야기했습니다. 시칠리아와 이탈리아 남부의 농민들에게는 복잡한 민족주의니, 공화주의니 하는 얘기 대신 세금을 깎아주고 치안을 유지해서 질서와 안정을 제공했지요. 그가 이끌던 붉은 셔츠단은 길가에 매달린 과일조차 따 먹지 않을 정도로 엄정한 군기를 자랑했으며 가리발디 자신을 비롯해 누구도 사적 이익을 취하는 일이 없었습니다.

이탈리아 남부 지역 원정이 기적적인 속도로 진행된 이유도 바로 이것이었습니다. '가리발디의 붉은 셔츠단은 민중을 위한 군대다'라는 단순하지만 강력한 인식이 퍼지면서 대부분 지역이 별다른 군사적 저항 없이 앞다퉈 항복했거든요.

고 신해철 씨가 '모노크롬'이라는 이름으로 활동하던 시절 만든 '니가 진짜로 원하는 게 뭐야'라는 노래는 광고 음악으로도 쓰이면서 유명해졌는데요. 가리발디야말로 '내가 진짜로 원하는 게 무엇인지' 분명하게 인식하고 있는 사람이었습니다. 그래서 그는 자신이 이룬 모든 것을 한순간에 내던지는 포기조차도 이탈리아 역사에 가장 커다란 족적을 남기는 성공으로 바꿀 수 있었습니다.

가리발디는 이탈리아의 세 영웅 가운데서도 단연 최고의 사랑을 받았으며 웬만한 위인들도 하기 어렵다는 기념 우표 발행을 수십

번 했습니다. 그뿐만 아니라 이탈리아 해군의 순양함, 항공모함, 소련 해군의 구축함에까지 이름을 남겼지요. 아직도 전 세계에 그의 이름을 딴 광장과 수많은 동상이 남아 있습니다. 이탈리아 현대사 최고의 영웅 가리발디의 성공 비결은 150년 후를 살아가는 우리에게도 소중한 교훈이 되지 않을까 싶습니다.

성공의 기준은 무엇일까?
: 로열 로빈스 vs 워런 하딩

성공이라는 꼭대기에 오르는 사람들

인생을 산에 비유한다면 우리가 살아가는 일은 힘겨운 오르막길을 끊임없이 오르는 일이라고 할 수 있을 것입니다. 어떤 이는 힘이 좋아 다른 사람들보다 빠르고 힘차게 오르고, 어떤 이는 지독한 의지와 노력으로 한 걸음 한 걸음 끊임없이 오르며, 또 어떤 이는 눈이 밝고 요령이 좋아 더 편하고 빠른 지름길을 찾아가기도 합니다. 하지만 대부분의 보통 사람들은 몇 걸음 옮기다 숨이 가빠져서 나뭇등걸에 앉아 쉬고, 이만하면 되지 않나 싶어 중턱에 주저앉거나 아예 모든 걸 포기하고 산 아래로 굴러떨어지기도 하지요.

이런 '보통의 우리'는 잰걸음으로 저 까마득한 곳을 향하는 사람들의 뒷모습을 부러운 눈길로 바라보는 데 익숙한데요. 이런 부러움에는 한 가지 전제조건이 있습니다. 이들이 오르고 있는 산이

'올바르고도 유일한 산'이어야 한다는 것입니다. 만약 그 산이 원래 오르려고 했던, 꼭대기에 '행복'이라는 구름이 기다리고 있는 산이 아니라면 어떨까요? 혹은 앞다퉈 오르려 했던 이 산의 봉우리가 이것 하나뿐이 아니고 여러 개이거나 사람의 숫자만큼이나 많다면 우리의 부러움은 애초에 의미가 없는 일이 아닐까요?

'성공과 실패'라는 말은 자칫하면 피라미드의 꼭대기와 바닥, 직선으로 이어진 도로의 시작과 끝처럼 일직선으로 이어진 선을 상상하도록 만든다는 점에서 착시현상을 일으킬 수도 있습니다. 그래서 이번 이야기에서는 각자의 방식으로 실패하고, 각자의 방식으로 삶에서 성공을 거둔 두 남자의 이야기를 살펴보고자 합니다.

록 클라이밍의 시대, 산을 오르는 청년들

1950년대에서 1960년대에 이르는 시기의 미국은 전례 없는 풍요를 구가하고 있었습니다. 제2차 세계대전의 승리로 미국은 세계 최강대국의 자리에 올랐고, 전쟁에서 돌아온 미국인들은 영웅 대접을 받으며 안정된 직장과 높은 수입 그리고 '베이비붐 세대'로 불리는 많은 아이를 얻고 행복한 가정을 꾸렸습니다. 집마다 자동차가 보급되고 일본인들이 '3종 신기'라고 불렀던 TV, 냉장고, 세탁기가 확산되면서 여가 시간도 늘고 엔터테인먼트의 종류도 다양해졌습니다. 답답한 도심을 벗어나 교외 지역에 주택가를 형성하고 차고와 잔디밭을 갖춘 '미국식 중산층'이 형성된 것도 이즈음입니다.

하지만 모든 것이 풍요롭고 완벽해 보이는 이런 상황은 청년들에게는 오히려 답답함으로 다가왔습니다. 10대에서 20대까지는 자신의 급격한 신체적, 정신적 변화에 적응하면서 보호와 통제를 받는 존재를 넘어 스스로 자아를 형성하는 주체로 성장해야 할 시기지요. 이런 정신적 독립을 위해서는 자신의 성장을 도와준, 하지만 일정한 시기를 지나면 자신을 가두는 감옥이 되는 가정과 사회의 틀을 깨고 나가는 '파괴'의 계기가 반드시 필요합니다.

하지만 이 시기 미국 사회는 기성세대의 벽이 너무나 높았습니다. 그들이 이룬 일에 딱히 트집을 잡는 것이 어려울 만큼 모든 것이 조화롭게, 달리 말하면 지독하도록 뻔하고 답답하게 자리 잡고 있었기 때문이지요. 청년들은 무엇에 어떻게 저항해야 할지 방향을 잡기도 쉽지 않았습니다. 오죽하면 이 시기의 시대정신을 대표하는 엘리아 카잔 감독의 영화 제목이 〈이유 없는 반항〉이었을까요.

결국 이들의 반항은 기성세대가 즐겨온 문화와 정반대인, 자기들만의 문화를 만들고 향유하는 쪽으로 분출되기 시작합니다. 기성세대가 프랭크 시나트라 같은 점잖고 잔잔한 음악을 즐겼다면 청년세대는 시끄럽고 반항적인 음악, 그것도 기성세대가 질색하는 노골적인 성적 메시지가 담긴 음악을 들으려 했습니다. 그렇게 해서 탄생한 것이 '로큰롤'입니다. 로큰롤은 어원 자체가 성행위에서 비롯됐을 정도로 대놓고 기성세대에 시비를 거는 음악이었죠.

이와 비슷한 맥락에서 기성세대가 낚시나 보트 타기, 가족 캠핑 같은 안전하고 평화로운 레저를 선호했다면, 청년들은 누가 봐도 목숨 내걸고 하는 위험한 스포츠에 열광했는데요. 이렇게 청년문화의 일종으로 등장했던 것이 바로 깎아지른 바위 절벽을 맨몸으로 기어오르는 록 클라이밍(rock climbing)이었습니다. 록 클라이밍을 하려면 거대한 바위 절벽이 있어야 했는데 당시엔 요세미티 국립공원에 있는 바위들이 매우 유명했기 때문에 이곳으로 많은 젊은이가 모여들었습니다. 그리고 그 젊은이들 사이에서 단연 돋보이는 존재로 리더의 역할을 했던 키가 큰 청년이 있었는데요. 로열 로빈스(Royal Robbins)라는 이름의 청년이었습니다.

기성세대를 향한 반항에는 무조건 시끄럽고 난잡한 것만 있었던 건 아닙니다. 오히려 더 큰 자동차, 더 좋은 가전제품, 더 화려한 집 등 물질적 재화에만 집착하는 기성세대의 탐욕을 비웃으며 정신적 가치, 마음의 평화, 명상 등을 가치 있는 삶의 지향점으로 삼던 일군의 젊은이들도 있었지요. 뿔테안경을 쓰고 늘 책을 읽는 고독한 명상가의 모습을 보였던 로빈스는 '고귀한'이라는 의미의 '로열'이라는 이름에 걸맞게 지적인 외모와 사려 깊은 태도로 주변 젊은이들을 사로잡았습니다.

게다가 그는 조용한 외양에 대비되는 뜨거운 내면의 불꽃도 지녀, 끊임없이 클라이밍을 고민하면서 다들 엄두도 못 내던 루트들을 개척했을 뿐 아니라 자신의 생각을 정리해 현대 클라이밍의 기본 개념과 윤리적 원칙을 선언하는 글을 발표하기도 했습니다. 클라이밍을 인간과 자연의 위대한 대화로 승화시킨 그를 따르는 수많은 추종자가 생겼고 그들은 캠프를 이루어 요세미티의 신성한 밤을 지켰습니다.

하지만 요세미티에는 로빈스와 반대편에 서 있었던 워런 하딩(Warren Harding)이라는 인물도 있었는데요. 사실 이름 자체도 1920년대 미국 대통령의 이름을 그대로 따온 것이니 매우 성의 없이 지어진 이름이라고 할 수 있지요. 게다가 그 대통령이 부정부패 혐의로 수사를 받다가 임기 중에 급사했다는 사실까지 떠올리면 뭔가 불길한 예감이 스칩니다. 아니나 다를까, 이 사나이는 로열 로빈스와 비교하는 것이 미안할 만큼 방탕과 게으름의 표본이었습니다. 덥수룩한 수염과 꼬질꼬질한 외모, 양손에 늘 들려 있는 술병이 트레이드마크였던 그에게 클라이밍은 그저 아드레날린을 솟구치게 만드는 오락거리일 뿐이었습니다.

로열 로빈스는 자연과 공존한다는 원칙을 세우고 최소한의 장비로, 중도에 숙박하지 않고 한 번에 절벽을 오르는 것을 윤리적 원칙으로 삼았습니다. 하지만 워런 하딩은 자연이고 원칙이고 없이 빠르고 재밌게 오르면 그만이라는 생각으로 암벽 사방에 못을 박고 주렁주렁 줄을 매달았지요. 게다가 그는 직접 고안한 장비로 암벽 중간에 잘 곳을 마련하고 지상과 암벽을 오가며 술을 마시고 고기를 굽고 놀다가 다시 올라가고 내려오기를 반복했습니다. 그러면서 로빈스 일행을 비웃으며 암벽에 걸터앉아 병나발을 부는 게 취미였지요. 그런 그의 캠프에도 역시 추종자들이 가득했습니다. 시종일관 지적이고 조용한 분위기였던 로빈스의 캠프와 달리 하딩의 캠프는 매일 시끌벅적했지요. 다른 등산객들이 눈살을 찌푸리며 내쫓아야 하는 거 아니냐고 할 정도였습니다.

| 그림 13 | 로열 로빈스의 사진과 그의 등반 당시 모습(위쪽 QR 코드). 워런 하딩의 모습은 아래 QR 코드를 찍으면 확인할 수 있다.

서로 다른 방식으로 정상에 선 두 사람

각자의 캠프에서 그들만의 방식으로 놀던 두 그룹의 충돌은 아마도 시간문제였을 것입니다. 점차 두 그룹의 영향력이 커지면서 서로 마주치는 일도 늘었고 세상 사람들도 이 둘을 비교하며 입방아를 찧는 일이 많아졌으니까요. 먼저 선제공격을 한 것은 역시 자유분방했던 하딩 쪽이었습니다. 로빈스 일행이 마치 천상 위의 존재들처럼 자신들을 우습게 보는 것에 짜증이 난 하딩이 로빈스를 깎아내리기 위해 '따라서 등반하기'를 시작했습니다.

그는 일부러 로빈스가 정복한 암벽들을 다시 더 빠른 속도로 등반해서 자기들이 더 뛰어나다는 걸 과시했습니다. 당연히 두 그룹 사이의 감정은 급격히 악화되었습니다. 로빈스도 이런 엉터리에게 질 수 없다며 하딩이 오른 루트들을 다시 정복하고, 하딩이 따라올 수 없는 더 어려운 암벽과 루트를 개척했지요. 당연히 하딩 또한 그 루트들을 재정복하면서 자신의 루트를 개척하기를 반복했고요. 이런 장군멍군이 한두 해도 아니고 15년간이나 이어지다 보니 수많은 코스가 개척되었고 이 코스들은 그대로 요세미티 록 클라이밍의 교과서가 되었습니다.

이런 지루한 경쟁에 먼저 싫증을 낸 것도 하딩이었습니다. 그는 한방에 로빈스를 굴복시키겠다는 생각으로 로빈스를 포함해 모든 사람이 절대로 불가능하다고 생각했던 엘 카피탄의 '여명의 벽(Dawn Wall)'에 도전할 것을 선언합니다. 여명의 벽은 말 그대로 깎아지른 듯이 수직으로 서 있는 암벽이라서 딱히 손으로 잡고 올라갈 만한 곳도 마땅치 않아 루트를 찾는 것 자체가 불가능하다고 여겨졌습니다. 하지만 하딩은 까짓것 못을 더 많이 박으면 될 것 아니냐는 단순한 논리로 도전했지요.

더 큰 문제는 이곳이 수직 높이만 914미터에 이르는 긴 코스였다는 점이었습니다. 루트를 찾아 이리저리 우회하며 오르면 그 거리는 훨씬 더 늘어날 텐데, 그러면 절대로 하루에 오를 수 없는 거리가 됩니다. 절벽 중간에서 비박을 하며 며칠에 걸쳐 오르는 것이 필수였지요. 하딩은 그래도 4일 정도면 오를 수 있지 않겠느냐는 생각으로 호기롭게 등반을 시작했습니다.

하지만 나흘은 지나치게 낙관적인 계산이었습니다. 일단 등반을 시작하자마자 난코스가 이어졌고, 어찌어찌 며칠간 이어졌던 등반이 중간쯤에서 도저히 루트를 찾을 수 없는 지점에 갇혀 중단되고 말았던 것입니다. 그냥 포기하고 내려왔으면 됐겠지만 고집과 자존심 강한 하딩이 바위에 매달려 버티는 바람에 등반은 자그마치

| 그림 14 | 캘리포니아주 요세미티 국립공원 안에 있는 바위산 엘 카피탄을 찍은 사진. 1851년 요세미티 계곡을 탐험하던 마리포사(Mariposa) 군대가 발견했으며, '지휘관(captain)' 또는 '우두머리(chief)'라는 뜻을 담아 엘 카피탄이라고 명명했다.

22일을 넘기게 되었습니다. 엎친 데 덮친 격으로 태풍까지 온다는 일기예보가 나오자, 암벽 아래에서 구경하고 있던 사람들 사이에서는 하딩을 구조해야 하는 것 아니냐는 얘기가 나오기 시작했습니다.

결국 산악구조대가 구조 헬기를 띄웠습니다. 유명 클라이머의 공중 조난과 극적인 구조 소식을 취재하기 위해 전국에서 기자와 방송 카메라들이 모여들었는데요. 그들이 목격한 것은 전혀 예상 밖의 풍경이었습니다. 언제나처럼 술병을 끼고 비박 장소에서 술을 마시고 있던 하딩은 갑자기 나타난 구조 헬기를 보고 쟤들은 뭔가 하면서 소리를 질렀습니다.

"안녕하쇼. 무슨 일로 오셨소?"

아니, 구하러 온 사람들에게 구조받을 사람이 '뭘 해드릴깝쇼?'라고 물으니 구조대는 당황하지 않을 수 없었습니다.

"구해드리려고 왔습니다!"

이 말을 들은 하딩은 클라이밍 역사에 남을 만한 명언을 날립니다.

"뭐요? 됐고, 이리 내려와서 와인이나 한잔하쇼."

하딩이 바위 절벽에 매달려 22일간 겨우 버티고 있었다고 생각했던 언론은 이 호탕한 말을 듣고 얼마나 놀라고 재밌었을까요? 즉시 언론에 대서특필된 이 뉴스로 그는 전국적인 스타가 되었고, 5일 후 등반을 시작한 지 27일 만에 정상에 도착하자 엄청난 수의 기자와 카메라들이 그를 기다리고 있었습니다. 이후 방송 출연 제의가 쇄도하면서 하딩은 요세미티의 부랑자에서 TV쇼 여기저기에 출연하는 유명 인사가 되어버렸습니다.

로빈스는 그가 평생을 걸고 신성하게 여기며 지켜왔던 록 클라이밍이 이런 엉터리 수작으로 우스꽝스러운 서커스 판처럼 되어버리자 크게 분노했습니다. 그래서 그는 팀과 함께 지난 15년간 그래왔던 것처럼 하딩이 올라갔던 루트를 똑같이, 하지만 온갖 기구의 도움을 받은 하딩과 달리 기구의 도움을 빌리지 않고 더 빠르게 오르는 일에 도전하기로 했습니다. 게다가 자연환경을 보존하고 바위를 신성하게 여겨야 한다는 그의 평소 생각을 강조하기 위해 등반을 하면서 하딩이 여기저기 잔뜩 박아둔 볼트와 못들을 제거하는 작업도 병행하기로 했습니다. 록 클라이밍의 순수성을 지키기 위해 자신이 해야 하는, 자신만이 할 수 있는 의무라고 생각했지요. 그런데 예상하지 못한 일이 벌어집니다.

인생에 단 하나의 완벽한 루트는 없다

그렇게 여명의 벽에서 하딩의 흔적을 지우면서 루트의 중간쯤 올라간 로빈스는 갑자기 망연자실했습니다. 처음엔 이 술주정뱅이가 그저 장비 도움을 받아 아무렇게나 암벽을 올랐다고 생각했는데, 그의 루트를 하나씩 되짚으며 가보니 아무 곳이나 못을 박고 자일의 개수를 늘린다고 해서 할 수 있는 일이 아니었음을 알게 된 것입니다. '만약 내가 먼저 여길 올랐다면 나는 이런 루트를 개척해낼 수 있었을까?' 진지한 성격인 로빈스는 깊은 생각에 빠졌고 결국 이 루트가 자신이라면 생각해내지 못했을 엄청난 루트였다는 것을 인정하지 않을 수 없었습니다.

그때부터 그는 하딩의 볼트를 제거하는 작업을 그만두고 하딩이 남긴 흔적을 따라 암벽을 오르는 일에만 집중했습니다. 그렇게 오르고 또 오르기를 거듭하면서 지난 15년의 세월을 머릿속으로 반추해봤지요. 그동안 자신은 지적 우월감과 윤리적 올바름을 내세워 하딩을 폄하했지만 사실은 늘 제멋대로 신나게 살아가는 하딩의 자유분방함을 질투했다는 사실을, 그러다 하딩이 우연히 명성까지 얻은 일을 시기하고 있었음을 깨달았습니다.

그렇게 하딩 때와 달리 등반을 취재하는 단 한 사람의 기자도 없는, 그를 추종하던 동료들만이 기다리고 있던 정상에 오른 로빈스는 동료들에게 등반 과정에서 자신이 느낀 부끄러움을 솔직하게 모두 털어놓았습니다. 그리고 그 길로 클라이머로서의 삶을 정리하고 은퇴하겠다고 선언했지요.

여러 영상과 자료들을 통해 두 사람에 얽힌 이야기들을 알고 재구성하면서 이 둘의 상반되지만 강렬한 캐릭터에 깊은 인상을 받았습니다. 특히 제 마음을 뒤흔든 것은 하딩이 호기롭게 "술이나 한잔하고 가시든가"라고 외치는 장면이 아니라, 조용히 암벽 위에 올라선 로빈스가 자신을 하늘처럼 떠받들고 있는 추종자들 앞에서 부끄러운 깨달음을 전하며 패배를 깨끗하게 인정한 모습이었습니다. 대체 누가 이렇게 치열하게 자기 자신에게 정직할 수 있을까요? 평생을 걸고 본인이 쌓아 올린 모든 것이 그 한 번의 '인정'으로 모두 무너져버릴 것을 알면서도 말입니다.

하지만 바로 그렇게 '스스로에게 솔직하고 떳떳한' 자세가 그를 진정한 승자로 만든 것일지도 모릅니다. 로열 로빈스는 은퇴 후 자신의 이름을 딴 클라이밍 전문 장비 브랜드인 로열 로빈스를 설립해 크게 성공을 거두었습니다. 그리고 그가 주장한 클라이밍의 정신과 기본 윤리, 클라이머의 자세 등은 후배 클라이머들에게 귀감이 되었습니다. 그가 쓴 책《고급 록크래프트(Advanced Rockcraft)》와

이 책에서 강조한, 더 엄격한 원칙과 절제를 통한 수준 높은 클라이밍을 지향하는 자세인 '업워드 베리에이션(upward variations)'은 지금 우리가 알고 있는 클라이밍의 기본을 형성하는 선언문으로 자리 잡았습니다. 그는 성공한 사업가이자 존경받는 전설적인 클라이머로 살다가 2017년 82세를 일기로 세상을 떠났습니다.

그러면 유명 인사가 된 하딩의 여생은 어땠을까요? 그는 여전히 요세미티 계곡 밑에 있는 조그만 집에서, 맨날 절벽에 매달려 사는 망나니 아들에게 와인과 안주를 날라주는 게 일생의 즐거움이었던 어머니와 함께 늙어갔습니다. 1973년 로열 로빈스가 업워드 베리에이션을 강조한 클라이머 윤리선언문을 펴냈다는 소식을 듣고는 2년 후인 1975년에 마치 답변처럼 책을 내놓았는데요. 책의 제목은 로빈스의 슬로건을 노골적으로 뒤집은 《다운워드 바운드(Downward Bound)》였고 심지어 부제는 '미친놈들을 위한 록 클라이밍 가이드(A Mad! Guide to Rock Climbing)'였습니다.

아마 그는 자신의 조그만 오두막에서 어머니와 이런 대화를 나누지 않았을까요?

"엄마, 엄마, 로빈스 그놈이 암만 뭐라 해도 내가 최고라니까?"

"미친놈, 술 퍼마시는 게 최고겠지!"

"그런가? 히히…."

그렇게 끝까지 바위 절벽 아래를 지키며 살던 하딩은 뭐가 그리 급했는지 세상을 떠나는 것마저도 로빈스보다 서둘러서 2002년 78세를 일기로 눈을 감았습니다. 최후의 최후까지, 그들은 그들답게 살다 갔습니다.

의미가 없다면 스윙도 없다
: 도덕적 명분과 성공에 대하여

형식은 실질과 다른 것일까?

고등학교 때 국사 선생님이 임진왜란 부분을 강의하다가 갑자기 화를 냈던 일이 지금도 기억에 생생한데요. '양반은 얼어 죽어도 곁불은 쬐지 않는다'라는 속담이 화근이었습니다. 아니, 당장 얼어 죽게 생겼는데 다른 사람 사이에 끼어서 쬐는 곁불이면 어떻고, 모닥불이면 또 어떠냐, 일단 체면이고 뭐고 따지지 말고 실리를 추구해야 했는데 양반의 체통 따위를 찾다가 나라를 망하게 했다고 말이죠.

그러면서 선생님은 선비들의 옷차림이 가진 허식을 예로 들었습니다. 중인들은 대개 패랭이나 짧은 갓을 쓰며 몸에 딱 붙는 움직이기 편한 복장을 하는데, 양반들은 커다란 갓과 거추장스러운 긴 소매의 옷을 입다 보니 행동도 불편하고 실용적이지 못했다고요. 이런 허례와 허식이 나라의 기풍으로 자리 잡다 보니 그동안 오랜 전쟁으로 철저하게 실용성을 추구하게 된 왜군에 속수무책으로 무너졌다고 했습니다.

당시 수업을 들을 땐 그래서 쉽게 전쟁에 패한 것이라고 생각했습니다. '양반들이 그렇게 쓸데없이 폼만 잡지 않았어도 조선이 훨씬 강한 나라가 되었을 텐데, 양반들의 겉멋 때문에 정말 중요한 실속을 잃었네' 하며 고개를 끄덕였지요. 하지만 점점 나이가 들면서 '반드시 그렇게만 볼 수 있는 문제일까?' 하는 조금 복잡한 생각이 들기 시작했습니다. 특히 첫 사회생활로 교사를 하게 되면서 그런 의문은 더 커졌습니다.

교사가 되고 난 후 한동안 저는 출퇴근하기에도 편하고 학생들에게도 편하게 다가갈 수 있는 청바지에 티셔츠 같은 편한 복장으로 출근했는데요. 왠지 이게 아닌 것 같다는 생각이 자꾸 들더라고요. 그래서 교생 실습을 할 때 사둔 정장에 넥타이를 매고 출근해봤습니다. 확실히 목도 답답하고 움직임도 불편했지만 저 자신도 교사라는 자각을 놓치지 않을 수 있었고, 학생들도 나이 차이가 얼마 나지 않는 신임 교사라고 쉽게 대하던 것과 달리 조금 더 예의를 차리는 듯한 느낌이었습니다. 즉 정장이라는 '형식'은 교사와 학생 사이에 필요한 적당한 거리와 역할 인식을 돕는, 꽤 실용적인 수단이었던 것입니다.

당시 유행했던 사회초년생을 위한 정장 광고 카피가 '옷차림도 전략이다!'였는데 정말 핵심을 잘 짚어낸 말이었죠. 이렇게 생각하면 조선 시대 양반들의 불편한 옷차림 그리고 체면과 형식주의도 당연히 비효율적인 측면들이 많이 있었지만, 달리 보면 지배계층의 신분적 차이를 겉모습에서부터 분명히 인식하도록 하고 권위와 정당성을 각인시키는 효과적인 통치 전략이기도 했을 것입니다. 형식은 실질과 분리되어 서로 대립하는 특성이 아니며, 형식이 실질의 일부를 구성하고 실질이 형식으로 자리 잡기도 하는 의존적 관계라는 것이지요.

그런 면에서 좀 더 깊이 생각해볼 것은 도덕과 실용의 관계입니다. 우리는 흔히 도덕적인 것은 효율성이나 합리성과 반대편에 있는 것처럼 생각합니다. '착한 사람'은 '늘 손해 보는 사람'인 것처럼 느껴지고, '약삭빠르고 이기적인 사람'은 '밉긴 하지만 잇속은 잘 차리는 사람'으로 여겨지죠. 남들에게 마냥 잘해주기만 해서 뼈도 없을 것 같은 사람이라는 뜻의 '무골호인'은 종종 어리석은 사람들을 비웃을 때 사용되기도 합니다. 그런데 과연 도덕은, 명분은 그렇게 실속 없는 껍데기에 불과한 것일까요? 성공을 위해서라면 독해져야 한다, 윤리나 도덕은 잠시 접어두어야 한다는 것은 정말 타당한 이야기일까요?

링컨이 노예 해방을 주장한 진짜 이유

현재 모든 사람이 인정하는 세계 최강의 국가인 미국은 지금에 이르기까지 수많은 전쟁을 겪어야 했습니다. 하지만 그 많은 전쟁 가운데 가장 큰 희생을 겪은 전쟁은 아이러니하게도 미국 영토 내에서 벌어진 내전인 남북전쟁이었습니다. 50개월에 걸친 남북전쟁의 사망자 수는 약 62만 5,000명입니다. 이는 남북전쟁을 빼고 미국이 참전한 모든 전쟁의 사망자 수와 맞먹는 엄청난 수준입니다.

널리 알려진 대로 남북전쟁에서 가장 핵심적인 쟁점은 흑인 노예 문제였습니다. 1800년대 중반으로 넘어서면서 유럽 국가들은 이미

계몽주의 사상을 바탕으로 노예 제도의 야만성을 각성하고 대부분 노예매매를 폐지한 상태였습니다. 하지만 미국은 인력이 많이 필요한 목화 플랜테이션 농장을 기반으로 하는 남부 지역의 주들을 중심으로 여전히 노예 제도가 유지되고 있었습니다. 반면 빠르게 공업화를 이룬 북부 주들은 노예 해방을 천명한 '자유 주'들이 많았죠. 노예 주와 자유 주의 숫자가 엇비슷해지자 남부와 북부는 새로이 연방에 합류하는 주가 어떤 정책을 택할 것인지에 촉각을 곤두세우게 되었습니다. 그에 따라 미합중국 전체의 세력 판도가 바뀔 수 있었기 때문이지요.

1860년에 벌어진 대통령 선거에서도 핵심 쟁점은 신규 가입 주의 노예제도 문제를 어떻게 할 것인가였습니다. 사실 쟁점은 치열했지만 선거 자체는 싱거울 것으로 예상되었습니다. 당시 경쟁하던 공화당과 민주당 가운데 공화당은 생긴 지 얼마 안 된 북부 지역당으로, 조직이 대단히 허술했습니다. 반면 민주당은 남부, 북부 모두에 많은 지지자를 보유한 전국정당이었지요. 무엇보다 허약한 공화당의 대통령 후보로 나온 사람이 30년 넘는 정치인 생활에서 고작 하원의원 2년을 간신히 한 것 말고는 선거마다 연전연패했던 에이브러햄 링컨(Abraham Lincoln)이었습니다. 반대로 그 상대인 민주당 후보는 바로 링컨을 번번이 좌절시킨 달변가이자 멋진 신사 이미지로 인기가 높았던 스티븐 더글러스(Stephen Douglas)였지요.

누가 봐도 결과가 뻔했던 선거에서 더글러스는 마치 '부자 몸조심'하듯, 말년 병장이 떨어지는 낙엽도 피하듯 노예 해방 문제에서도 대단히 중도적이고 실리적인 입장을 취했습니다. 즉 기존의 노예 주, 자유 주는 그대로 인정하고 새로이 연방에 가입하는 주는 어차피 각 주의 자치권이 존중되어야 하므로 주민들의 투표를 통해 노예 주가 될지 자유 주가 될지 스스로 결정하자는 것이었습니다. 주의 자율성을 중시하는 미국의 건국 정신에도 부합될 뿐 아니라 자유 주와 노예 주, 남부와 북부 양측 모두로부터 지지를 받을 수 있는 가장 실용적이고 안전해 보이는 포지션이었지요.

하지만 링컨의 입장은 달랐습니다. 어쩌면 더 잃을 게 없는 열악한 상황 덕분에 소신을 더 강하게 내세울 수 있었는지도 모릅니다. 아무튼 링컨은 노예제가 반인륜적인 제도이므로 반드시 폐지해야 하며, 따라서 신규 가입 주는 주민투표 결과와 상관없이 반드시 노예제도를 없애야 한다고 강력한 주장을 펼친 것입니다.

정치적으로 보자면 어리석은 원칙주의, 자책골 같아 보였던 이 주장은 오히려 선거 국면에서 노예제에 대한 강력한 논쟁을 불러일으켰습니다. 그러면서 양다리를 걸치려 했던 더글러스에게 남부 지지자들은 불만을 품게 되었고, 결국 남부 노예 주들이 민주당을 분열시켜 남부 민주당을 창당하고 노예제 폐지 절대 불가를 주장한 존 C. 브레킨리지를 후보로 내세워 민주당의 표가 나뉘는 결과로 이어졌습니다.

결국 링컨은 기적적으로 당선되었는데요. '기적적'이라는 말이 과장이 아닌 게, 당선자 링컨의 득표율은 겨우 39퍼센트로 역대 당선자 중 최저 득표율이었습니다. 미국 남부와 북부의 분열은 남부에서 단 한 명의 선거인단도 얻지 못한 '북부 대통령' 링컨의 당선으로 돌아올 수 없는 강을 건넜고, 결국 취임 한 달 후 남북전쟁이라는 비극적인 상황으로 치닫게 되었습니다.

전쟁 초기에는 오랜 세월 축적해온 부와 인력을 바탕으로 남부가 승기를 잡았으나 링컨은 불리한 상황에서도 타협할 생각이 없었습니다. 오히려 전쟁에 참전하지 않고 사태를 관망하고 있는 중립 주들을 자극할 수 있다는 이유로 주변에서 말렸던 '노예 해방 선언'을 1863년에 전격 공표했습니다. 그는 백악관에서 이 선언문에 서명하면서 이렇게 말했습니다. "내 평생 이 선언서에 서명하는 것보다 더 옳은 일은 한 적은 없습니다."

과연 이 선택은 도덕적 명분에 매몰되어 실리를 버린 링컨 개인의 고집에 불과한 일이었을까요? 결과는 정반대로 나타났습니다. 당시 세계 최강국이었던 유럽의 패자, 영국과 프랑스는 미국 남부 주들로부터 목화를 공급받아 왔기 때문에 전쟁 초기부터 남부 지지를 선언하고 전황이 기울 경우 직접 파병할 타이밍을 재고 있었습니다. 하지만 남북전쟁이 '노예 해방이라는 명분을 둘러싼 전쟁'임을 명확히 천명한 '노예 해방 선언'이 발표되자 이미 노예제가 반문명적인 제도로 불법화된 지 오래였던 유럽 국가들의 입장에서는 파병을 논의하는 것이 불가능해졌던 것입니다. 결국 해방 선언 이후 영국과 프랑스는 남부 주 지지를 철회했고 이는 남북전쟁의 결정적인 전환점이 되었습니다.

링컨이 이 모든 효과를 노리고 정치적 목적으로 노예 해방 문제를 이용했다는 주장도 있습니다. 일부분은 사실일 겁니다. 오히려 자신의 정치적 행동이 어떤 결과로 이어질지 예측하지 못했다면 그것이야말로 무능한 정치인이라는 증거니까요. 하지만 링컨이 도덕적 명분을 이용했을 뿐이라는 주장은 역으로 도덕적 명분이 사람들의 생각과 달리 얼마나 강력한 '실질적인 힘'을 지니고 있는지 반증하는 게 아닐까요?

| 그림 15 | 스티븐 더글러스, 에이브러햄 링컨, 장제스의 초상화(왼쪽에서 오른쪽으로).

명분의 승리, '대장정'

현대 중국을 만든 결정적인 사건은 '대장정'이었습니다. 복잡한 사건이라서 대략의 배경을 말씀드려야 할 것 같습니다. 1911년 쑨원은 신해혁명을 통해 중화민국을 세웠지만 이후 거듭된 군벌들의 반란으로 혼란을 겪었습니다. 유럽과 미국으로부터 도움을 받지 못해 곤란한 상황에서 그는 지원을 약속한 소련과 급격히 가까워졌고, 결국 자신이 이끄는 국민당과 중국 공산당이 힘을 합치는 '1차 국공합작'에 합의하게 됩니다.

하지만 국민당 내부에서는 공산당이 내부로 침투해 오히려 당을 장악하려 한다는 의심이 확대되고 있었습니다. 이후 좌우의 균형을 잡아주던 쑨원이 사망하자 실권을 장악한 장제스가 국공합작을 파기했습니다. 뒤이어 국민당 군대가 중국 공산당의 근거지였던 장시성을 포위 공격하자 절체절명의 위기에 몰린 중국 공산당 8만

6,000명은 공격을 피해 1934년 대탈출을 감행했습니다. 이들은 뒤를 쫓는 국민당 군대를 피해 1년이라는 긴 세월 동안 자그마치 1만 2,500킬로미터의 긴 거리를 이동했지요. 이렇듯 대장정은 마치 어딘가를 정복하러 가는 듯한 멋진 명칭과 달리 사실은 끝없이 자신들을 뒤쫓는 국민당 군대를 피해 공산당이 중국 천지를 유랑하듯 돌아다닌 '대도망'에 가까웠습니다.

당시 중국 공산당의 홍군이 8만 6,000명, 민간인을 모두 포함해도 10만이 안 되는 숫자인 데 반해 국민당의 병력은 10년 후인 1946년 6월에 벌어진 제2차 국공내전 당시를 기준으로 자그마치 430만 명이었습니다. 그리고 무기, 탄약, 공군력 등 모든 측면에서 공산당은 애초에 비교가 되지 않는 전력이었지요.

게다가 장정이 시작된 지 불과 한 달 후인 11월 말 최악의 패전으로 불리는 샹강 전투에서 홍군 5만 6,000명이 사망하는 참패를 겪으며 인원은 절반 이하로 쪼그라들었습니다. 이 외에도 도주 과정에서 연이은 패배로 수많은 사람이 죽었고, 굶주림에 시달리다 죽었으며, 눈 덮인 설산을 넘고 물살이 세찬 계곡을 건너고 허리까지 잠기는 늪에서 허우적대다 죽는 등 12개월간 지옥 같은 고행을 거듭했는데요. 1935년 10월 섬서성 우치에 도착했을 때 처음 인원 10만여 명 가운데 살아남은 사람은 고작 3,000명뿐이었습니다.

1936년 12월에는 공산당 잔당을 소탕하겠다고 직접 비행기를 타고 날아온 장제스가 최후의 일격을 가했습니다. 그런데 이때 장제스가 부하였던 장쉐량에게 역으로 체포되는 '시안 사변'이라는 쿠데타가 일어난 덕분에 공산당은 완전히 토벌되는 사태를 면하고 '대장정 승리'를 선언하며 다시 살아날 수 있었습니다. 그래서 어떤 이들은 공산당이 단지 운이 좋았을 뿐 대장정이 성공한 것은 아니라며 냉소적인 반응을 보이기도 합니다. 하지만 과연 12개월에 걸친 지옥의 행군에서 공산당이 살아남은 것이 그리고 최종적으로 국민당군을 꺾고 중화인민공화국을 세운 것이 단순히 시류의 도움을 받은 '운빨'이라고 말할 수 있을까요?

장제스가 장악한 국민당은 1927년 상하이에서 국공합작을 전격 파기하고 공산당, 진보 인사, 시위 군중 6,000명을 학살하는 것을 시작으로 중국 전역에서 국민당을 깨끗하게 하는 '청당 운동'을 일으켜 자그마치 2만 5,000명을 살해했습니다. 그 결과 국민당에서 중도와 좌파 인사들은 모두 이탈했고 국민당은 노동자, 농민과 가난한 민중들로부터 유리된 정당이 되어버렸습니다.

반면 1차 국공합작 당시 수백 명밖에 되지 않았던 공산당은 토지 개혁, 농민들의 생활 향상을 주장하며 국민당의 빈자리를 차지했고 점차 그 세를 불려나갔습니다. 그래서 '양민 3,000명을 잘못 죽이더라도 공산당원 한 명만 죽이면 된다'라는 말도 안 되는 생각으로 가는 곳마다 청년들을 징병하고 물자와 인력을 수탈하던 국민당과 달리, 홍군은 대장정 행군 동안 주민들에게 민폐를 끼치지 않으려고 노력했고 도착하는 마을마다 의료봉사를 행해 민심을 얻었습니다.

국민당과의 전투에서 2,000명이나 되는 홍군 부상병이 발생하자 지역민들은 이들을 한 명씩 집으로 데려가서 모두 치료해주었는데요. 나중에 건강을 회복한 병사들이 다시 홍군 유격대를 재창설한 일도 있었습니다. 이는 '어수정심(魚水情深)', 즉 물에 담겨 살아가는 물고기처럼 민심과 교감해야 한다는 중국 공산당의 전략을 보여주는 사례였습니다.

행운으로만 보였던 시안 사변 역시 따지고 보면 일어날 수밖에 없는 사건이었습니다. 당시 중국이 당면한 더 큰 과제는 일본의 침략을 막아내는 것이었는데, 국민당 정부는 공산당 토벌이 더 우선이라며 전국 각지의 군벌들을 공산당 토벌에 우선 동원했습니다. 하지만 국민당에 믿음과 지지를 보내는 것이 아니라 단지 힘에 눌려 있을 뿐이었던 군벌들은 홍군과 싸우다 괜히 병력만 잃고 나중에 국민당에 뒤통수를 맞지 않을까 우려해 홍군이 무사통과하도록 길을 내주는 경우가 많았습니다. 그래서 홍군은 적은 인원으로도 1년간 중국 전역을 헤집듯 돌아다니는 것이 가능했던 것이죠.

시안 사변을 일으킨 장쉐량의 경우 역시 군벌로서 만주 지역이 그의 기반이었는데요. 장제스가 만주에 침입한 일본군과의 교전을 피하고 홍군을 먼저 제압하라고 명령하자, 이러다 자기 땅은 일본에 빼앗기고 홍군과의 전투에서 병력마저 소모되면 망하고 말 것이라는 두려움에 장제스를 체포하는 엄청난 사건을 일으킨 것이었습니다. 또한 대장정 내내 공산당이 내세웠던, 동포끼리의 싸움을 멈추고 힘을 합쳐 외적인 일본을 공격해서 몰아내는 것이 우선이라는 명분의 힘도 크게 작용했습니다. 즉 장쉐량의 입장에서는 이 반란이 단순히 홍군과 싸우는 것이 두려워서가 아니라 중국 전체를 위한 올바른 선택이라는 명분이 있었기 때문에 과감한 선택을 할 수 있었던 것입니다.

결국 국민당은 객관적으로 비교 자체가 불가능한 압도적인 전력을 가지고도, 아니 그렇게 압도적인 전력을 가졌기 때문에 오히려 도덕적 명분, 국민의 지지를 간과하게 되었고 그 결과 질 수 없는 전쟁에서 패배하는 뼈아픈 결과를 맞이했습니다.

의미와 스윙, 실리와 명분

'It don't mean a thing(if it ain't got that swing)'이라는 재즈곡이 있습니다. 1931년 듀크 엘링턴이 작곡하고 엘라 피츠제럴드가 불러서 유명해진 곡인데요. 굳이 해석하자면 '노래라고 다 노래가 아니다. 어깨를 들썩이게 만드는 흥(swing)이 없는 노래는 제대로 된 노래라고 할 수 없다' 정도의 뜻을 담고 있는 제목입니다. 재즈 마니아로 유명한 일본 작가 무라카미 하루키가 자신의 재즈 음악 에세이집에 이 노래를 패러디해서 '의미가 없다면 스윙은 없다'라는 제목을 붙이기도 했습니다.

저는 이 제목을 보면서 '의미'와 '스윙'의 관계가 '실리'와 '명분'의 관계와 비슷하다는 생각이 들었습니다. 흥이 없는 노래도 노래이긴 하지만 사람들을 끌어들이고 그 장단에 맞춰 춤추도록 하지 못한다면 의미 없는 노래에 불과할 것입니다. 반대로 그저 흥에 겨워서 둥당거리기만 한다면 그건 그저 몸부림일 뿐 완결된 예술적 형식을 갖춘 노래가 될 수 없겠지요.

이와 마찬가지로 형식과 실질, 명분과 실리는 서로 분리하기 어려운 핵심적인 요소로 그 화학적 결합의 수준과 농도에 따라 어떤 일의 성공과 실패를 가르는 척도가 될 수 있습니다. 기업 활동에서도 실리만을 주장하다가 명분을 잃어 큰 실패를 맛보거나, 반대로 도덕적 명분만을 앞세운 사회적 기업이 안타까운 최후를 맞는 경우도 종종 보게 됩니다. 멀리 갈 것도 없이 RE100을 비롯해 다양한 환경 규제의 확산은 도덕성과 공존을 무시한 한없는 이윤 추구는 불가능한 세상이라는 점을 분명하게 보여주는 증거가 아닐까요.

명분과 실리는 서로 붙어 있는 동전의 양면과 같은 존재입니다.

두 면을 펼쳐서 한 면으로 만드는 것이 불가능하듯, 어느 하나를 위해 다른 하나를 무시하거나 없애는 것은 동전 자체를 파괴하는 일이라는 걸 기억해야 합니다.

온전히 나로 살아간다는 것은 : 로버트 카파의 진짜 이름

종군기자의 전설, '로버트 카파'는 없었다

'종군기자' 하면 전쟁의 포화 속에서 목숨을 걸고 발로 뛰며 취재하는 이미지가 떠오릅니다. 이런 종군기자의 이미지를 사람들의 뇌리에 각인시킨 사람을 꼽으라면 아마 로버트 카파(Robert Capa)일 겁니다. 제2차 세계대전 당시 그는 공수부대와 함께 낙하하고 상륙부대와 함께 노르망디에 상륙했습니다. 스페인 내전과 이스라엘 독립전쟁 등 가장 위험한 전쟁의 현장 어디에나 있었으며, 끝내 인도차이나 전쟁 취재 중 지뢰를 밟고 폭사하는 것으로 생을 마감했습니다.

그의 이런 열정적인 작가 정신은 어느 카메라 회사의 광고 카피였던 '당신의 사진이 만족스럽지 않다면 당신이 충분히 가까이 가지 않았기 때문이다'라는 보도 사진계의 명언으로도 남았습니다. 하지만 그는 '충분히'가 아니라 '너무' 가까이, 그것도 너무 자주 현

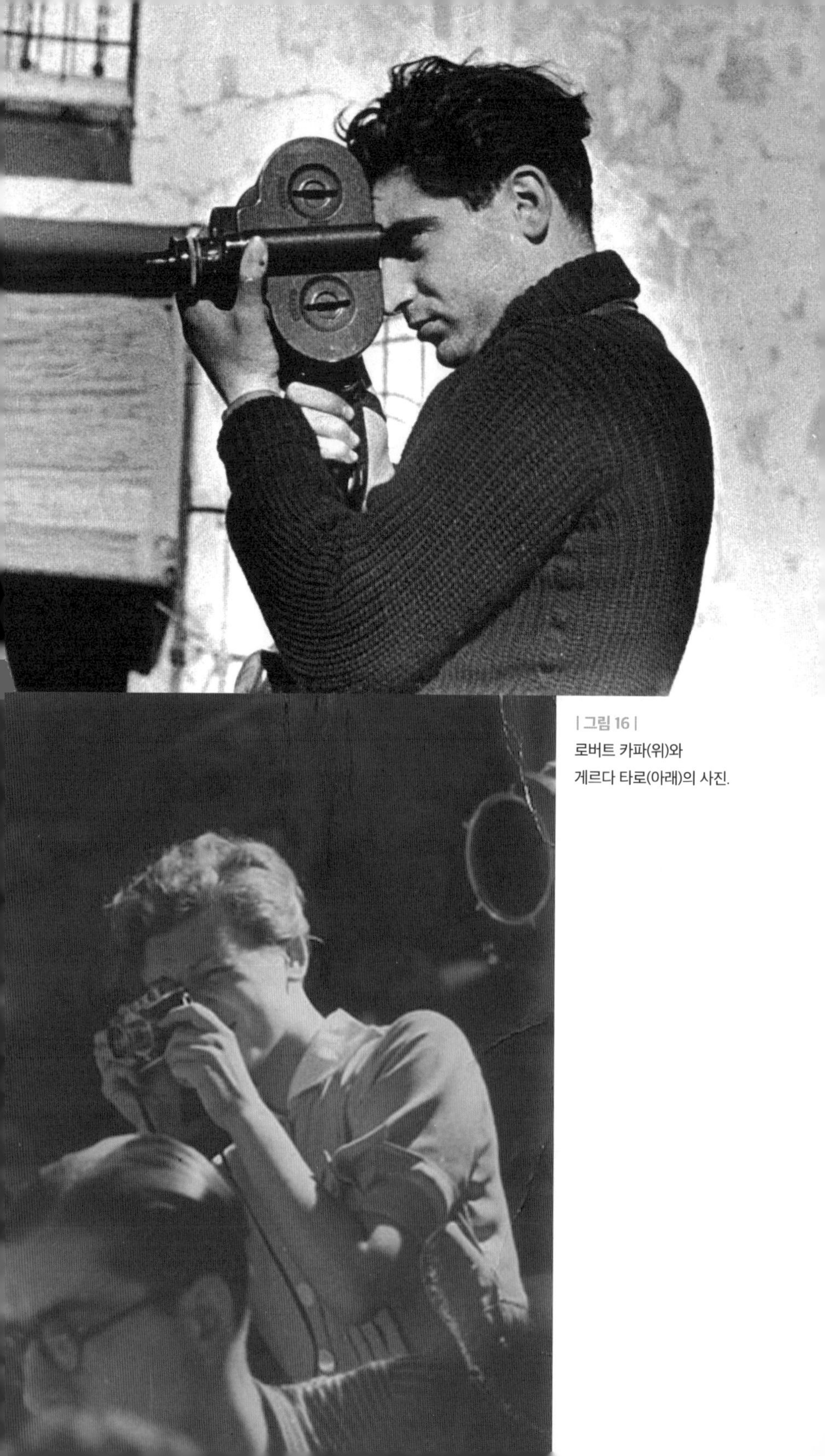

| 그림 16 |
로버트 카파(위)와
게르다 타로(아래)의 사진.

장 속으로 들어갔습니다. 마치 스스로 현장에서 죽기를 원하는 사람처럼 말이지요.

가난한 유대계 헝가리인이었던 로버트 카파의 본명은 앙드레 프리드먼(Andre Friedman)입니다. 안 그래도 유럽에서 국외자 취급을 받던 유대계인 데다 여러 강대국에 이리저리 치이는 소국 헝가리 출신이니 기를 펴기가 쉽지 않았겠죠. 그나마도 반정부 시위 전력으로 헝가리에서마저 추방을 당해서 그는 독일에서 사진가로서의 커리어를 시작했습니다. 하지만 독일에서도 헝가리에서 추방당한 유대계 헝가리인을 써주는 언론사는 없었죠.

그렇게 벼랑 끝에 몰렸을 즈음 앙드레는 역시 유대계였던 여성 사진작가 게르다 타로(Gerda Taro)를 만나게 됩니다. 게르다는 앙드레보다 훨씬 사업적 감각이 뛰어난 인물로, 유대계라는 한계를 숨기기 위해 '유명한 미국인 사진가 로버트 카파'라는 가상 인물을 창조했습니다. 그리고 자신과 앙드레는 카파의 조수라고 거짓말을 하면서 사진을 판매하기 시작했지요.

로버트 카파, 그러니까 그들이 성공의 기회를 잡은 것은 스페인 내전을 취재하기 시작하면서였습니다. 독재자 프랑코의 정부군에 맞선 공화주의자들의 싸움을 돕기 위해 헤밍웨이를 비롯한 세계의 지식인들이 참전을 선언했는데요. 이 '정의의 전쟁'에 대한 세간의 관심이 커지던 와중에 카파가 공화국 군인이 머리에 총을 맞아 쓰러지는 찰나의 순간을 포착한 '어느 공화군 병사의 죽음(Loyalist at the Instant of Death)'이라는 제목의 사진을 발표하자 전 세계에 엄청난 충격파가 일었습니다.

단숨에 로버트 카파는 세계적인 종군사진기자로 명성을 얻게 되었죠. 이즈음부터 아예 본명을 버리고 스스로 로버트 카파가 된 앙드레는 연달아 생생한 전쟁 보도 사진들을 쏟아내기 시작했습니다. 특히 제2차 세계대전의 가장 결정적인 전기를 맞이했던 노르망디 상륙작전에는 직접 현장으로 뛰어들었는데요. 총알이 빗발치듯 쏟아지는 노르망디 해안에 군인들과 함께 상륙하면서 떨리는 손으로 찍은 '그때 카파의 손은 떨리고 있었다(Slightly out of Focus)'라는 제목의 사진은 카파를 전설의 반열에 올렸습니다.

어느 공화군 병사의 죽음

하지만 카파의 명성이 높아질수록 비판적인 시선도 늘어났습니다. 특히 그를 출세하게 만든 작품인 '어느 공화군 병사의 죽음'에 대해서는 꾸준히 위작 시비가 제기되었습니다. 카파가 참호 아래에 있다가 총소리를 듣고 순간적으로 카메라를 돌려 찍었다는 이 장면은 여러모로 의심스러웠습니다. 지금처럼 자동카메라에 연사 기능이 있는 것도 아니고 한 장 한 장 손으로 롤을 감아가며 찍어야 하는 사진기로 어떻게 총성을 듣고 몸을 돌려서 총알이 관통하는 것이 선연히 보이는 스냅사진을 찍을 수 있었을까? 게다가 열악한 환경에서 프랑코의 정규군과 맞서 싸우는 공화군의 복장이 어떻게 흙먼지 하나 없이 깔끔할 수 있을까? 연기자를 시켜서 조작한 사진이 분명하다는 거였죠.

매우 논리적인 문제 제기였기에 많은 사람이 의심하기 시작했습니다. 더 큰 문제는 이런 논란에 대해 카파가 별다른 해명을 내놓지 않았다는 점이었습니다. 결국은 카파가 전장에서 비극적인 최후를 맞으면서 보도사진의 전설에 대한 예우의 차원에서 '문제가 있어

보이지만 문제 삼지 않고 덮어두는 뒷이야기' 정도로 마무리되었습니다. 아니, 되는 듯했습니다.

1982년에 새로운 증언이 나왔습니다. 생전에 카파의 고백을 들었다는 이의 기록이었습니다. 당시 카파는 작은 시골 마을의 의용군을 취재하고 있었고, 막 갖춰 입은 군복과 새로 지급 받은 총에 신이 난 청년들에게 마을 뒷동산에서 사진을 찍어주고 있었다고 합니다. 나란히 서서 기념사진도 찍고 만세도 부르고 하다가 카파가 좀 멋진 장면을 찍어보고 싶은 생각이 들어 청년들에게 총을 들고 언덕 아래로 돌격하는 척해보라고 했고, 언덕 아래 참호에서 카메라를 맞춰놓고 기다리고 있었다네요. 그런데 달려 내려오는 청년을 들판 너머에서 매복하고 있던 프랑코군의 저격수가 진짜로 저격해버린 것입니다. 그러니 수동식 사진기였음에도 타이밍이 딱 맞았던 것이지요.

그럼 카파는 이 사진이 '연출 조작'까지는 아니지만 실제 전투 장면은 아니기 때문에 그리고 괜히 사진 찍자고 했다가 애꿎은 청년을 실제 죽음에 이르게 한 죄책감 때문에 굳이 변명하지 않고 수많은 비난과 경멸을 참아낸 것일까요? 그것만으로는 뭔가 설명이 부족한 것 같지 않나요?

또 한 명의 로버트 카파, 게르다 타로

원래 이 사진이 처음 게재된 잡지 〈뷔(Vu)〉에는 한 장의 사진이 아니라 두 장의 사진이 연달아 스트립으로 게재되어 있었습니다. 2013년 일본 작가 이와키 코타로는 NHK CG 팀과 협력해 두 사진을 정밀 분석한 결과, 연달아 찍힌 것처럼 보이는 두 사진이 서로 다른 사진이고 약 1미터 정도의 거리를 두고 찍혔다는 것을 밝혀냈습니다. 즉 한 사람이 두 장의 사진을 연속으로 찍은 것이 아니라 두 사람이 따로따로 찍은 사진들이었던 것입니다. 그렇다면 현장에 있었던 두 번째 사진 작가는 누구였을까요? 그 역시 또 한 명의 로버트 카파, 앙드레 프리드먼과 함께했던 로버트 카파의 원래 기획자인 게르다 타로였습니다. 더욱 충격적인 사실은 두 사진 중 실제로 카파를 유명하게 했던 첫 번째 사진은 앙드레가 찍은 것이 아니라 게르다가 찍은 사진이었다는 겁니다.

게르다 타로는 스페인 내전 취재 중에 프랑코군의 전차에 깔려 세상을 떠났습니다. 게르다의 동료이자 열렬한 연인이었던 앙드레는 이후 본인이 직접 로버트 카파라고 세상에 나서면서 게르다를 잃은 슬픔을 잊기 위해 위험한 전장에 미친 듯이 뛰어들었다고 합니다. 하지만 '어느 공화군 병사의 죽음' 뒤에 숨겨진 이야기들을 찬찬히 살펴보면, 당시 최고의 배우 잉그리드 버그먼마저 매료시켰던 '죽음을 두려워하지 않는 로맨티스트 종군기자 카파'의 이미지는 다시 생각해볼 여지가 있을 것 같습니다.

사진은 가짜가 아니었지만 로버트 카파는 가짜였습니다. 로버트 카파는 적어도 두 사람이었고 굳이 한 사람이어야 한다면 앙드레가 아니라 전설의 시작이 된 사진을 찍은 게르다 쪽이 더 가까웠을 것입니다. 세상에는 이걸 아는 사람이 없고 이걸 아는 한 사람인 게르다는 세상을 떠났지만 또 다른 한 사람, 앙드레 프리드먼은 이것을 알고 있었습니다. 어쩌면 그는 '진짜 로버트 카파'가 되기 위해 몸부림쳤던 게 아닐까요? 진짜가 되기 위해서는 마침내 자신의 몸뚱이조차 전장에서 핏덩이가 되어 쓰러지는 그 순간을 맞이해야 한다는 무서운 운명을 알면서도 말이죠. 앙드레 프리드먼은 로버트 카파의 이름을 전설로 만드는 데 성공했습니다. 하지만 끝내 '나'로 살아가는 일에는 실패한 게 아닐까요? 그것이 그가 쉴 새 없이 끝을 향해 달리도록 만든 건 아닐까요?

실속 없는 성공, '피로스의 승리'가 남긴 교훈

전쟁 천재 피로스

인류 역사상 가장 강력했던 나라를 꼽는다면 어디가 떠오르시나요? 오늘날 의문의 여지 없이 세계에서 가장 강한 나라인 미국도 있고, 역사상 가장 많은 땅을 정복했다는 칭기즈칸의 몽골 제국, 중국을 통일한 진 제국도 있었죠. 하지만 가장 오랫동안 광대한 땅을 확실한 권력을 바탕으로 지배한 대표적인 나라는 역시 로마 제국일 겁니다. 로마 제국은 고대 서구 사회의 거의 전 지역이라고 할 수 있는 지중해 일대를 모두 차지하고 아무도 대적할 수 없는 강력한 힘을 오래 유지했습니다. 게다가 정치적, 경제적, 문화적 성취도 탁월해서 제국이 사라지고 천년이 흐른 지금까지도 로마의 영향력은 세계 곳곳에 남아 있을 정도지요.

이렇게 강력한 로마 제국도 적지 않은 위기를 겪었습니다만 제

| 그림 17 | 나폴리 국립고고학박물관에 보관되어 있는 피로스의 흉상.

국 자체가 멸망할 수도 있었던 최고의 위기를 꼽는다면 아무래도 로마의 숙적 카르타고를 이끌던 한니발과 벌였던 포에니 전쟁이 아니었을까 합니다. 하지만 바로 그 최고의 명장 한니발이 자기보다 더 우수한 명장으로 꼽았던 사람이 있습니다. 바로 에페이로스의 왕 피로스(Pyrrhos)입니다.

에페이로스는 그리스의 북서부, 현재의 알바니아 남쪽 근방에 있었던 왕국입니다. 기원전 300년경 에페이로스의 왕이었던 피로스는 말 그대로 '전쟁 천재'였습니다. 한니발은 역사상 최고의 명장을 꼽으면서 첫 번째는 알렉산드로스, 두 번째는 피로스, 자신은 세 번째라고 말했는데요. 사실 피로스는 바로 전 시대의 영웅이었던 알렉산드로스에게 경쟁심을 품고 있었습니다. 그래서 그에 못지않은 업적을 세우기 위해 전투의 기술과 전쟁사를 엄청나게 공부했지요. 요즘으로 치자면 '밀덕(밀리터리 덕후)' 같은 사람이었습니다. 여기에 타고난 용맹으로 늘 전선의 선두에서 싸웠고, 게다가 왕의 신분이었으니 그야말로 천시와 인시와 지리를 모두 갖춘 영웅이었습니다.

알렉산드로스 사후에 약화된 마케도니아로 쳐들어간 피로스는 연전연승을 거두며 한때 마케도니아의 왕좌까지 차지했지만, 동맹이었던 트라키아의 배반으로 일단 에페이로스로 철수했습니다. 그런데 마침 좁은 해협의 건너편 이탈리아반도 남부에 정착해서 번성하고 있던 그리스계 이민의 도시국가 타렌툼에서 구조 요청이 날아옵니다. 타렌툼을 중심으로 그리스계 이민 도시들이 연합하고 있는 이탈리아 남부 지역에 로마가 침략해 내려오고 있으니 도와달라는 것이었습니다. 와주기만 한다면 37만 명의 병사를 지원해 주겠다는 약속까지 붙이면서 말이지요.

피로스의 입장에서는 예전에 타렌툼의 도움을 받은 일도 있고, 이참에 대규모 병력을 바탕으로 더 넓고 비옥한 이탈리아반도를 정복할 수 있겠다 싶었을 겁니다. 나아가 그 끝에 있는 시칠리아 그리고 카르타고까지 정복하면 알렉산드로스에 필적할 만한 정복 업적을 세울 수도 있었지요.

기원전 280년, 마침내 피로스는 3만의 병력과 코끼리 20마리를 배에 태우고 바다를 건너 타렌툼에 도착했습니다. 그런데 타렌툼의 전쟁 준비 상황을 보고는 어이가 없었습니다. 약속했던 37만의 병력은커녕 제대로 싸울 준비가 전혀 되어 있지 않았거든요. 게다가 타렌툼 사람들은 돈만 주면 피로스가 알아서 싸워줄 것으로 생각하고 연일 파티를 즐기고 있었습니다. 결국 자신이 데려온 병력만으로 이탈리아반도의 최강자였던 로마군과 정면으로 맞붙어야 했지요.

맨 처음 전면전을 벌인 전투는 헤라클레이아 전투였습니다. 모든 면에서 우위에 있다고 생각했던 로마군은 이 전투에서 크게 패배했습니다. 로마군이 7,000명의 피해를 입은 반면 피로스의 군대는 4,000명만 희생되었으니 병력 손실이 거의 배에 이르는 참패였던 것입니다.

전쟁 천재 피로스의 위력을 톡톡히 맛본 로마군은 후퇴했고 파죽지세로 밀고 올라간 피로스 군대는 로마에서 불과 40~50킬로미터 떨어진 곳까지 압박해 들어갔습니다. 까딱하면 그대로 로마까지 정복할 상황에서 피로스는 더는 남부로 내려오지 않겠다는 약속을 조건으로 휴전협정을 제안했습니다. 하지만 이때 북부 에트루리아와 싸우던 북부 로마군이 전선을 정리하고 황급히 로마로 돌아왔기 때문에 로마는 협정을 거부했지요.

피로스는 로마로 진군하기를 멈추고 이번엔 이탈리아 동부 지역 도시들을 휩쓸어버렸습니다. 이에 대응하지 않을 수 없게 되자 로마는 다시 4만의 병력을 파견했고 기원전 279년, 2차전 아우스쿨룸 전투가 벌어졌습니다. 하지만 이번에도 로마는 6,000명의 병력을 잃었고 피로스는 3,500명의 병력을 잃어 헤라클레이아 전투와 비슷한 양상을 보였습니다. 무적 군단이었던 로마로서는 치욕적인 일이 아닐 수 없었습니다.

남은 것은 허울 좋은 승리뿐

하지만 피로스는 에페이로스에서 데려온 정예군을 잃은 데다 동맹

군들이 별로 믿음직스럽지 못해서 병력 손실을 메우기 어려웠기에 일단 타렌툼으로 철수했습니다. 그런데 이때 카르타고의 해군에 포위된 시칠리아가 피로스에게 구원을 요청했습니다. 무슨 1초에 지구를 일곱 바퀴 반 돈다는 슈퍼맨도 아니고 이렇게 여기저기서 싸우는 게 말이 되나 싶은데, 피로스는 진짜 슈퍼맨이었습니다. 일부 수비 병력을 타렌툼에 떼어놓고 소수 병력으로 배를 타고 시칠리아에 도착한 그는 또다시 연전연승을 거두면서 카르타고를 밀어내고 사실상 시칠리아의 지배자가 되었습니다.

아니, 그럼 타렌툼은요? 이렇게 질문하는 분들이 있을 것 같은데요. 네, 문제가 또 생깁니다. 피로스가 떠난 틈을 타 로마군이 또다시 남하하자 속수무책으로 밀린 타렌툼은 시칠리아에 있는 피로스에게 구원을 청했습니다. 급하게 돌아가던 피로스는 카르타고의 해군에게 요격당해 82척의 배 가운데 70척이 침몰하는 엄청난 피해를 입고 간신히 타렌툼으로 돌아왔습니다. 이런 최악의 상황에서 맞이한 전투가 바로 로마와의 3차전 베네벤툼 전투였습니다.

피로스 군대는 이미 정예병들이 다 소진된 상황이었고 운이 나쁘게도 야간 행군 중에 길을 잃고 헤맸지요. 지칠 대로 지친 상황에서 날이 밝자마자 로마군에게 위치를 파악당해 그대로 전투에 돌입하게 되었습니다. 심지어 그동안 큰 역할을 해주던 코끼리 부대가 로마군의 투창 세례(이전 패전을 통해 로마군이 찾아낸 대응책)에 놀라 거꾸로 아군 진영으로 돌아와 짓밟고 돌아다니는 통에 결정적으로 진형이 무너져내렸습니다.

하지만 이런 악조건에서도 피로스는 피해를 최소화하며 타렌툼으로 후퇴했고 여기서 해외 다른 국가들의 지원군이 도착할 예정이라는 헛소문을 퍼트렸습니다. 그동안 피로스에게 하도 호되게 당해서 로마군이 진군을 멈추고 주춤한 사이, 피로스는 나머지 8,500명의 군사들과 배를 타고 에페이로스 왕국으로 무사히 귀환합니다.

결국 피로스는 약 4년간의 전쟁에서 대부분 전투를 이기고 마지막 전투마저도 패배라고 하기는 애매한 '선방'을 기록했지만, 아무것도 얻지 못하고 고국으로 돌아간 셈입니다. 그래서 전투에서 이겼음에도 자신도 적지 않은 타격을 입어 결국 원하는 바를 얻지 못하는 상처뿐인 승리를 '피로스의 승리(Pyrrhic Victory)'라고 부르게 되었습니다. 하지만 다시 생각해봅시다. 왜 피로스는 그 숱한 승리에도 불구하고 진정한 승리를 거둘 수 없었던 것일까요? 피로스는 과연 이기긴 이겼던 걸까요?

도대체 뭐가 문제였을까?

피로스가 거의 모든 전투에서 이겼지만 진정한 승리를 거두지 못한 원인으로 많은 사람이 꼽는 것은 기본적으로 피로스군이 원정군이었다는 점입니다. 로마군은 전투병과 물자의 보충이 용이한 자신의 홈그라운드에서 싸운 반면, 피로스는 에페이로스에서 데리고 온 부대가 전부였고 그나마 에페이로스에서 배를 타고 타렌툼으로 넘어올 때 풍랑으로 피해를 입은 상태였습니다.

또한 피로스에게 도움을 청한 타렌툼을 비롯한 동맹 도시들이 적극적으로 지원해야 했건만 이들은 돈으로 용병을 사왔다고 생각했기 때문에 피로스에게 모두 떠맡기려고 했습니다. 심지어 피로스가 징병과 물자 징발을 하려 하자 이에 반발해 도시를 떠나는 무책임한 모습을 보이기도 했지요. 이미 이 시점에서 피로스는 결정적으로 불리한 상황이 된 겁니다.

따라서 이후 헤라클레이아 전투와 아우스쿨룸 전투에서 로마군에게 두 배 가까운 피해를 입혔음에도 정작 피로스 자신이 입은, 절반밖에 안 되는 피해가 더 치명적이었습니다. 기록에 따르면 헤라클레이아 전투에서 승리한 후 승리를 축하하는 측근의 말에 피로스는 "또 이런 식으로 승리를 하게 된다면 나는 끝장이오"라고 답했다고 합니다. 그 역시 이런 소모전으로는 버틸 수 없음을 절실히 깨닫고 있었던 것입니다.

하지만 바로 이 부분에서 '동맹 도시들이 제대로 지원해주지 않아서 피로스가 실패했다'라는 일반적인 견해에 대해 의문이 생깁니다. 맨 처음 피로스를 불러들이면서 동맹 도시들이 37만 명의 병력을 지원해주겠다고 말한 것을 피로스가 정말 믿었을까요? 남부 지역을 공격해온 로마군의 숫자가 3~5만이라는 점을 생각하면 37만의 병력이 있는데 애초에 피로스를 부를 필요가 있었을까요? 즉 이 약속은 보나 마나 공수표였을 텐데 이걸 정말로 믿었다면 피로스가 어리석은 게 아닐까요?

혹시 그래도 얼마간의 지원은 받을 수 있지 않을까 생각하고 왔던 거라면, 피로스는 타렌툼에 도착해서 현지의 대책 없는 상황을 확인했을 때 그리고 헤라클레이아 전투에서 승리한 뒤 피해를 헤아려본 순간에 뭔가 결정을 내려야 했습니다. 가령 로마의 턱밑까지 육박해 들어간 순간에 북부에서 돌아온 로마군과 일전을 벌여 로마 본진을 휩쓸어버리든지, 이것이 불가능하다고 판단된다면 한 번 대승을 거둔 것에 만족하고 고향으로 철수했어야 합니다. 하지만 피로스는 그렇게 하지 않고 이탈리아 동부 지역으로 전선을 확장했습니다.

여기에서도 이기긴 이겼죠. 하지만 피해는 더욱 누적되어 이젠 누가 봐도 로마군을 정면에서 격퇴하는 것이 불가능한 상황이 되었습니다. 이때가 그래도 명예롭게 후퇴할 기회였습니다. 명분도 있는데요. 두 번이나 로마군을 크게 물리쳐 남부 동맹 도시들에는 당분간 시간을 벌어주었으니 잠시 고향으로 돌아가 부대를 재정비하고 돌아오겠다고 하면 모양새 좋게 후퇴할 수 있었죠. 하지만 피로스는 그렇게 하지 않았습니다. 아니, 오히려 안 그래도 빈약한 부대를 쪼개서 뜬금없이 시칠리아 원정을 떠났죠.

어떤 이들은 피로스의 군대가 축차적으로 줄어든 것보다도 이 뜬금없는 시칠리아 원정이 더 결정적인 실패의 원인이었다고 봅니다. 차라리 타렌툼에서 시간을 두고 좀 더 힘을 모았다가 로마군과 다시 제대로 붙었다면 티베리우스의 북부군도 몰아내고 로마까지 밀고 갈 수 있었으리라는 거죠.

이렇게 보면 최선을 다해 싸워 승리까지 거두었으나 뒷심이 부족해서 결국 최종적인 목적을 달성하지 못한, 상처뿐인 승리를 뜻하는 '피로스의 승리'라는 말과 달리 피로스의 실패는 이해하기 어려운 선택이 이어져 나타난 필연적인 결과라는 생각도 듭니다. 하지만 진짜 함정은 바로 위 문장 속에 있습니다. 과연 피로스의 '최종적인 목적'은 도대체 무엇이었을까요?

상단막기 기술의 비밀

타렌툼의 구원 요청을 받았을 때 피로스가 이를 받아들인 이유는 단순히 타렌툼을 구하기 위한 게 아니라 이탈리아와 시칠리아, 카르타고를 아우르는 거대한 영토를 정복해 알렉산드로스에 버금가는 위대한 인물로 남고 싶었기 때문입니다. 하지만 이 목적은 너무 허황된 것이었죠. 자신이 끌고 가는 불과 3만 남짓한 병력으로 그 많은 나라와의 전투에서 모두 이긴다는 게 처음부터 가능한 일이었을까요? 아니, 전투에서는 이긴다 해도 그 지역을 정복하고 다스리는 지배자가 된다는 게 가능했을까요?

피로스는 전쟁의 천재답게 전투 자체에서는 질 거라는 생각을 거의 하지 않은 것 같습니다. 실제로도 대부분의 전투에서 승리했고요. 하지만 정작 승리를 통해 얻은 지역을 다스리는 지배자가 되는 일에는 줄곧 실패했습니다. 마케도니아의 왕이 되었다가 쫓겨난 이유도, 타렌툼의 시민들이 등을 돌린 이유도, 카르타고를 쫓아내고 다시 지배자가 된 시칠리아에서 지역민들의 반발을 견디지 못하고 다시 타렌툼으로 돌아온 이유도 '정복자가 된다는 것'이 무엇을 의미하는지 제대로 이해하지 못했고 뚜렷한 목적의식도 갖지 못했기 때문입니다.

나아가 '위대한 인물'이 된다는 건 무슨 의미일까요? 대체 어떤 사람이 위대한 인물이며 그렇게 된다는 게 왜 그렇게 중요한 문제일까요? 알렉산드로스만큼 사람들이 인정하는 인물이 되고 싶다는 피로스의 욕망은 처음부터 끝까지 가장 중요한 '왜?'가 빠져 있는 텅 빈 욕망이었습니다. 피로스가 이탈리아 원정을 준비하고 있을 때 측근인 키네아스가 찾아와서 이렇게 물었습니다.

"전하, 로마를 정복하고, 이탈리아를 정복하고, 시칠리아를 정복하고 마케도니아와 그리스 전체를 지배하게 되신다면, 그러면 그

다음엔 무엇을 하실 겁니까?"

그러자 피로스가 껄껄 웃으며 답했습니다.

"뭐, 편안히 쉬면서 날마다 즐거운 이야기나 나누지…."

이 말을 들은 키네아스가 어이없어하며 이런 말을 던졌죠.

"전하는 지금도 편안히 쉬면서 즐거운 이야기를 나눌 수 있는데, 도대체 무엇 때문에 이 많은 나라를 정복하는 고생을 하시려고 합니까?"

흔히 애니메이션에서 "세계를 정복하겠다. 크하하!"라고 외치는 악당이 종종 나오는데요. 그럴 때마다 이 키네아스의 말이 떠오릅니다. 정복하고 나서 뭘 하려고? 정복이라는 게 도대체 무슨 의미지? 사람들이 나를 다 우러러본다거나 내가 원하는 걸 다 들어주는 게 정복이라면 차라리 BTS 같은 연예인이 되는 편이 낫지 않나?

어렸을 때 태권도를 배우면서 '상단막기'라는 기술을 배웠습니다. 상대방이 막대기 같은 걸로 머리를 공격하면 팔을 수평하게 위로 올려 막는 기술이었습니다. 그런데 상단막기를 연습하면서 이거 진짜 유용한 기술이 맞나 하는 의문이 들었습니다. 누군가가 휘두르는 막대기를 겨우 팔로 막는다면 머리는 괜찮을지 몰라도 팔이 엄청나게 아프고 심하면 뼈가 부러지지 않을까요? 그러면 이건 막는 게 아니라 맞는 거 아닌가?

한참 생각하고 난 다음에야 알게 되었습니다. 상단막기가 그 멋진 이름에도 불구하고 상대방의 공격을 피해 없이 방어하는 게 아니라 더 중요한 것(머리) 대신 덜 중요한 것(팔)을 희생하는 기술이라는 것을요. 따지고 보면 방어뿐 아니라 공격도 그렇죠. 주먹으로 무언가를 치면 당연히 주먹도 아픕니다. 하지만 주먹의 고통을 감수하고 상대방의 더 아프고 치명적인 부분을 치는 것이 이득이라고 생각하기 때문에 공격을 하는 것입니다. 그러고 보면 무술이란 대단한 초능력이 아니라 내게 덜 중요한 것을 내주고 상대방의 더 중요한 부분을 파괴하는 '부등가교환'의 기술이라고 할 수 있겠습니다.

피로스의 승리 혹은 피로스의 실패가 우리에게 알려주는 교훈은 삶에서 끊임없이 일어나는 이 부등가교환이 의미 있는 결과를 가져오려면 '왜 하는가'라는 분명한 목적의식이 있어야 한다는 점입니다. 그래야 덜 중요한 것을 내주고 더 중요한 것을 취할 수 있고, 의도한 대로 부등가교환이 제대로 이루어졌을 때 비로소 우리는 승리했다, 성공했다고 말할 수 있습니다. 그런 의미에서 헛된 명예욕에 사로잡혀 마음은 이미 지중해 여기저기를 떠돌고 있던 피로스는 고향에서 출항하기 전부터 이미 실패가 예정되어 있었던 셈입니다.

이 글을 읽는 여러분은 어떤가요? 지금 왜, 무엇을 위해 살아가고 있는지 분명한 목적의식을 갖고 여러분의 소중한 시간과 노력을 내주는 부등가교환에 성공하고 있나요? 아니면 매일매일 겨우 살아내고 있지만 나날이 꿈과 희망을 깎아내고 있는 피로스의 승리를 거듭하고 있나요?

3장

성공과 실패에도 법칙이 있을까?

수학 박사는 어떻게 올림픽에서 우승했을까? : 관행적 사고의 위험성

아무도 예상하지 못한 승리

이제는 희미하게 잊혀가는 이야기입니다만, 2020년 열릴 예정이었던 도쿄 올림픽은 일본으로서는 사활을 건 이벤트였습니다. 제2차 세계대전의 패배로 잿더미로 변했던 일본은 1964년 도쿄 올림픽을 계기로 세계 무대에 화려하게 복귀했습니다. 고속철이 개통되고 도시환경이 개선되었으며 컬러TV와 VTR의 개발마저도 이 올림픽을 기점으로 이뤄졌지요. 그래서 장기 불황에 고령화 사회의 그림자까지 겹쳐 신음하던 일본으로서는 2020 도쿄 올림픽이야말로 1964년의 영광을 되살리고 재도약을 시도할 엄청난 기회였습니다.

하지만 여러 면에서 준비가 부족하기도 했고, 하필이면 바로 그 시점에 코로나19가 전 세계를 덮쳐 올림픽 개최가 연기되었다가 이듬해인 2021년에야 간신히 열릴 수 있었습니다. 그래도 여전히 코로나의 위세가 강력했던지라 올림픽을 여는 것 자체가 논란의 대상일 정도였죠. 그렇다 보니 대규모의 관중 동원도, 흥행도 기대할 수 없는 반쪽짜리 이벤트가 될 수밖에 없었습니다.

이런 상황에서 대회 초반인 2021년 7월 25일에 열린 여자 도로사이클 경기 결과가 큰 화제를 모았습니다. 원래 여자 도로사이클은 그리 주목도가 높은 종목은 아닙니다. 그런데 금메달을 차지한 오스트리아의 안나 키센호퍼(Anna Kiesenhofer) 선수는 아무도 우승을 예상하지 못한 낮은 순위의 선수였지요. 심지어 수학 전공 박사에 현직 연구원이자 교수인 아마추어 선수였습니다.

여러모로 맥이 빠져 있던 올림픽이라서 이 뉴스는 일본은 물론이고 전 세계의 언론에 대서특필되며 많은 관심을 모았습니다. 사이클에 조금 관심이 있는 사람들에겐 이 소식이 더욱 놀라웠는데요. 장거리 사이클 경기는 명목상으로는 개인전이지만 사실상 단체전이라고 할 만큼 팀 단위의 협력이 결정적인 종목입니다. 그런데 키센호퍼 선수는 단 한 사람의 조력자도 없이 단독으로 출전해 이런 결과를 만들어낸 것이었습니다.

여기에는 조금 설명이 필요할 것 같습니다. 마라톤도 42킬로미터나 되는 장거리를 뛰는 경기이지만 자전거라는 도구를 사용하는 도로사이클 경기는 이보다 훨씬 먼 거리를 달립니다. 이번 도쿄 올림픽의 여사 경기의 경우 자그마치 147킬로미터를 달려야 하는 긴 레이스였습니다. 그래서 앞으로 달릴 때 생기는 공기저항을 줄이기 위해 앞 선수를 바람막이 삼아 그 뒤를 따라가는 '슬립스트림(slipstream)' 주법을 쓰면 에너지를 30~40퍼센트까지 아낄 수 있지요. 하지만 서로 경쟁하는 선수들이 일부러 앞에서 순순히 바람을 막아줄 리는 없지 않겠습니까? 그래서 팀 단위로 출전해 번갈아가며 앞을 막아주다가, 마지막 순간에 뒤에서 힘을 비축한 에이스가 튀어나가 우승을 하는 패턴이 만들어졌습니다.

그런데 이런 바람막이 효과는 당연히 큰 집단을 형성하면 효과가 더 커지기 때문에 선두 그룹, 중간 그룹, 후미 그룹, 이런 식으로 집단을 이루게 되는데요. 이를 영어로는 플래툰(Platoon), 프랑스어로는 펠로톤(Peloton)이라고 합니다. 프랑스어인 펠로톤이 더 일반적인 용어로 사용되는 이유는 두말할 것 없이 세계 최고의 사이클 대회인 '투르 드 프랑스' 대회의 권위와 영향력 때문이라고 할 수 있지요.

이제 왜 키센호퍼 선수의 금메달이 엄청난 이변인지 이해되시나요? 키센호퍼 선수는 다른 선수들보다 30~40퍼센트의 힘 손실

| 그림 18 | 2023년 도로사이클 대회 라 플레시 왈론(La Flèche Wallone)의 사진. 맨 아래 오른쪽 선수가 안나 키센호퍼다.

을 감수하고도 1등을 차지했습니다. 세계 최고 수준의 선수들이 모인 올림픽에서 선수 간 능력의 차이가 매우 미세하다는 점을 감안하면 있을 수 없는 승리였지요. 오죽하면 키센호퍼 선수보다 1분이 넘어 도착한 네덜란드의 에이스 아네미크 반 블뢰텐(Annemiek van Vleuten) 선수가 결승선을 통과하면서 자신이 금메달인 줄 알고 손을 번쩍 들어 세리머니까지 했다가 뒤늦게 자신이 2위라는 걸 깨닫고 당황했을 정도였으니까요. 그렇다면 이 기적적인 승리는 도대체 어떻게 가능했던 걸까요?

사이클 경기의 보수성, 펠로톤 그룹

모두의 예상을 뒤엎은 결과가 나오자 외신 기자들은 키센호퍼 선수가 수학적 두뇌를 이용해 과학적인 레이싱을 해서 다른 선수들을 제쳤다고 타전했습니다. 하지만 조금만 생각해보면 그럴 리가 없는 일이었습니다. 그녀가 아무리 수학에 능하다고 해도 상대는 직업으로 매일, 매달, 매년 자전거만 타는 프로들입니다. 전 세계 프로 사이클링 시장의 규모도 어마어마하고, 효과적인 레이싱 전략에 대한 연구와 투자도 끊임없이 이루어지고 있지요. 키센호퍼 개인이 이 모든 것을 한꺼번에 뛰어넘을 만한 천재적인 전략을 짜는 것은 불가능한 일입니다.

이후 전문가들이 레이싱 전체를 꼼꼼히 복기해 분석해본 결과, 키센호퍼가 우승할 수 있었던 가장 큰 요인은 그녀의 재능보다는 다른 선수들의 착각 때문이었던 것으로 밝혀졌습니다. 앞서 이야기했지만 펠로톤 그룹은 기본적으로 팀 단위 출전자들에게 유리할 수밖에 없습니다. 개인 출전자들에게는 최적의 자리를 내주지 않을 뿐 아니라 자신의 에이스는 철저하게 보호하면서 달리기 때문에, 마지막 스프린트 과정에서 개인 출전자들이 이 에이스를 따라잡을 가능성은 거의 없는 것이지요.

그래서 선두 그룹에 있다가 갑자기 앞으로 뛰쳐나가는 선수들도 종종 나옵니다. 이런 선수들을 'BA(Break Away)'라고 부르는데요. 하지만 이런 BA의 도발을 펠로톤 그룹이 그냥 두고 볼 리 없지요. 펠로톤 그룹을 리드하던 '최상위 고수' 선수들은 즉각 반응해서 집단 전체를 이끌고 곧바로 BA를 따라잡습니다. 서너 명 이상의 팀 단위 선수들 혹은 다른 팀까지 함께 슬립스트림을 전개하며 BA를 쫓으면, 펠로톤 그룹보다 거의 두 배의 힘을 써야 하는 BA가 이들을 떨쳐낼 방법은 없습니다. 결국 이 상태로는 자신의 에너지만 소모할 뿐임을 깨닫고 BA는 집단으로 돌아오거나, 힘의 소모가 심해서 뒤처지게 됩니다.

이렇게 분수 모르고 날뛰던 BA를 집단의 힘으로 '때려잡고' 나면 펠로톤 그룹은 다시 평온한 일상적 레이스로 돌아옵니다. 사이좋게 앞서거니 뒤서거니 하는 모습을 보면 유니폼만 다르지, 다 한 팀 같아 보일 정도지요. 저는 이런 특성을 '펠로톤의 보수성'이라고 부르는데요. 펠로톤의 보수성은 달리 보면 최고의 속도로 달리기보다는 상대적으로 다른 선수보다 빠른 정도로 기록을 억제하는 효과를 가져옵니다. 중요한 건 빨리 달리는 게 아니라 1등을 하는 것이고, 그러자면 내가 잘 달리는 것보다 남이 잘 달리지 못하도록 견제하는 게 나은 전략이라는 것입니다.

도쿄 올림픽 레이싱은 바로 이 부분에서 문제가 발생했습니다. 대개는 경기가 시작되고 나서 한동안 주행한 후 선두, 중간, 후미의 각각 펠로톤 그룹이 형성되어 그 안에서 눈치 싸움을 벌이며 레이싱이 벌어지는데요. 통상의 양상과 달리 이번 올림픽에서는 경기가 시작되자마자 두 사람이 앞으로 튀어나가는 BA를 시도했습니다. 펠로톤 그룹이 느긋하게 형성되고 난 후 한 사람은 금세 따라잡아 '처리'했지만, 미처 그 앞에 한 사람이 더 있다는 것은 알지 못했습니다. BA가 한 명뿐이라고 착각하는 바람에 시야에서 벗어난 한 사람, 바로 키센호퍼가 독주할 수 있었던 것입니다.

우물 안 개구리와 도약하는 메뚜기

자, 그럼 왜 키센호퍼는 레이스가 시작되자마자 그렇게 풀 페이스로 달린 것일까요? 앞서 말씀드린 여러 사정들을 종합해봤을 때 자신이 순위권에 들 수 있는 유일한 전략이 이것이었기 때문입니다. 단순히 거리를 벌리는 것만으로는 안 됩니다. 힘이 두 배가 차이 나는 상황이라면 아무리 거리가 벌어져 있더라도 펠로톤 그룹이 마음만 먹으면 금세 따라잡을 테니까요. 하지만 아예 그들의 시야 바깥으로 사라져서 존재 자체를 인식하지 못하도록 만들면 가능했습니다. 마치 개구리의 사정거리에서 단번에 벗어나기 위해 어디에 도착할지 모르는 위험을 무릅쓰고서라도 단번에 도약하는 메뚜기처럼요.

결국 키센호퍼의 대단한 점은 자신이 성공할 유일한 가능성을 냉정하게 파악하고, 그 실낱같은 희망에 모든 것을 거는 과감한 결정을 내렸다는 겁니다. 자신의 판단에 대한 확신이 없다면 불가능한 일이지요. 그녀가 유능한 수학자라는 점은 바로 그런 객관적 자료에 기반한 판단을 내리고 곧바로 행동하는 과학적 사고의 소유

자라는 점에서 가장 큰 힘을 발휘한 것이 아닐까 싶습니다.

반대로 보면, 당연해 보였던 우승을 놓친 프로 사이클 선수들은 대단히 안일한 태도로 경기에 임했다는 비판을 면하기 힘들 듯합니다. 이번 올림픽에서 객관적인 기록이나 경력으로 봤을 때, 키센호퍼를 앞설 선수들은 적어도 10명 가까이 되었습니다. 게다가 사이클 최강국 네덜란드는 자국 선수를 네 명이나 결승에 진출시켰지요. 누구나 네덜란드의 우승을 예상할 수밖에 없었습니다. 하지만 이들은 모두 펠로톤 그룹 내에서 자기들끼리 다투느라 까마득히 앞선 누군가가 있을지도 모른다는 상상조차 하지 못했습니다. 결국 1분이나 늦게 들어온 선수가 자랑스럽게 세리머니를 하다가 망신을 당하는 수모를 겪기도 했지요.

대개 능력 있는 선두 그룹끼리의 경쟁은 발전의 동력이 된다고 알려져 있지만, 이 키센호퍼의 경기는 꼭 그렇지는 않다는 걸 보여주는 사례이기도 합니다. 그런 그룹 단위의 경쟁은 오히려 그들이 진짜 에너지를 내는 것을 방해하는 힘이 되기도 합니다. 그 속에서 혁신과 창조는 나오기 어렵지요.

멀리 갈 것도 없이 회사 내에서 파벌을 형성해 서로 다투는 모습은 어떤 경영자에게는 치열한 경쟁처럼 보이겠지만, 대개는 서로의 발목을 잡고 궁극적으로는 회사를 망치는 결과로 이어집니다. 얼마 전 상장 폐지되어 일본인들에게 큰 충격을 준 대기업 도시바는 지나친 파벌 간의 경쟁과 암투가 몰락의 한 원인으로 지적되기도 했습니다. 그룹 내, 일본 내에서는 최고의 IT 기업이었지만 내부 경쟁이 극심해 정작 글로벌 경쟁에서는 크게 뒤처진 '우물 안 개구리'가 되었다는 겁니다.

관행적 사고가 초래하는 실패

사실 프로 사이클러들이 이렇게 속수무책으로 당한 이유 중 하나는 투르 드 프랑스 같은 대형 사이클 대회에서는 엄청난 지원 팀이 따라붙으면서 이들과의 무전도 허용되기 때문에 이런 이변이 일어날 가능성이 없다는 점도 작용했습니다. 이 지원 팀이 자체 차량으로 따라붙어 TV 중계 및 각 포인트에 배치된 인원들을 통해 정보를 취합해서 팀의 앞과 뒤에 몇 명이나 몇 분 거리로 달리고 있는지 실시간으로 전해주기 때문입니다.

실제 경기에서는 선수들이 펼치는 다이내믹한 액션에 가려 상대적으로 정보의 중요성이 일반인들에게는 와닿지 않는 측면이 있습니다. 하지만 우열을 가리기 힘든 고도의 경쟁일수록 정보를 습득하고 이를 조직 내에 빠르게 전파하는 커뮤니케이션 과정이 승패를 가르는 경우가 많습니다. 예를 들어 스타크래프트 같은 게임의 영상을 가만히 지켜보면 프로선수들과 아마추어의 가장 큰 차이는 의외로 대단한 전략이나 컨트롤에 있지 않습니다. 아마추어가 봤을 땐 쓸데없는 병력 소모이자 귀찮은 노동으로 보이는 정찰을 얼마나 꼼꼼하게, 끊임없이 하는가가 승패를 가르는 중요한 요인이 되곤 합니다.

게임이라는 게 결국 동일한 조건에서 시작되는 것임을 감안하면 결국 제한된 자원과 시간을 얼마나 효율적으로 투입하는가가 핵심입니다. 이는 결국 현재 상대방의 상태와 의도를 빨리 파악하고 이를 역으로 이용하는 데 최대한의 자원을 투입할 수 있는가의 문제로 귀결됩니다.

제2차 세계대전 초기에 독일군은 마치 불패의 군대처럼 전광석

화의 속도로 유럽을 유린했지만 전쟁이 개시되기 전까지만 해도 유럽 최대의 육군 강국은 프랑스였습니다. 프랑스가 역사상 가장 강력한 방위 라인이라고 자부했던 마지노선이 무너진 이유는 이 방어선을 너무 믿은 나머지 독일군의 동태를 미처 파악하지 못했기 때문이었습니다. 심지어 프랑스 정찰기가 독일군 부대의 진격을 늦게나마 파악하고 본부에 그 소식을 무전으로 전했을 땐 모리스 가믈랭(Maurice Gamelin) 장군이 그럴 리가 없다며 폭격대를 내보내지 않았지요. 결국 이 오판이 프랑스 육군의 몰락을 불러왔습니다. 세계 최강이라는 자만으로 펠로톤 그룹에 매달려 있다가 키센호퍼의 속도전에 휘말려 금메달을 놓친 네덜란드 팀의 모습이 겹쳐지는 부분입니다.

하지만 정보의 경시, 커뮤니케이션의 부재 등 현장의 문제에 앞서 이 사이클 대회에 참가했던 강팀들 대부분이 '관행적 사고'에 얽매여 있었다는 게 근본적인 문제였습니다. 애초에 투르 드 프랑스와는 성격이 다른 올림픽 경기에서 펠로톤 전략을 시도한 것 자체가 문제였던 것입니다.

전 세계 사이클 대회의 표준이자 지향점처럼 되어버린 투르 드 프랑스는 20일간 3,400킬로미터를 달리는 초장거리 대장정이기 때문에 에너지 절약이 필수적입니다. 그런데 매일 벌어지는 결승선 스프린트에서 하도 넘어지고 다치는 선수가 많다 보니 한 덩어리로 들어오는 선수들은 모두 순위 상관없이 같은 시간대로 처리해주는 규칙이 생겼습니다. 사실은 바로 이 특이한 규칙에서 펠로톤이 탄생한 것입니다. 즉 '덩어리'로 움직여도 손해 볼 일이 없다는 것이지요.

이런 원칙 때문에 투르 드 프랑스에서는 BA가 큰 의미가 없습니다. 앞서 말한 것처럼 어차피 펠로톤 그룹에 따라잡힐 가능성도 많은 데다 그룹에 묻어가기만 해도 일정 순위는 확보할 수 있으니까요. 괜히 힘을 낭비했다가 그룹에 뒤처지면 장기 레이스에서 포인트를 크게 잃을 수도 있습니다. 그래서 투르 드 프랑스에서 BA를 시도하는 경우는 경기 중 자전거가 넘어지는 낙차 사고를 당해서 너무 기록이 뒤처지는 경우인데요. 이런 시도는 앞서 말씀드린 여러 정보망을 통해 금방 파악되기 때문에 사실상 성공 가능성이 없습니다.

결국 투르 드 프랑스에서 BA를 시도하는 경우는 좀 뜬금없지만 선수가 '광고판' 역할을 하는 경우입니다. 즉 집단에서 확 튀어나오면 잠시나마 카메라가 집중되고 선수의 옷에 덕지덕지 붙은 후원사의 로고가 확실하게 전파를 타기 때문에 순위 경쟁 가능성이 없는 선수들이 PPL 삼아 부나비처럼 날아올라 BA를 시도하는 것입니다.

현대 사회에서 규모와 복잡성이 점점 커지는 여러 업무에 '집단'을 이루어 대응하는 것은 당연한 수순처럼 여겨지고 있습니다. 체계화되고 조직화된 다수의 힘에 천재적인 개인이나 소수 집단이 맞서 성과를 내는 것은 이번 올림픽 사이클 경기의 결과처럼 '기적'이나 '이변'의 영역에 속하는 일이 되어버렸지요. 하지만 집단은 그 조직적이고 거대한 힘만큼이나 내부에 갇힌 시각과 관행적인 일처리로 어이없는 맹목성을 드러내기도 합니다. 그리고 때때로 그 힘과 맹목성이 결합해 상상할 수 없는 처참한 실패를 불러오기도 하고요.

도쿄 올림픽 여자 사이클 경기의 결과는 키센호퍼의 승리이기도 하지만 집단의 안이함이 가져온 쓰라린 실패로 기억될 것입니다. 지금 우리도 어쩌면 펠로톤 그룹 안에서 서로 적당히 앞서거니 뒤서거니 하는 하루하루를 보내며 만족하고 있는 건 아닐까요? 그러는 사이 단 하나의 성공 가능성을 향해 맹렬히 달리는 누군가에게 이미 까마득히 뒤처진 것은 아닐까요?

쓸데없는 짓의 쓸모

대나무 통으로 바닥을 긁는 남자

2020년 유명을 달리한 엔니오 모리코네(Ennio Morricone)는 아마도 20세기를 대표하는 영화음악가로 역사에 남겨질 것입니다. 60여 년에 걸친 활동 기간 동안 400편이 넘는 작품, 7,000만 장이 넘는 앨범 판매고, 전 세계 3,301장의 앨범에 자신의 작품을 수록한 작곡가가 다시 나오기는 힘들지 않을까요?

그런 엄청난 성공의 바탕에는 단순한 다작의 능력을 넘어 도저히 한 사람의 작품으로는 여겨지지 않는 다양한 장르의 음악을 만들어내는 그의 입체적인 작품 세계가 있습니다. 사실 한 사람이 여러 장르의, 여러 색깔의 음악을 하는 것은 쉬운 일이 아닙니다. 애초에 예술작품이란 작가 자신의 경험과 세계관을 투영하는 것이기 때문에 두세 개의 걸작은 있을 수 있어도 매번 다른 모습을 보이기는 어렵기 때문입니다. 어떤 음악을 들으면 들어보지 못한 곡이라도 가수나 작곡가가 예상되는 건 그런 세계관의 한계에서 비롯되는 결과일 것입니다.

그렇다면 엔니오 모리코네는 그 한계를 어떻게 뛰어넘은 것일까요? 저는 몇 달 전 개봉했던 그의 다큐멘터리 영화를 보고 관련된 자료들을 찾아보면서 그 실마리를 찾을 수 있었습니다. 훗날 대중음악가로 명성을 떨쳤지만 원래 그는 프로 트럼펫 연주자였던 아버지의 영향으로 어려서부터 트럼펫을 배웠고, 열네 살에 이탈리아를 대표하는 음악 학교 중 하나인 산타 체칠리아 국립음악원에 입학한 클래식 영재였습니다.

하지만 제2차 세계대전 당시에는 클래식 음악으로는 생계를 유지하기 어려웠고, 결혼 후 아이까지 태어나자 어쩔 수 없이 대중음악 편곡자의 길에 발을 들였지요. 당시 대중음악을 경멸하던 스승과 동료들의 시선을 피해 가명까지 써야 했습니다. 하지만 워낙 탄탄한 음악교육을 받아온 터라 작업 자체는 수월하게 진행되었고, 그는 곧 많은 사람이 찾는 편곡자이자 연주자로 안정된 삶을 누리게 되었습니다. 이대로 편안한 삶에 안주하거나 다시 클래식 작곡가로 돌아갈 수도 있는 상황에서 엔니오는 좀 엉뚱한 선택을 합니다.

그는 친구들과 함께 전위음악 그룹인 '새로운 조화의 즉흥연주 그룹(Gruppo di Improvvisazione di Nuova Consonanza)'을 만들었습니다. 전위음악이란 말 그대로 시대를 가장 앞서는 음악으로 순수예술 음악입니다. 최신 유행 음악이 아니라 아무도 해보지도, 상상하지도 못했던 특이한 음악을 실험적으로 해보는 것이지요.

그들의 활동 영상을 보면 이게 음악이 맞나 싶을 정도로 기괴한

| 그림 19 | 2007년 칸 영화제(Cannes Film Festival) 당시 엔니오 모리코네의 모습. QR 코드를 찍으면 모리코네가 참여한 그룹의 활동 영상을 볼 수 있다.

소리가 이어집니다. 트럼펫과 색소폰을 든 엔니오는 듣기 싫은 찢어지는 소리만 반복해서 내고, 피아노 안에 잡동사니를 잔뜩 집어넣고 현을 엉망으로 만드는가 하면 대나무 통을 들고 두드리거나 돌바닥을 긁어대는데 신경이 거슬려서 도저히 들어줄 수 없는 수준입니다. 당연히 대중의 호응이나 경제적 성공과는 거리가 멀고 이상한 사람 취급이나 받지 않으면 다행이라고 할 만한 작업들이죠.

극장에서 엔니오의 다큐멘터리를 보면서도 그 부분에서 갸우뚱하지 않을 수 없었습니다. 배가 부르니 엉뚱한 일을 벌이고 싶었던 걸까? 저게 유행이라서 멋있어 보였던 걸까? 도대체 왜 저렇게 쓸데없는 짓을 하는 거지?

하지만 이어지는 장면들을 보면서 제 생각이 틀렸다는 걸 깨달았습니다. 이후 영화음악에 입문한 그에게 첫 번째 영광을 가져다 준 〈알제리 전투〉의 불길한 타악기 연주는 바로 그 엉망진창이었던 대나무 통 두드리기에서 비롯된 것이었습니다. 세계적인 히트를 기록한 〈황야의 무법자〉 테마 음악이 그토록 독특했던 건 그가 예전에 하모니카, 주즈 하프(Jew's Harp), 채찍, 고함치기, 휘파람 등 온갖 소리를 다 시도해본 '실험과 도전의 경험'이 있었기 때문이었습니다.

결국 그의 음악 세계가 그토록 넓고 창의적일 수 있었던 건 모두 그 무모하고 혼란스러워 보이는 도전과 실패의 경험을 통해 축적된 것이었지요. 쓸데없는 짓으로 보였던 그 몇 년간의 방황과 혼란이 그의 인생에서 가장 '쓸 데 있는' 짓이었던 셈입니다.

혼다, 그리운 과잉의 시대

오토바이는 내연기관을 이용한 개인 이동 수단 중 가장 먼저 실용화된 물건이었습니다. 그도 그럴 것이 기존에 있던 자전거에 엔진만 달면 되니 구조적으로 복잡할 게 없고 비용도 저렴했기 때문입니다. 세계 오토바이 업계를 야마하와 함께 장악하고 있는 혼다도 창업자 혼다 소이치로가 쌀 배달 자전거에 엔진을 달아 팔면서 시작되었습니다.

오토바이가 현재의 형태를 갖추게 된 데는 제2차 세계대전이 결정적인 역할을 했습니다. 군비 제한을 피해 제한 목록에 들어가지 않는 오토바이 부대를 적극적으로 육성한 독일에서 BMW 오토바이가 탄생했고, 이에 대응하는 차원에서 미군 부대에서 채택한 것이 할리 데이비슨이었습니다. 또 전투기 차체를 만들다가 종전 후 할 일이 없어진 이탈리아 업체에서 만든 철판 깡통 오토바이가 바로 베스파, 〈로마의 휴일〉에 나오는 그 오토바이였지요.

세 업체는 각각 멀티퍼포스 투어러 장르, 아메리칸 장르, 스쿠터 장르의 기본 프레임을 만들며 발전해나갔죠. 하지만 이후 오토바이 산업에는 더 이상 혁신이라 할 만한 것이 없었습니다. 자동차만큼 개선의 여지가 많거나 높은 가격대와 넓은 수요층을 가진 물건도 아니었기 때문입니다. 레이싱 바이크의 장르가 추가된 정도를 제외하면 오히려 진짜 혁신은 우리가 시티백이라고 부르는 혼다의 슈퍼 커브 언더본이 추가되어 상업 수요를 크게 확대한 것 정도입니다.

일본 전역에 자본이 넘쳐나던 1980년대에 들어서자 혼다는 오토바이 이상의 오토바이, 미래의 오토바이에 도전해보겠다는 야심만만한 계획을 세웠습니다. 이미 자동차 회사도 가지고 있던 혼다는 오토바이 역시 궁극적으로는 자동차와 동등한 수준의 탈것이 되는 게 미래의 방향이라고 생각했습니다. 그래서 나온 기괴한 물건이 1981년 발매된 '모토콤포'였습니다.

자동차와 세트로 발매된 이 오토바이는 자동차 트렁크에 싣고 다니다가 꺼내서 핸들을 뽑아 올리면 어디든 타고 다닐 수 있는 '자동차+오토바이'의 콘셉트였는데요. 도대체 이게 성공하리라 생각한 것인지, 쓸데없는 돈 낭비가 아닌지 싶지만 1980년대는 그런 시대였습니다. 혼다뿐 아니라 모든 기업이, 영화와 노래를 비롯한 모든 문화 영역이 '미래'를 외치며 한없이 커지고 다양해지고 온갖 실험과 새로움이 각광을 받던 시절이었지요.

혼다는 이 미친 구상을 더 밀고 나가 아예 오토바이를 자동차처럼 만들면 어떨까 하는 생각까지 했습니다. 그렇게 해서 1989년 발매된 것이 'PC800'입니다. '자동차 같은 오토바이'를 위해 일단 혼다는 오토바이 전체를 카울, 즉 플라스틱 덮개로 감싸고 심지어 바퀴마저도 자동차 휠캡 같은 캡을 씌웠습니다. 〈가면라이더〉 같은 특촬물에 보이는 오토바이 디자인은 이렇게 시작되었지요.

문제는 오토바이는 체인을 사용하기 때문에 일정 기간이 지나면 늘어진 체인과 스프로켓(기어)를 교체해줘야 하는데 저 카울이 걸리적거린다는 점이었습니다. 혼다는 무식하게도 체인을 안 쓰면 된다는 생각으로 샤프트(철봉)로 엔진의 동력을 뒷바퀴까지 전달하는 '샤프트 드라이브 시스템'을 넣었습니다. 그래도 오래 타다 보면 엔진이 뜨거워지는데요. 카울로 덮여 있기에 온도가 너무 올라가면 다 녹을 수도 있었습니다. 하지만 어차피 차를 따라잡으려는 오토바이로 만들어진 것입니다. 그러니 자동차처럼 수냉 자켓을 두르고, 자동차처럼 라디에이터를 달고, 자동차처럼 라디에이터 팬까지 달면 될 일입니다. 그래서 이 오토바이는 컴퓨터로 게임을 하

| 그림 20 | 혼다 모토콤포(왼쪽)와 혼다 PC800(오른쪽)를 찍은 사진.

다 보면 팬이 맹렬히 돌아가듯이 주기적으로 왱 하고 팬이 돌아서 열을 식히는 강제냉각 시스템을 갖추게 되었습니다.

혼다는 PC800의 계기판도 자동차처럼 만들고 백미러도 자동차처럼 만들었으며 심지어 트렁크도 자동차처럼 열리게 만들었습니다. 그런데 이 트렁크는 놀랍게도 아이스박스 기능도 겸하고 있습니다. 놀러 가서 트렁크에 얼음 채워놓고 맥주 담아 먹기 좋도록요. 그래서 트렁크 아래쪽에는 얼음이 녹을 경우 물을 빼는 캡도 달려 있습니다.

역시 세상 쓸데없는 짓처럼 보였던 이런 시도들로 획득된 기술과 경험은 이후 혼다를 대표하는 대형 오토바이인 골드윙, 실버윙, DN-01, NC750 등으로 이어졌습니다. 앞서 설명한 모토콤포는 팬들의 성원에 힘입어 얼마 전 전기 오토바이로 재탄생하기도 했습니다. '앞으로! 다른 세상으로!'를 외치는 깃발들이 힘차게 나부끼던 1980년대, 과거였지만 지금보다 먼저 미래에 가 있었던 그 시절, 그 과잉의 시대가 그리운 요즘입니다.

추락한 발명가의 날개는 꺾이지 않았다

하지만 무모하기로는 이 남자를 따라갈 만한 사람이 많지 않을 것 같은데요. 지금으로부터 자그마치 200년 전에 다뉴브강의 절벽에서 몸을 던진 재단사, 알브레히트 베르블링거(Albrecht Berblinger)의 이야기입니다.

그는 1770년 독일 울름시의 가난한 집에서 일곱째 아이로 태어났습니다. 아버지가 죽고 집안의 생계가 막막해지자 결국 고아원에 보내졌는데요. 기계의 작동 원리에 관심이 많았던 그는 당대 최고의 첨단 기계였던 시계를 만드는 사람이 되고 싶었지만 고아원에서는 길을 찾을 수가 없어 결국 원치 않던 재단사가 되었습니다.

시계공이 될 수는 없었지만 타고난 손재주와 비상한 머리를 바탕으로 그는 재단사로도 크게 성공했고, 21세의 젊은 나이에 장인으로 인정받아 번듯한 가게도 열었습니다. 그러나 기계에 대한 그의 관심은 점점 더 커져만 가서 마침내 '하늘을 나는 기계'를 만들겠다는 야심을 품었지요.

하지만 아직 과학의 시대로 들어서지 못한 중세의 끄트머리였던 당시엔 '공기보다 무거운 물체는 날 수 없다'라는 게 상식이자 진리였습니다. 그러니 나무와 쇠로 만들어진 물체를 하늘로 띄우겠다고 시도하는 그의 행동은 무모하고 어리석으며 상식에 도전하는 '미친 짓'으로 여겨졌지요. 그는 올빼미의 비행을 관찰하면서 어떻게 하면 효율적으로 날개를 설계할 수 있는지 그리고 날아오를 수 있는지 연구와 제작을 거듭했습니다. 하지만 앞선 연구자가 아무도 없고 맨땅에 헤딩하는 식이다 보니 엄청난 시행착오와 그에 따르는 비용이 상당했지요. 그가 재단사로 버는 돈은 대부분 여기에 들어갔습니다.

엎친 데 덮친 격으로 그의 미친 연구가 재단사 동료들를 부끄럽게 한다고 생각한 재단사 길드에서는 길드의 본업을 벗어난 일을 했다는 어처구니없는 죄목으로 그에게 무거운 벌금을 부과했습니다. 그렇게 해서라도 그의 연구를 중단시키려는 방해 공작이었지만, 그는 이에 굴하지 않고 그 벌금을 모두 자비로 지불하고 연구를 계속했습니다.

그의 노력이 가상했는지 뷔르템베르크의 왕 프레데릭 1세는 그

| 그림 21 | 1900년대 독일에서 인쇄된 엽서. 1811년 다뉴브강에서 자신의 비행체로 시험 비행하는 알브레히트 베르블링거의 모습이 담겨 있다.

의 연구에 관심을 보이며 후원금을 지원해주기도 했습니다. 하지만 이게 오히려 독이 되었는데요. 왕이 관심을 두고 지원까지 해주었으니 어떻게든 성과를 내고 그걸 보여줘야 하는 상황이 되어버린 겁니다. 베르블링거의 연구에 관심을 갖는 구경꾼들도 늘어나서 된다, 안 된다, 사기꾼이다, 광대다 등 소문도 무성해졌습니다.

결국 베르블링거는 자신이 만든 비행기로 다뉴브강을 횡단하겠다는 엄청난 계획을 발표할 수밖에 없었습니다. 그렇게 약속한 1811년 5월 30일 저녁 왕과 왕자들 그리고 구경꾼들이 강가를 가득 메웠습니다. 베르블링거는 올빼미 날개를 본떠 거대한 날개를 만들었지만 운 나쁘게도 운반 과정에서 날개가 일부 파손되어 그 날의 비행은 취소되었습니다.

다음 날 다시 모여든 인파 앞에서 베르블링거는 날개를 어깨에 짊어지고 어제보다 더 높은 절벽 위에 섰습니다. 하지만 그가 만든 것은 기본적으로 '행글라이더'의 형태였기 때문에 바람에 매우 민감해서 적당한 바람이 불어줄 때까지는 절벽에서 뛰어내릴 수 없었지요. 후대의 연구에 따르면 다뉴브강의 수온이 낮기 때문에 애초에 글라이더의 비행에 적합한 강 쪽으로 바람이 불어올 수 없었고 도저히 뛸 수 없는 맞바람만 불어왔을 것이라고 합니다.

하지만 이런 사정이나 베르블링거의 애타는 마음에는 관심이 없고 그저 희한한 구경거리를 보려고 온 사람들은 날개를 메고 우왕좌왕하며 바람만 기다리던 그의 모습에 짜증을 내기 시작했습니다. 안 그래도 '사기꾼의 광대 짓' 정도로 치부하던 이들은 그가 사람들을 속이고 시간만 끌고 있다고 분노했지요. 그러다 치안유지를 위해 강가에 나와 있던 경찰관 한 사람이 이제 그만하고 뛰어내리라면서 베르블링거를 절벽에서 밀어버리는 바람에 베르블링거는 자신이 애지중지 만든 글라이더와 함께 다뉴브강에 그대로 처박히고 말았습니다.

다행히 강 위에 배를 띄우고 있던 어부에게 구출되어 목숨은 구했지만, 사람들은 저럴 줄 알았다며 비웃음을 날리고는 흩어졌습니다. 이후 17년의 세월 동안 베르블링거는 사람들의 경멸과 차가운 시선에 시달리다 1829년 58세의 나이로 외롭게 병원에서 죽음을 맞이했습니다.

뭐, 이런 실패한 인생이 다 있을까요? 어렵게 가난에서 벗어날 수 있었던 기로에서 굳이 저 이상한 도전만 하지 않았더라면, 몇 차례 실패를 겪고 동료들이 가로막았을 때 내려놓기만 했더라면, 마지막 순간에 다뉴브 강가 절벽에 올라서지만 않았더라면 그는 순탄하고 행복한 인생을 보낼 수 있었을 텐데요.

하지만 100년 후 라이트 형제가 '기계에 의한 비행'에 성공하면서 불굴의 개척자였던 베르블링거에 대한 평가도 정반대로 바뀌었습니다. 1928년 독일에서는 그의 기념 메달이 만들어졌고 1934년에는 유명한 극작가인 브레히트가 '울름 1592'라는 시를 통해 그의 도전 정신을 기렸지요. 유럽 항공의료학회에서는 매년 전도유망한 젊은 과학자들을 선발해 베르블링거의 정신을 이어받으라는 뜻으로 그의 이름을 딴 상을 수여하고 있습니다.

가장 의미 있는 재평가는 1986년에 벌어졌습니다. 베르블링거의 글라이더를 재현해 제작해본 결과, 그가 왕에게 약속했던 '다뉴브강 횡단'은 바람의 조건이 맞았더라도 아마 불가능했으리라는 평가가 나왔습니다. 사실 이는 글라이더 자체의 한계라서 현대의 첨단 글라이더도 다뉴브강 횡단은 불가능하다고 합니다. 하지만 베르블링거의 글라이더는 적어도 글라이딩, 그러니까 활강은 충분히 가능한 과학적 구조였다고 합니다. 이 활강 비행이 가능한 글라이더가 등장한 게 1891년 오토 릴리엔탈 글라이더였으니, 베르블링거는 약 80년이나 앞선 공학자였던 셈입니다.

그는 끝내 날아오르지 못했지만 그가 만든 글라이더는 지금도 울름 시청의 천장 꼭대기에 매달려 밝은 빛을 받으며 날고 있습니다. 이만하면 충분히 가치 있는 실패가 아니었을까요?

때론 기쁨도 독이 된다
: 균형감과 루틴에 대하여

스포츠 경기의 '흐름'이란 무엇인가

스포츠 경기 중계를 보다 보면 해설자가 '흐름'에 대해 이야기하는 것을 종종 듣게 됩니다. 예를 들어 프로야구 중계에서 '이제 흐름이 롯데에 완전히 넘어왔어요', '이렇게 되면 LG 쪽으로 흐름이 넘어가죠', 'KT 선수들이 한번 흐름을 타면 걷잡을 수 없죠', 이런 표현들 말입니다. 그런데 이 표현을 들을 때마다 약간 고개가 갸우뚱해집니다. 뭔가 그럴듯해 보이는 말이긴 하지만 정말로 야구 경기에 물이나 바람처럼 흐름이 존재하는 것일까요? 바둑이나 장기처럼 앞에 둔 수가 누적되어 계속 결과에 영향을 미치는 게임이라면 흐름이라는 말이 성립되겠지요. 하지만 야구는 한 타석, 한 타석이 따로따로 이뤄지는, 통계 용어로 말하면 앞의 행위가 뒤의 행위에 직접적인 인과관계가 없는 '독립시행'이 기본인 스포츠잖아요.

마치 주사위를 굴려 1이라는 낮은 숫자가 나왔다고 해도 다음번 주사위 굴리기의 결과엔 영향을 미치지 못하듯이, 앞 타석 선수가 삼진을 당했다고 다음 타석 선수가 홈런을 치지 말라는 법은 없지 않습니까? 앞 이닝에서 호수비를 했다고 해서 다음 이닝 공격에서 더 유리해질 이유도 없지요. 그러니 흐름이란 그저 경기에 스토리를 부여해서 시청자들이 재밌게 보도록 해주는 일종의 스토리텔링이거나 어느 팀이 현재 분위기가 좋다 혹은 나쁘다 같은 기세에 관한 이야기라고 생각했습니다.

그런데 얼마 전 이게 그렇게 단순한 문제가 아닐 수도 있겠다고 생각하게 되었습니다. 지난 6월에 있었던 윔블던 테니스 대회의 한 경기를 봤는데요. 남자 단식 1라운드 경기였던 라파엘 나달 선수와 아르헨티나의 프란치스코 세룬돌로 선수의 경기였습니다. 많은 사람이 알다시피 나달은 최고 권위의 테니스 대회들인 호주 오픈, 프랑스 오픈, 윔블던, US 오픈 등의 그랜드 슬램 대회에서 자그마치 22회나 우승했고 윔블던에서도 이미 두 번이나 우승한 최고의 선수입니다. 반면 세룬돌로는 스물셋의 젊은 나이이고 윔블던에 출전한 것 자체가 이번이 처음인 신예 선수로, 누가 봐도 나달이 쉽게 승리를 가져갈 것으로 보였습니다.

경기 초반에는 모두의 예상대로 경기가 흘러갔습니다. 윔블던은 여섯 게임을 따내면 한 세트를 이기고 세 개 세트를 이기면 승리하는 룰인데, 나달이 압도적인 기량을 뽐내며 연달아 두 개의 세트를 따내 세트 스코어 2:0이 되었습니다. 이제 한 세트만 더 가져가면 경기가 끝나는 상황이었지요. 하지만 평생 처음 진출한 윔블던 무대에서 이대로 무너질 수 없다고 생각한 세룬돌로는 젊음을 무기로 강력한 스트로크를 마구 꽂아 넣으면서 경기가 아주 팽팽한 양상으로 흘러갔습니다. 그런데 3세트에서 나달이 시소처럼 자신의 서브 게임을 지켜나가다 실수하면서 처음으로 브레이크를 당했습니다. 결국 세룬돌로가 세트를 따내서 세트 스코어 2:1이 되었지요.

이런 팽팽한 양상은 네 번째 세트에서 더욱 치열해졌습니다. 세룬돌로의 입장에서는 '구름 위의 존재인 줄 알았더니 열심히 하면 되는구나. 가능성이 있어!'라고 생각하고 더욱 집중했을 겁니다. 물론 나달도 '와, 이거 쉽게 볼 상대가 아니로구나' 하면서 긴장하는 모습이 역력했지요. 그런데 그 긴장이 과했는지 그만 4세트 초반에 나달이 어이없이 브레이크를 또 한 번 당하면서 게임 스코어가 4:2까지 벌어져 버렸습니다. 이제 세룬돌로는 자신의 서브 게임만 지키면 나달의 서브 게임을 다 주더라도 여유 있게 이길 수 있는 상황이 되었습니다.

그러나 진짜 이변은 바로 그다음 장면부터 벌어졌습니다. 이어지는 나달의 서브 게임에서 세룬돌로 선수가 갑자기 끈 풀린 마리오네트 인형처럼 앞선 세 시간 동안 한 번도 하지 않았던 어이없는 실수를 연발하기 시작한 겁니다. 그리고 그 실수는 반드시 따내야 하는 본인의 서브 게임까지 이어져서 때리는 공마다 라인 밖으로 나가고, 네트에 걸리고, 제대로 라켓에 공을 맞히지 못해 하늘로 날아오르는 등 혼란의 도가니에 빠졌습니다. 정신을 차렸을 때는 이미 게임 스코어가 4:6으로 역전되어 경기가 끝나버렸지요. 한 게임씩을 시소처럼 주고받은 팽팽한 경기였는데 오히려 본인이 앞서가던 4세트에서는 내리 네 게임을 내주며 단 한 게임도 가져오지 못하는 충격적인 난조 속에 완패하고 만 것입니다.

에피쿠로스학파는 쾌락주의자가 아니었다?

고등학교 때 윤리 시간에 동서양의 철학 사상을 배우면서 그리스의 '에피쿠로스학파'에 대해 들은 적이 있었습니다. 개인의 행복이 무엇보다 중요하다고 생각하는 쾌락주의를 주장하는 학파였는데요. "그래, 맞는 말이네. 즐겁게 사는 게 최고지"라며 고개를 끄덕거리는 학생들에게 윤리 선생님이 검지를 들어 보이며 "절대로 그렇게 착각하면 안 된다!"라고 힘주어 말했습니다.

에피쿠로스학파에서 주장하는 쾌락은 그저 하고 싶은 것을 다 하면서 사는 삶이 아니라 단지 '고통'이 없는 상태를 말합니다. 오히려 감각적이고 육체적인 쾌락을 추구하다 보면 더 큰 고통에 빠질 수 있으니 욕망 자체를 줄이는 것, 아예 욕망을 갖지 않고 정신적인 평화를 추구하는 것이 진정한 쾌락이라고 했다더군요.

하지만 한창 혈기 왕성한 고등학생들에게 이런 생각이 와닿을 리 없었습니다. 아니, 그저 고통스럽지만 않게 사는 게 최선이라니, 게임기를 사면 다른 게임기도 더 사고 싶어질 테니 애초에 게임기에 대한 욕망 자체를 버리는 게 '행복'이라니, 그런 인생은 간신히 숨만 쉬고 사는 게 아닌가?

그런데 나중에 알게 된 불교철학에서도, 유교철학에서도 그런 이야기들이 있었습니다. 저는 도저히 이해되지 않았습니다. 인생이 '희로애락의 파도가 치는 고해(苦海)'라는데, 노여움과 슬픔은 문제지만 왜 기쁘고 즐거운 것도 안 된다고 하는 거지? 너무 기쁘지도 슬프지도 않은 한가운데를 걸어가는 '중용'이 군자의 도라니, 그건 그냥 재미없게 사는 거 아닌가?

그런데 세룬돌로의 경기를 보면서 갑자기 이 수업 내용이 떠올랐습니다. 어떤 놀이가 스포츠로, 하나의 경기 종목으로 자리 잡기 위해서는 단순한 운만으로 승부가 결정되어선 안 된다는 게 기본적인 조건입니다. 아무도 '로또'를 스포츠라고 하지 않잖아요. 물론 인간이 하는 어떤 일에도 행운이라는 요소가 아예 없을 순 없겠지요. 하지만 그것만으로 승부가 결정되지 않도록 반복적인 시행을 통해서 편차를 줄이고, 이를 일정한 수준의 라인으로 만들어 승부의 기준이 되도록 구조화할 때 이 라인을 '실력'이라고 부를 수 있게 되고 비로소 스포츠로서 인정받게 됩니다.

도박은 운이 크게 작용하는 영역이지만 포커나 텍사스홀덤 같은 특정한 게임이 스포츠가 된 것도 마찬가지입니다. 이 게임들에는 운에 따라 위아래로 요동치는 성공과 실패의 평균적 수위로서 '실력'이라고 부를 만한 요소가 있다고 많은 사람이 인정한 것이지요.

아무리 뛰어난 선수라도 이런 등락이 전혀 없는 경우는 없습니다. 다만 노력을 통해 이런 편차를 최소화하지 않는다면 다른 선수가 하락하는 타이밍에 운 좋게 자신이 상승하는 타이밍이 겹쳐져 일시적인 성공을 거둔다 해도 오래 지속되지 못하지요. 일회적인 이벤트에 그칠 뿐입니다. 흔히 '혜성'으로 표현되는 깜짝 스타 선수, 딱 한 곡만 큰 히트를 기록하고 묻힌 '원 히트 원더' 가수들이 그런 사례라고 할 수 있습니다. 그 요동을 일정한 수준으로 잡아낸 사람들만이 직업적으로 이 일을 해내는 '프로'가 될 수 있습니다.

따라서 프로의 세계에서 살아가는 사람들의 평균적인 실력값은 이미 일정한 수준을 넘어섰다고 볼 수 있습니다. 윔블던이라는 최고의 무대에 오른 나달과 세룬돌로는 이미 누구든 승리가 가능한 프로 중의 프로들입니다.

문제는 한 경기 안에서 그런 평균적 수준, 즉 실력의 안정성을 얼마나 유지할 수 있는가입니다. 앞서 설명한 것처럼 테니스는 세트당 여섯 개의 게임 그리고 3세트를 따내야 승리할 수 있기에 최소한 18개 이상의 게임을 '반복 시행'하면서 행운의 비중을 줄여가야 합니다. 그래도 여전히 어떤 선수가 유난히 컨디션이 더 좋았다든가 혹은 결정적인 포인트에서 네트를 맞고 넘어가는 행운이 따른다든가 하는 일은 벌어지기 마련입니다.

두 선수의 경기에서 세룬돌로가 나달보다 실력이 눈에 띄게 부족한 것은 아니었습니다. 다만 처음으로 큰 무대에 섰고 그 첫 경기가 레전드급 선수를 상대하는 것이다 보니 긴장으로 몸이 굳어져서 처음 두 세트를 쉽게 내준 것이었습니다. 하지만 마지막 세트에 몰려서 '어차피 여기서 지면 끝이다'라고 긴장을 풀고 마음껏 뛰어다니다 보니 제 실력이 나오기 시작했습니다. 반면 나이가 많고 부상 경력이 있는 나달은 뒤로 갈수록 지치기 시작했고 3세트가 세룬돌로에게 돌아가자 흐름이 크게 바뀌었습니다. 젊고 힘이 넘치는 세룬돌로가 나달을 몰아붙이기 시작한 것이죠. 4세트 초반까지도 그런 팽팽함 가운데 세룬돌로가 우세를 차지하는 양상은 계속 이어졌습니다.

하지만 예상을 깨고 세룬돌로가 게임 스코어 4:2로 크게 앞서나가는 순간 미묘한 균형은 깨져버렸습니다. 그리고 기세를 탄 세룬돌로가 나달의 페이스를 무너뜨릴 것이라고 생각했는데 정작 결과는 정반대였습니다. 오히려 생각지도 못했던 우위를 잡은 세룬돌로가 마음이 조급해지고 플레이에 생각이 많아지면서 어이없는 실수를 연발하기 시작한 것이었습니다. '나는 도전자의 입장이고 플레이 하나하나에 집중해서 최선을 다해 버텨보자'라고 생각했던 마음이, 정작 우위에 서자 크게 흔들려서 '어, 잘하면 이길 수도 있겠는데? 이길 수 있어. 와, 나달에게 승리하다니 이게 진짜 가능한 거야?'라는 생각에 순식간에 균형감을 잃으면서 와르르 무너져버린 것입니다.

흡사 손바닥 밀기 게임과도 같습니다. 나란히 선 두 사람이 서로 손바닥을 밀어 상대방을 쓰러뜨리는 게임을 하면, 실제로 상대방의 손을 밀어 승리하기도 하지만 너무 과한 힘으로 상대방을 밀려고 하다가 제풀에 쓰러져 패하는 경우가 많습니다. 이 경기를 보면서 저는 비로소 고등학교 윤리 시간에 배운 '평정한 상태'의 의미와 중요성을 깨달았습니다. 아, 기쁨도 독이 될 수 있는 것이로구나.

흐름을 이기는 균형의 습관, 루틴

최근 화제 속에 방영되고 있는 〈최강야구〉라는 프로그램에서도 이런 느낌을 확인할 수 있었습니다. 〈최강야구〉는 이승엽, 정근우, 박용택 선수 등 현역에서 은퇴한 레전드급 프로야구 선수들이 '최강 몬스터즈'라는 팀을 이뤄 아마추어 팀들과 경기를 벌이는 프로그램입니다. 아마추어라고 해도 상대는 고등학교, 대학교의 현역 선수들이고 해당 리그에서 최고 수준의 실력을 갖춘 젊은 선수들이라 절대로 만만한 상대가 아닙니다. 그래서 어마어마한 명성을 자랑하는 레전드 팀답지 않게 몬스터즈는 덕수고, 충암고 등과 붙은 초기 경기에서는 매번 긴장하는 모습을 보였습니다.

그래도 워낙 대단한 선수들이었기 때문에 고등학교 팀과의 대결에서는 그리 어렵지 않게 승리를 거두었지요. 이후 조금 레벨을 높여 동의대 선수들과 맞붙었을 땐 악전고투 끝에 간신히 1승을 거두었고 이어진 2차전에서는 첫 패배를 당했습니다. 팀 창단 후 처음 패배를 맛보면서 레전드로서의 자존심에 금이 간 몬스터즈 선수들은 이를 악물고 연습해서 동의대와의 3차전에서는 10:3이라는 큰 점수 차이로 승리를 거두었지요.

여기까지는 '역시 실력이 어디 가지 않는군'이라고 감탄할 만한 스토리인데요. 문제는 그다음 경기입니다. 3판 2선승제 룰에 따라 전에 6:3으로 어렵지 않게 이긴 충암고와 재대결에 들어갔습니다. 그러나 동의대와의 경기 후 3주간 푹 쉬면서 긴장감이 떨어진 몬스터즈 팀은 경기 초반부터 불안한 모습을 보였지요. 그래도 4점을 먼저 내면서 앞서가나 싶었는데, 6회에 대거 4점을 실점하면서 충암고에 4:6으로 역전을 당했습니다. 이후 앞 여섯 경기에서 볼 수 없었던 무기력한 공격력에, 수비 실수, 폭투 등이 쏟아져 결국 14:4라는 기록적인 스코어로 고등학생 팀인 충암고에 콜드게임 패배를 당하고 말았습니다. 그전 경기에서 힘든 상대를 꺾었다는 기쁨에 긴장이 풀리면서, 객관적 전력에서 훨씬 앞서 있다고 생각했던 고등학교 팀에 어이없이 무너져버린 것입니다.

이처럼 긴장감이 떨어질 때 모든 것이 무너지는 경우를 곰곰이 생각해보면, 결국 힘든 상황보다 더 경계해야 하는 것은 갑자기 모든 게 좋아지는 상황입니다. 힘든 상황은 마치 나달을 상대하는 신인 선수처럼 단단히 자세를 갖추고 버티기 때문에 그 선수의 객관적 역량이 압도적으로 부족하지 않은 한 뒤로 밀리지 않습니다. 하지만 나를 압박하던 힘이 없어지고 뭔가 잘된다 싶어 앞으로 확 치고 나가려고 하는 순간, 갑자기 몸의 균형이 무너집니다.

일단 균형이 무너지면 그다음부터는 아주 작은 타격에도 쉽사리 주저앉게 됩니다. 앞으로 두 걸음 갔다가 뒤로 두 걸음 물러서면 결과적으로는 원상태로 돌아온 것이지만, '마음의 상태'는 크게 앞으로 당겨졌다가 거세게 뒤로 밀리며 걷잡을 수 없어지는 것이죠. 이것이 바로 스포츠를 중계하는 분들이 이야기하는 '흐름'이지 않을까 싶습니다.

결국 성공의 비결이나 실패의 원인은 평정심을 어떻게 잘 유지하는가, 어떻게 하면 균형감을 잃지 않을 것인가에 있습니다. 예전에 삼성 라이온즈에서 활약했던 박한이 선수는 타격 준비 단계가 복잡하기로 유명했습니다. 야구 배트를 오른쪽 겨드랑이에 끼고, 장갑을 조이고, 오른손으로 배트를 내리고, 바지를 당기고, 왼손으로 헬멧을 벗어 머리를 정리하고, 다시 헬멧을 쓰고, 마지막으로 홈 플레이트 앞에 배트로 선을 긋는 일곱 개의 동작을 하는데 평균 24초가 걸렸지요. 투수가 공을 한 번 던질 때마다 이 동작을 매번 반복했다고 합니다. 그런데 KBO에서 타격 준비 시간을 12초 이내로 제한하도록 규칙을 바꾸자 박한이 선수는 이 단계를 줄이지 않고 더 빠르게 했습니다. 단계를 몇 개 생략했더니 타격이 잘 안 된다면서요.

이런 생각이나 행동은 '미신'으로 여겨지며 '징크스'라고 불립니다. 하지만 앞서 제가 말씀드린 '마음의 균형' 차원에서 보면 일정한 동작을 강박적으로 반복하는 행동은 선수가 평정심을 유지하는 효과적인 수단으로 볼 수도 있습니다. 같은 길을 반복해서 돈다고 해서 이런 행동을 '루틴'이라고 부르기도 합니다. 앞서 예로 든 라파엘 나달 선수도 루틴이 많고 철저하기로 유명하지요. 그는 경기

| 그림 22 | 2006년 US 오픈 당시 라파엘 나달의 사진.

중 벤치에서 쉴 때 에너지 드링크 병과 물병을 반드시 나란히, 각을 맞춰서 놓습니다. 서브할 때도 박한이 선수처럼 몸의 이곳저곳을 가다듬는 순서가 있고요. 이 외에도 대략 13가지나 되는 루틴을 꾸준히 지키고 있다고 합니다.

그런데 이렇게 유별난 사례가 아니더라도 성공한 사람들 가운데 습관 혹은 원칙을 갖지 않는 경우는 거의 없을 겁니다. 무라카미 하루키는 《직업으로서의 소설가》라는 책에서 자신은 소설을 집필할 때 매일 오전 12시까지, 원고지로 20매 분량을 쓰는 것을 꼭 지킨다고 썼습니다. 특히 인상적이었던 부분은 내용이 잘 안 떠올라도 20매를 채우고, 반대로 너무 글이 잘 써져서 더 쓰고 싶을 때도 절대로 20매 이상은 안 쓴다는 것이었습니다. 신이 나서 너무 많이 쓰면 오히려 다음 날 글을 쓸 때 안 좋은 영향이 있다고 하더군요. 하루키의 취미 중 하나가 바로 마라톤입니다. 이 마라톤을 할 때처럼 자신의 페이스를 지키며 묵묵히 한 발 한 발, 루틴을 끈기 있게 반복한 사실이 그를 성공적인 작가의 반열에 올려준 힘이 아니었을까요.

이번 글은 모든 분이 다 알고 있는 뻔한 이야기일 수 있지만, 저는 너무 슬프고 힘든 것만큼이나 너무 기뻐하고 들뜨는 것도 나를 무너뜨릴 수 있다는 사실이 꽤 놀라웠습니다. 꾸준함과 일관성, '내가 생각하는 나'를 지속적으로 유지해나가는 것이 얼마나 중요한지를 새삼 깨달았고 그 작은 발견을 독자분들과 함께 나누고 싶었습니다. 하나하나 쌓아 올리는 행복이 무가치해 보이고 성공한 사람들의 이야기만이 넘쳐나는 요즘 같은 시기에, 이 글이 여러분의 루틴을 되돌아보는 계기가 되길 바라봅니다.

성공은 선택이 아닌 준비에서 시작된다

"야, 너 군대 가고 싶냐, 안 가고 싶냐?"

벌써 30년도 더 지난 일입니다. 당시 저는 한국의 남자들이라면 누구도 피할 수 없는 병역의 의무를 지기 위해 징병 검사를 받고 있었습니다. 저는 어릴 때 잔병치레가 많긴 했지만 운동을 좋아해서 청소년기에는 거의 병원 구경을 하지 않았습니다. 당연히 1급 현역 판정을 받으리라 생각했지요. 그래서 하얀 팬티 한 장만 입은 청년 수십 명이 커다란 건물 안에서 이리저리 끌려다니는 이 민망한 상황이 빨리 끝나기만을 바랐습니다. 그러면서 교통비로 지급되는 돈으로 점심은 뭘 사 먹을까 생각하며 나무 벤치에 앉아 다음 순서를 기다리고 있었지요.

그런데 조금 전 검사했던 군의관이 저를 손짓해서 불렀습니다. 이미 지난 순서로 되돌아가는 일은 한 번도 없었기 때문에 순간 당황했습니다. 엑스레이 사진이 잘 안 찍혀서 다시 찍어야 하는 건가 하며 어슬렁어슬렁 걸어갔더니 군의관은 더욱 당황스러운 말을 했습니다.

"야, 너…, 군대 가고 싶냐, 안 가고 싶냐?"

전혀 예상하지 못했던 질문에 순간적으로 머릿속이 하얗게 됐습니다.

"예, 예?"

군의관은 제 대답에 짜증이 났는지 목소리를 높였습니다.

"아니, 군대 가고 싶냐고!"

이게 도대체 무슨 질문이지? 군대 가고 싶어 안달하는 사람도 있나? 아, 해병대 같은 곳에 자원입대하는 사람들도 있긴 하지. 그런데 대부분은 안 가고 싶은 게 당연…, 잠깐, 그럼 나도 면제받을 수 있다는 거야? 여기서 안 가고 싶다고 대답하면 안 갈 수 있는 건가? 아니, 대놓고 안 가고 싶다고 하면 정신이 썩은 놈이라고 욕먹는 거 아냐?

"에라, 그냥 가라."

수많은 생각이 머릿속에서 뒤죽박죽이 되면서 아무 말도 못 하고 우물쭈물하는 사이, 계속 인상을 구기며 나와 신체검사지를 번갈아 보던 군의관은 결국 검사지에 도장을 '쾅!' 찍었습니다.

그게 검사 마지막 순서였기 때문에 받은 검사지를 접수처에 제출만 하면 되는데 왠지 발걸음이 떨어지지 않았습니다. 자꾸자꾸 뒤를 돌아보며 생각해보니 아마 저의 검사 항목 중 어떤 부분이 애매하게 현역과 면제 사이에 걸쳐 있었던 모양입니다. 그래서 어느 쪽으로 판정하든 별문제는 없었지만, 판단이 잘 서지 않으니 제게

물은 건데 제가 대답을 안 하고 있으니까 그냥 현역으로 판정해버린 거죠.

검사지를 제출하기 위해 다시 나무 벤치에 앉아 있는 몇 분의 시간이 몇 시간처럼 느껴질 만큼 수많은 생각이 오갔습니다. 지금이라도 돌아가서 "군대 가기 진짜 싫습니다. 좀 봐주십시오"라고 애걸해야 하나? 이미 찍은 도장을 그런 이유로 취소해주려나? 인생의 황금기에 2년이 넘는 시간을 버리냐 마냐 하는 순간인데 최대한 매달려봐야 하는 거 아냐? 그럼 아까 얘기했어야지. 지금 뒤에서 애들이 줄줄이 검사받고 있는데 그 앞에 가서 빼달라고 하면 잘도 도와주겠다…. 마침내 제 순서가 와서 접수처에 검사지를 제출하고 하얀 봉투에 들어있는 교통비를 수령하면서 적어도 한 가지는 확실해졌다는 것을 깨달았습니다. 제가 앞으로 이 순간을 수없이 곱씹으며 후회할 것이라는 점 말입니다.

젊은 독일 군인의 인생을 바꾼 탈출

살다 보면 후회되는 순간이 이것 하나뿐일까요? 잘못된 선택으로 큰돈을 손해 보는 일도 있고, 제대로 화를 내고 맞받아쳤어야 하는 순간에 그러질 못해서 잠자리에서 이불만 걷어차는 일도 있지요. 또 현명하게 참지 못하고 욱하는 성질을 그대로 폭발시켰다가 오랫동안 난감해지는 일도 있고요. 우리와 같은 평범한 장삼이사들에게는 밤하늘의 별처럼 셀 수 없이 벌어지는 일들입니다.

하지만 세상엔 반대로 그런 결정적인 순간에 현명하게 판단하고 선택해서 성공을 거둔 사람들도 있습니다. 어찌 보면 정말로 운이 좋은 사람들이지요. 역사 속 그와 같은 '대단한 보통 사람'의 사례로 한스 콘라트 슈만(Hans Conrad Schumann)의 이야기를 들려드릴까 합니다.

한스의 이야기를 하려면 먼저 시대적 배경에 대해 조금 설명해야 할 것 같습니다. 많은 분이 아시는 것처럼 제2차 세계대전의 유럽 전선은 독일의 패배 그리고 총통이었던 히틀러가 벙커에서 자살하는 것으로 마무리되었습니다. 사실 독일은 동부전선인 소련과의 전투에서 밀리기 시작하고 서부전선에서는 연합군이 노르망디에 상륙해 밀고 들어오면서 이미 패배는 시간문제였죠. 그래서 독일, 이탈리아를 비롯한 추축국과의 대결이 절정이었을 때 미국이 무상으로 무기도 지원하고 공동 작전도 펼치며 똘똘 뭉쳤던 연합국 내에서도 변화가 생기기 시작했습니다.

공산주의의 확장을 노리는 동부전선의 소련과 자본주의를 지켜내려는 서부전선의 미국, 영국, 프랑스 사이에 입장 차가 도드라졌는데요. 이들 나라는 독일이 완전히 무너지기 전에 서로 먼저 독일을 장악해서 상대방 진영의 영향력을 배제하려고 했습니다. 소련군은 엄청난 인력과 물량을 동원해 무자비하게 상대를 제압해나가는 과정에서 포로 학살 논란이 벌어지기도 했습니다. 반대로 연합군은 한시라도 빨리 독일 본토 공격을 하려고 일직선으로 유럽 대륙을 가로지르는 '마켓 가든 작전'이라는 무리수를 두다가 커다란 실패를 맛보기도 했지요. 이 경쟁은 당시 독일의 수도였던 베를린을 차지하는 것이 최종 목표였기 때문에 마치 자동차 경주처럼 경쟁한다고 해서 '베를린 레이스'라는 별명이 붙기도 했습니다.

베를린 레이스의 최종 결과는 좀 애매했습니다. 일단 독일 영토의 상당 부분, 그중에서도 경제적 중심지라고 할 수 있는 서남부 지역은 모두 연합군이 장악했으나 소련도 독일 동부의 적지 않은 지역을 장악했습니다. 전체적으로 보면 연합군이 더 넓은 지역을 차지했지만, 문제는 베를린이 상당히 동쪽으로 치우친 지역에 있어서 소련이 점령한 지역 내에 베를린이 있었다는 점이었습니다. 경쟁에 붙은 이름 자체가 '베를린 레이스'인 만큼 유럽 전선의 종전 과정에서 베를린 장악이 갖는 상징적 의미가 컸기 때문에 미영프 연합군은 베를린의 공동 관리를 주장했습니다. 이 주장을 완전히 무시할 수 없었던 소련은 베를린을 네 구역으로 나누어 공동 관리하는 데 동의합니다.

소련이 이런 주장을 받아들인 데는 당시 전후 처리 및 피해 복구를 위해 다른 연합국, 특히 미국과 협력할 수밖에 없었던 이유가 한몫했습니다. 그리고 독일이 연합국 점령지의 서독과 소련 점령지의 동독으로 나뉜 상황에서 동독 지역 한가운데에 섬처럼 떠 있는 서베를린이 오래 버티지 못할 거라는 계산도 깔려 있었지요.

| 그림 23 | 분단 당시 독일의 지도. 독일은 1949년부터 1990년까지 동독과 서독으로 분리되어 있었다. 베를린 역시 동과 서로 나뉘어 있었다.

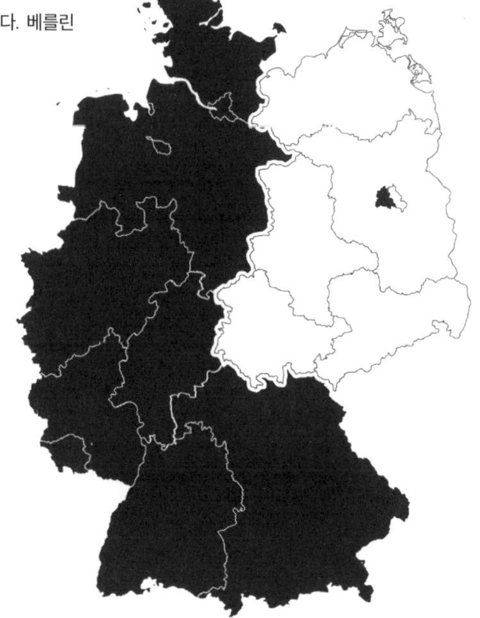

실제로 소련은 1948년부터 서베를린에 대해 전면적인 물자 공급 봉쇄 조치인 '베를린 봉쇄'를 단행합니다. 이에 인구 220만 명이 거주하던 서베를린 지역은 물자, 전기도 없는 극한 상황에 몰려 굶주림에 시달렸습니다. 하지만 미국을 비롯한 연합군은 폭격기를 동원해 약 28만 회에 걸쳐 232만 톤이 넘는 어마어마한 양의 물자를 베를린에 떨어뜨리는 '베를린 공수작전'을 펼쳤습니다. 베를린 시민들이 모두 배불리 먹고도 남아서 비축할 정도의 분량이었기 때문에 결국 소련은 1년 만에 손을 들고 베를린 봉쇄를 풀었고, 서베를린과 서독 본토 사이의 통행을 인정했습니다.

동독 정부는 당시 공산주의 동독의 체제에 자신감이 있었기에 동베를린과 서베를린 간의 자유로운 통행을 허용했습니다. 그러나 날이 갈수록 동독과 서독의 경제적 격차가 커지고 동독이 권위주의 정권임이 밝혀지자 서독으로 탈출하는 사람들의 숫자가 늘어나기 시작했습니다. 특히 상대적으로 오가는 일이 더 쉬웠던 베를린의 경계 지역을 통해 서베를린으로 넘어가서 서독의 지원을 받으며 서독 본토로 넘어가는 사람들이 많아졌는데요. 소련과 동독 정부는 베를린 한가운데를 장벽으로 막는 방법밖에는 없다고 생각하게 됩니다. 그리고 이런 결정이 미리 알려지면 갑작스럽게 탈출하는 사람이 늘어날 가능성이 있어서 동독 정부는 1961년 8월 13일 새벽에 전격적으로 장벽 건설을 선언하고 공사 인력과 군인들을 배치했습니다.

뉴스를 듣고 서베를린 시민들이 경계 지역으로 가보니 이미 그곳엔 조악하나마 철조망이 깔려서 경계를 표시해놓고 PPSH-41 소총까지 든 동독 군인들이 경계근무를 서고 있었습니다. 시민들은 항의와 욕설을 퍼부으며 장벽 건설을 반대했지만 군인들의 힘에 밀려나고 말았지요. 그런데 공사 사흘째였던 8월 15일 오후 네 시, 임시로 쳐둔 철조망 주변에서 경계근무를 서던 젊은 군인 한 명을 보고 서베를린 측에서 누군가 "이리 와(Komm rüber)!"라고 외쳤습니다. 그 외침을 들은 군인은 잠시 망설이는 듯하더니 순식간에 철조망을 뛰어넘으며 가지고 있던 총을 내팽개치고 서베를린 쪽으로 건너갔지요.

생각해보면 저런 허술한 철조망을 뛰어넘는 것은 전혀 어려울 게 없었습니다. 그러나 아무도 그런 일이 벌어질 것이라고 상상하지 못했기 때문에 어떤 장애도 없이 10초도 안 되는 짧은 순간에 탈출에 성공한 것입니다. 이 군인의 이름은 한스 콘라트 슈만으로 당시 만 19세의 청년이었습니다. 그는 베를린 장벽의 건설이 시작된 이후 최초의 탈출자이자 군인의 신분으로 탈출한 사람으로 전 세계 언론의 주목을 받았습니다. 특히 그가 총을 내버리며 철조망을 뛰어넘는 모습을 찍은 사진은 여러모로 냉전 시기를 상징하는 장면이 되어, '자유를 향한 도약(leap into freedom)'으로 불리며 역사적인 사진으로 남았지요.

사건 직후 동독 측은 경계근무 조를 복수로 구성해 감시를 강화하고 장벽을 이중, 삼중으로 튼튼하게 쌓아 탈출을 막았습니다. 이후로도 많은 사람이 베를린 장벽을 넘어 탈출했지만 대부분 목숨을 걸고 온갖 고생을 하며 넘어야 했고, 장벽이 무너질 때까지 총 136명이나 되는 사람들이 탈출 과정에서 사망했습니다. 한스는 가장 쉽고 가장 빠르게 탈출한 기록적인 사례였지요. 이 사건 이후 한스는 서독 지역에서 수많은 인터뷰와 TV에 출연하면서 국제적인 유명세를 탔습니다. 서독 정부에서도 많은 지원을 해주어 아우디 공장 관리자로 취직하는 등 안정된 삶을 얻었지요. 말 그대로 순간의 선택이 인생의 행로 전체를 바꾼 사례입니다.

결국 선택하기까지 필요한 것은 준비다

한스의 경우는 상당히 극단적인 사례라고 할 수 있지만 우리가 살아가면서 이런 선택의 순간은 누구에게나, 생각보다 훨씬 자주 찾아옵니다. 따지고 보면 오늘 출근을 버스로 할까 지하철로 할까, 점심시간에 짜장면을 먹을까 짬뽕을 먹을까, 보고서의 문장에 쉼표를 찍을까 말까 등 모든 순간이 선택의 연속이라고 할 수 있지요. 다만 그 선택의 결과가 대개는 나 혼자만 알고 감당하는 것으로 끝나기 때문에 그리 심각하게 여겨지지 않을 뿐입니다.

이런 차원에서 보면 순간의 선택이 가장 중요한 요소가 되는 영역은 스포츠라고 할 수 있습니다. 스포츠 경기에서 플레이는 하나하나가 모두 선택의 연속이라고 할 수 있습니다. 그리고 결과가 즉시 명확하게 드러나며, 모든 과정을 동료와 감독 그리고 관객에 이르기까지 수많은 사람이 확인하지요. 이 모든 게 자신의 커리어에 직접적으로 영향을 미친다는 점에서 선택의 스트레스가 가장 심한 직업이라고 할 수 있지 않을까요?

그래서 그 스트레스를 이겨내기 위해 멘털 관리가 필요하다고 생각하는 스포츠 지도자들이 많습니다. 국가대표팀의 한겨울 산악 훈련, 한밤중에 흉가를 찾아가는 담력 훈련, 모 프로야구 팀의 해병대 체험 등 극한 상황을 경험하고 이겨내는 극기 훈련을 통해 멘털을 강화하려 하지요.

| 그림 24 | 소책자 《분열된 도시: 베를린 장벽의 건설(A City Torn Apart: Building of the Berlin Wall)》에 실린, 동독 탈출 당시 한스 콘라트 슈만의 모습. QR 코드를 찍으면 당시 촬영된 영상을 볼 수 있다.

그런데 과연 멘털이라는 것은 근육처럼 자극과 충격을 받으면 계속 강해지는 걸까요? 오히려 그렇게 한번 정신적 균형이 깨지고 나면 상처가 남아서 비슷한 상황이 오면 더 위축되는 결과를 가져오진 않을까요? 어렸을 때 지독한 가난을 경험하면 가난을 아무렇지 않게 생각하게 될까요? 그런 분들이 나중에 성공하는 경우가 많은 건 오히려 가난이 얼마나 무서운 것인지 알기 때문이 아닐까요? 다시는 그런 상태로 돌아가지 않으려고 발버둥질하는, 두려움에서 기인한 노력의 결과인 거죠.

물론 어렵고 힘든 상황을 겪고 이겨낸 분들은 스스로 자신의 능력과 한계에 대해 긍정적인 태도를 갖게 된다고 생각합니다. 하지만 그런 자신감만으로는 수없이 밀어닥치는 선택의 순간들에서 한계가 드러날 수밖에 없습니다. 그래서 일본의 한 고교야구 지도자는 '멘털이 강하다'라는 말 자체를 믿지 않는다고 말하기도 했습니다. 성공이나 실패에 감정이 무딘 것을 과연 좋은 선수의 자질이라고 볼 수 있느냐는 것이죠. 이 감독은 '멘털'이라는 말 대신 '준비'가 핵심이라고 봤습니다.

예를 들어 야구 경기에서 2사 만루의 상황에 타석에 들어선 4번 타자가 갑자기 기습번트를 댔다고 생각해봅시다. 아웃카운트가 하나만 올라가도 공격이 끝나는 상황이고, 게다가 팀에서 가장 타격을 잘하는 4번 타자가 기습번트를 댄다면 아마 투수도, 포수도, 내야의 수비진도 모두 당황하고 혼란에 빠질 것입니다. 하지만 이게 선수들의 멘털이 약해서 벌어진 일일까요? 그보다는 확률이 낮긴 하지만 만에 하나 번트를 댄다면 어떻게 수비해야 하는지 미리 준비하지 못했기 때문에 벌어진 혼란이 아닐까요?

그래서 이 일본 감독은 극기 훈련 대신 예측 가능한 모든 상황의 시나리오를 만들고 이를 시뮬레이션하는 방식으로 선수들에게 반복하게 한다고 합니다. 스포츠 경기뿐 아니라 모든 영역에서 오랜 경험을 쌓은, 이른바 '베테랑'이나 '경력자'들이 큰 힘을 발휘하는 이유도 마찬가지입니다. 이들은 다양한 상황을 겪어봤고 어떤 선택이 어떤 결과를 가져올지 예상해서 미리 준비하는 습관이 몸에 배었거든요.

항상 준비하라 그리고 복기하라

앞서 한스의 사례도 뒷이야기를 세세하게 살펴보면 그 모든 일이 그저 우연히 벌어진 사건은 아니었습니다. 시계를 조금 뒤로 돌려 볼까요.

베를린 장벽의 설치가 발표되고 동독 군인들이 서베를린 경계 지점에 배치된 1961년 8월 13일, 한스도 경계근무에 처음 배치되었습니다. 뉴스를 통해 장벽 설치 소식을 들은 서베를린 주민과 시민운동가들이 장벽 반대를 외치며 몰려들자 동독 군인들은 이들을 거칠게 밀어내며 총으로 조준 자세를 취하는 등 위협을 가했지요. 동서로 나뉘긴 했지만 제2차 세계대전이 끝난 지 15년이나 지났고 전쟁은 더 이상 없을 거라고 믿었던 한스는 독일 동족들 사이에서 총부리를 겨누는 일이 발생했다는 데 충격을 받았습니다.

이보다 더 충격을 주었던 것은 한 소녀의 모습이었습니다. 동베를린에 친할머니가 살고 있는 이 소녀는 하루가 멀게 서베를린으로 놀러 오던 할머니가 길이 갑자기 막혀버렸다는 소식에 놀라서 뛰쳐나온 길이었습니다. 시위대가 밀려나는 것을 보고 안타까워하던 소녀는 마지막으로 철조망 건너편에서 망연자실해서 자신을 쳐다보고 있는 할머니에게 손에 들고 있던 꽃다발만이라도 전해달라고 군인들에게 다가갔지요. 하지만 소녀 역시 시위대처럼 거칠게 떠밀려 울며 돌아갔다고 합니다. 이 모습을 본 한스는 지금은 낮은 철조망이지만 앞으로 누구도 넘을 수 없는 장벽이 될 것이고 지금이 마지막 기회라는 생각이 들었습니다.

그래서 막사로 돌아가 밤새 고민하던 한스는 철조망을 넘어 서독에 귀순할 결심을 하지만 막상 실행에 옮기려고 하니 걸리는 문제들이 있었습니다. 일단 철조망을 뛰어넘으면 동독 군인들이 쫓아와 뒤에서 사격을 가할 수도 있었습니다. 이를 피해 재빨리 몸을 숨겨야 하는데, 장벽 설치 위치는 탁 트인 공간이라서 건물이 있는 곳까지 달려가려면 상당한 시간이 걸릴 것이었습니다. 더 큰 문제는 서독 측의 반응이었습니다. 갑자기 동독 군인이 총을 들고 철조망을 넘으려고 하면 오히려 대응군으로 배치되어 있던 서독 군인들에게 총을 맞는 건 아닐까? 무사히 넘어간다 해도 군인이라는 특수 신분상 귀순을 안 받아주면 어떻게 해야 할까? 스파이라고 의심하는 건 아닐까? 결국 그는 미리 서독에 통보해서 협조를 얻지 않으면 안 된다는 결론에 이르렀습니다.

다음 날인 8월 14일, 다시 서베를린에 시위 군중이 모이고 이들이 철조망으로 다가오자 한스는 이들을 밀어내는 척하면서 청년 한 명에게 자신이 내일 철조망을 넘으려고 하니 경찰에 알려 도움을 청해달라고 부탁했습니다. 청년이 부탁받은 대로 서베를린 경찰에게 소식을 전하자 경찰 측에서는 다음 날 한스의 근무 시간에 지프차를 대기해놓겠다고 약속했습니다. 그리고 경찰은 이 사건이

정당성 경쟁을 벌이던 서독과 동독의 정치적 상황에서 상당히 중요한 이벤트가 될 것임을 직감하고는 경찰서에 드나들던 기자들과 방송국에 미리 시간과 장소를 알려 대기하도록 했습니다.

마침내 실행일인 8월 15일, 약속한 오후 네 시가 다가오자 한스는 일부러 다른 부대원들과 떨어져 따로 어슬렁거리며 돌아다니다가 철조망의 상태를 점검하는 척 경계선에 바짝 붙어서 섰습니다. 그리고 한가롭게 담벼락에 기대서서 담배를 피우며 길 건너편의 동료 군인들이 시선을 돌리기를 기다렸지요. 마침내 그들이 딴 곳을 쳐다보는 순간 "이리 와!"라고 외친 것은 미리 약속이 되어 있던 서독측 군인이었습니다. 이 말이 일종의 신호였기 때문에 한스는 잠시 주변을 살핀 후 곧바로 철조망을 뛰어넘으며 소총을 땅바닥에 내버렸고, 대기하고 있던 지프차에 올라탔습니다. 그가 철조망을 넘어 차를 타고 출발할 때까지 10초도 채 걸리지 않았습니다.

미리 기자들이 위치를 맞춰서 대기하고 있었기 때문에 이 갑작스런 이벤트는 완벽한 구도의 사진으로, 연속사진의 스트립으로, 동영상으로 남아 지금도 인터넷과 유튜브에서 쉽게 볼 수 있는 영상이 되었습니다. 동영상을 보면 이게 정말 눈 깜짝할 사이에 벌어진 사건이며 미리 대기하고 있던 서베를린 경찰이 한스의 총을 재빨리 수거하는 장면도 볼 수 있습니다. 그리고 자세히 살펴보면 왼편에 2인 1조로 순찰하던 다른 동독 군인들이 이 상황에 당황해서 누군가를 부르며 뛰어가는 모습도 보입니다. 이들은 이런 상황에 전혀 준비되어 있지 않았던 겁니다.

결국 순간의 선택을 좌우하는 것은 경험이고, 경험보다 더욱 중요한 것은 그 경험을 통해 무엇을 어떻게 할지 배우는 것입니다. 어떤 이들은 경험이 없이도 상상과 연습을 통해 배우는 능력을 갖추고 있고, 어떤 이들은 수없이 실패를 경험해도 아무것도 배우지 못하기도 합니다. '이기는 경기보다 진 경기에서 더 많은 것을 배울 수 있다'라는 말은 단순히 강한 척하는 허세가 아닌 것이죠. 그런 면에서 제가 정말로 대단하게 생각하는 이들은 바둑을 두는 분들입니다.

예전에 이세돌 9단과 알파고의 경기를 본 적이 있었습니다. 전 세계가 지켜보는 상황에서 그렇게 충격적으로 패배했음에도, 심지어 감격스러운 1승을 거둔 순간에도 이세돌은 흔들리지 않고 앉은 그 자리에서 다시 돌을 정리하고 왜 졌는지, 왜 이겼는지 수백 개의 수를 하나하나 되짚어가며 복기했지요. 그 모습이 정말 인상적이었습니다. 그 모든 부끄러운 실패를, 가장 가슴 아픈 순간에 되짚어 배우려는 자세야말로 진정으로 '강한 멘털'이 아닐까요. 70억 인류 중 유일하게 알파고에게 1승을 거둔 원동력도 거기서 시작된 게 아닌가 합니다.

앞서 징병 검사에서도, 제가 만약 군의관이 그런 질문을 하면 어떻게 대답하면 좋을지 조금이라도 준비되어 있었더라면 결과가 달라졌을지도 모릅니다. 하지만 제 삶의 다른 장면들을 돌아보면 군 면제 문제는 비교도 안 될 만큼 부끄러운 일들이 많이 있었습니다. 제가 초임 교사였을 때 일입니다. 20대 초임 교사로서 수업은 물론이고 남임 업무까지 맡으니 정신이 하나도 없었지요. 그런데 제가 맡은 반에 이른바 '문제 학생'이 한 명 있었습니다. 지금 와서 생각해보면 그저 지각과 결석이 좀 많고, 화장하고 치마를 줄여 입고 다니는 등 외모에 신경을 많이 쓰는 학생이었습니다. 다만 학교의 분위기가 좀 엄해서 유일하게 튀는 학생이 되어 다른 선생님들에게 매일같이 지적을 받다 보니, 담임인 제가 뭘 어떻게 해야 할지 당황스러웠지요.

한번은 작심하고 좀 길게 이야기를 나눠보자고 생각해서 그 학생을 교무실로 불러 두런두런 이야기하고 있었습니다. 그런데 이 모습을 본 학생부장 선생님이 신참 교사를 좀 도와줘야겠다고 생각한 모양입니다. 갑자기 제 자리로 돌진해 오더니 학생을 일으켜 세워 마구 다그치기 시작했습니다. 너 왜 이렇게 담임 선생님을 힘들게 하냐, 왜 말 안 듣냐며 고함을 치니 학생도 갑자기 자존심이 상했는지 내가 뭘 했다고 이러냐며 맞고함을 쳤습니다.

교무실 안의 선생님과 학생들의 이목이 집중되자 학생부장 선생님은 체면이 상했다고 생각했는지 갑자기 학생의 뺨을 때렸습니다. 너무 충격적인 상황에 순간 시간이 멈춰버린 것 같았고, 학생은 가방을 챙겨 들고 교무실 밖으로 뛰어나갔습니다. 얼마 후 그 학생은 학교를 그만뒀습니다. 학교를 그만둔 이유 자체는 여러모로 복잡한 가정 사정에 학교폭력 문제가 겹쳐진 것이긴 하지만, 저는 교사로서 역할을 제대로 하지 못한 것 같아 계속 후회했습니다. 학생부장 선생님이 학생의 뺨을 때리던 충격적인 순간에 담임으로서 뭘 어떻게 해야 했을지 거듭해서 머릿속으로 떠올리고 지우기를 반복했습니다.

몇 년 후, 학생들을 인솔하고 갔던 수학여행에서 사건이 하나 터졌습니다. 그 나이 또래의 학생들이 대개 그렇듯이 이 기회에 술을 한번 마셔보자고 작심한 학생이 있었습니다. 그 학생은 지나가는 어른에게 숙소 앞 가게에서 대신 술을 사달라고 부탁했는데, 소주 한

병이 얼마인지 몰라 너무 큰돈을 주는 바람에 수십 병의 소주와 맥주가 생겼습니다. 그래서 이 방 저 방 나눠 주다 보니 수학여행에 온 학생들 대부분이 술에 취해버리는 사태가 발생했습니다.

그중에서도 특히 장난기가 많았던 저의 반 학생들이 많이 걸려서 한밤중에 모두 줄줄이 복도에 늘어서서 야단을 맞는 사태가 벌어졌는데요. 술 냄새를 풀풀 풍기며 끝이 안 보일 만큼 복도에 늘어선 학생들을 보고 저도 어이가 없었지만 학년부장 선생님은 더욱 당황스러웠던 모양입니다. 선생님이 화가 머리끝까지 나서 "야, 이 녀석들아!" 하고 손을 치켜드는 순간, 제 머릿속에서 수년간 뱅글뱅글 돌았던 시뮬레이션이 발동되었습니다. 그래서 재빨리 선생님의 손을 붙들어 세우며 나직한 목소리로 말했습니다.

| 그림 25 | 베를린 장벽 조각과 한스 콘라트 슈만의 모습을 베를린시 지도 모양의 아크릴 판에 끼워서 만든 기념품.

"이러지 마세요. 제 아이들입니다. 야단을 쳐도 제가 칩니다."

후회로 남은 경험이 오랜 시간 동안 준비로 이어져 행동으로 드러난 순간이었습니다. 그때부터 앞으로 벌어질지 모르는 여러 상황에 대해 미리 시뮬레이션해보는 습관이 생겼습니다.

안타깝게도 한스는 독일이 통일된 후 동독 지역의 고향 마을로 갔다가 친척과 가족들의 냉대를 못 견뎌 서독으로 쫓기듯 돌아왔습니다. 이후 우울증에 시달리던 끝에 그는 56세의 젊은 나이에 스스로 목숨을 끊었습니다. 준비성이 철저했던 그조차도 제대로 준비하고 적응할 수 없을 만큼 냉전 시대의 변화는 너무나 빠르고 거칠었던 모양입니다. 이 자리를 빌려 한스 콘라트 슈만의 명복을 빕니다.

성공의 조건은 우연일까, 필연일까?
: 페니실린의 발견

성공은 정말 '운칠기삼'일까?

불과 4년 전 코로나19 바이러스로 전 세계가 패닉에 빠졌던 때를 돌이켜보면 인류의 회복력은 실로 대단하다는 생각이 듭니다. 특히 팬데믹 사태가 발생한 지 얼마 지나지 않아 평소라면 10년이 넘게 걸린다던 백신과 치료제 개발이 빠르게 이루어지는 것을 보고 놀랍고 반가운 마음이 들었습니다. 당시 가장 빠르게 보급이 이루어진 3대 백신 가운데 하나인 아스트라제네카는 효과도 좋았지만 화이자, 모더나 등 다른 백신에 비해 상대적으로 가격이 저렴해서 더 각광을 받기도 했지요.

그런데 아스트라제네카의 보급을 앞두고 급하게 임상시험을 진행한 결과 원래 개발진이 설정한 분량보다 절반만 투여할 때 효과가 더 높다는 뉴스가 보도되었습니다. 안 그래도 가격이 싼 아스트라제네카의 경쟁력이 더 오르겠다 싶고, 개발진도 몰랐던 걸 임상시험 과정에서 밝혀낸 저 연구원은 회사 측으로부터 엄청난 보너스를 받겠다고 생각하며 좀 더 자세한 뉴스를 찾아보니, 엉뚱한 사실을 알게 되었습니다.

절반을 투여하는 게 더 효과가 높다는 걸 밝혀낸 임상연구원은 어떤 이론적 배경이나 논리를 가지고 실험한 게 아니었습니다. 단순히 실수로 원래 투여해야 할 용량의 절반만 주사한 것이었지요. 이걸 뒤늦게 알게 되었고, 일단 실험 투여가 다 끝나버렸으니 실수를 되돌릴 방법이 없어 전전긍긍하는데 오히려 항체 생성 효과가 더 크다는 사실을 발견한 것이었습니다.

사실 전 세계가 백신 개발에 주목하고 있는 상황에서 자신의 실수로 중요한 임상시험을 망쳤다면 직을 내려놓는 것은 물론 엄청난 손해배상 책임을 질 수도 있었을 겁니다. 하지만 반대로 회사의 백신 생산량을 두 배로 늘려주면서 효과는 더욱 높이는 엄청난 공을 세운 것입니다. 말 그대로 '행운'이었지요.

이런 일은 의외로 주변에서 꽤 자주 만나게 됩니다. 어떤 성공 스토리에도 크든 작든 행운이라는 요소는 있기 마련인데요. 때로는 그 비중이 생각보다 훨씬 클 때도 있습니다. 오죽하면 '운칠기삼', 즉 성공의 조건에서 노력이 갖는 기여도는 겨우 30퍼센트 정도밖에 안 되고 70퍼센트는 결국 운에 달린 문제라는 말이 있을까요. 게다가 이런 행운은 성공이 거대할수록 더 많은 비중을 차지하는 것처럼 보이기도 합니다. 그처럼 행운이 따른 커다란 성공으로 페니실린(penicillin)의 발견을 들 수 있는데요. 이 사건은 인류가 전염병에 최초의 반격을 가했던 역사적 전환점이기도 했습니다.

푸른곰팡이에 실려온 기적

20세기의 초입이었던 1928년 여름, 영국의 생물학자 알렉산더 플레밍(Alexander Fleming)은 포도상구균에 관한 연구를 하고 있었습니다. 하지만 연구에 별다른 진척이 없자 짜증이 난 플레밍은 머리를 식히려고 여름 휴가를 다녀오기로 합니다. 휴가를 마치고 9월이 되어 다시 연구실로 돌아온 플레밍은 서둘러 휴가를 떠나느라 제대로 갈무리하지 않고 실험실 테이블 위에 늘어놓았던 포도상구균 배양접시들을 발견하죠. 그중 한 배양접시에서는 곰팡이까지 자라나고 있어 아까운 샘플들을 다 버리게 되었다고 입맛을 쩍쩍 다시던 중 문제의 곰팡이 접시에서 특이한 현상을 발견했습니다.

곰팡이가 자란 배양접시에서는 곰팡이와 균 샘플이 닿는 지점에서 포도상구균들이 녹아 마치 이슬방울처럼 되어 있었습니다. 플레밍은 곰팡이에서 어떤 물질이 나와서 균체를 파괴하고 있다는 것을 깨닫고 이것이 곧 세균을 파괴하는 '항생제'가 될 수 있지 않을까 하는 아이디어를 떠올렸습니다.

그렇다면 과연 이 곰팡이는 도대체 어디서 온 것일까요? 곰곰이 생각해보던 플레밍은 자신의 연구실은 2층에 있는데 1층에 있는 다른 연구실에서 천식을 일으키는 곰팡이로 백신을 만들기 위해 곰팡이균을 수집하고 있었다는 것을 떠올렸습니다. 즉 그 곰팡이들 중 하나가 우연히 바람을 타고 2층 창문으로 들어와 창가의 테이블 위에 올라앉은 것입니다. 1층으로 쿵쾅거리며 뛰어 내려간 플레밍은 1층 찰스 라투슈(Charles Latouche)의 실험실 연구자들에게 물어본 결과 이 곰팡이가 '페니실륨 노타툼'이라는 걸 알게 되었습니다. '기적의 약'이라고 불리는 페니실린이 태어난 순간이었지요.

더욱 놀라운 것은 나중에 다른 연구자들이 여러 곰팡이로 실험해본 결과 이런 항생 효과를 가진 곰팡이는 오직 페니실륨 노타툼뿐이었다는 점이었습니다. 페니실륨 노타툼과 같은 푸른색 곰팡이만 해도 650종이나 되는데 하필이면 이 곰팡이가 1층의 연구실에 있었다는 것은 대단한 우연이었지요.

플레밍의 행운은 여기에 그치지 않았습니다. 일반적인 소독제는 세균보다 백혈구를 더 많이 죽여서 오히려 인체에 해가 되기 때문에 사용이 제한적이었는데, 페니실린은 백혈구에 아무런 영향을 미치지 않아 인체에 독성이 없었습니다. 심지어 600배로 희석해도 여전히 효과가 크다는 점에서 '기적'이라는 표현이 부족하지 않은 약이었습니다.

그런데 후속 연구자들의 실험에 따르면 푸른곰팡이는 온도에 민감해서 20도 정도에서 잘 자라고, 포도상구균은 35도 정도의 더운 날씨에서 잘 자라기 때문에 실제로 푸른곰팡이가 포도상구균을 죽이는 장면을 재현하기는 매우 어렵다고 합니다. 그렇다면 어떻게 플레밍은 이런 발견을 할 수 있었을까요?

후대의 연구에 따르면 이즈음 런던은 한여름임에도 이상저온이 9일간 계속되었다는 것이 확인되었습니다. 즉 푸른곰팡이가 창문으로 들어온 시점에 20도 내외의 환경이 조성되어 쉽게 성장할 수 있었고, 플레밍이 휴가에서 돌아올 즈음에는 평년 기온을 회복하면서 다시 35도 전후의 푹푹 찌는 날씨가 되어 포도상구균이 잘 자랐던 것입니다. 그래서 포도상구균과 푸른곰팡이의 대비를 극명하게 확인할 수 있었지요. 정말 일부러 만들기도 어려운 우연과 행운의 연속이라고 하지 않을 수 없습니다.

하지만 진짜 기가 막힌 점은 플레밍이 '발견'했다고 생각한 결과는 실제로는 현상을 잘못 해석한 '실수'라는 것입니다. 플레밍은 곰팡이에서 나온 페니실린이 세균을 죽였다고 생각했는데 사실 페니실린은 이미 자란 세균을 죽이는 역할을 하는 것이 아니라 세균의 세포벽 합성을 방해하기 때문에 세균의 생장을 억제하는 효과를 가지고 있을 뿐입니다.

앞서 제가 이상저온 현상으로 푸른곰팡이가 먼저 자라고 이후 온도가 올라가 나중에 포도상구균이 자랐다고 말씀드렸죠? 즉 플레밍은 이미 푸른곰팡이가 자리를 차지하고 있는 곳을 포도상구균이 밀어내지 못하고 경계선을 이루고 있는 것을 반대로 해석해서 샘플 접시에 넓게 퍼진 포도상구균 위에 푸른곰팡이가 내려앉아 세균을 먹어치운 것으로 이해한 겁니다. 그래서 다른 학자들이 플레밍의 발견을 재현하려고 여러 차례 실험해봤지만 모두 실패하기도 했습니다. 이렇게 보면 플레밍은 보통 사람은 한번 마주치기도 어려운 우연이 몇 차례나 한꺼번에 겹쳐 엄청난 발견의 주인공이 된 '억세게 운 좋은 사나이'라고 할 수 있습니다.

기적은 결국 행운이 아니다

그러나 과연 플레밍의 발견이 순전한 우연만의 산물이라고 할 수 있을까요? 어떤 기적도 우연만의 산물일 수는 없으며 수많은 필연의 고리에 둘러싸여 등장하는 게 아닐까요? 단지 우리의 눈에 크게 보이는 게 행운의 순간인 것이죠. 앞서 페니실린의 발견에서 주목해야 할 점은 도대체 페니실린이 무엇이고 왜 중요했는가, 왜 하필 1928년의 그 순간이었는가 하는 점입니다.

인류의 역사는 전염병과의 끊임없는 싸움의 연속이었다고 해도 과언이 아닐 것입니다. 로마 제국의 멸망을 앞당긴 것은 아우렐리우스 황제 때 매일 2,000명 이상의 사망자를 냈던 두창의 창궐이었습니다. 유럽 전체 인구의 4분의 1이 사망한, 믿을 수 없는 엄청난 희생을 발생시켰던 페스트는 중세의 몰락과 르네상스의 시발점이 되기도 했습니다. 하지만 20세기에 이르기까지 인류는 전염병과 제대로 싸울 무기를 손에 넣지 못한 상황이었습니다. 환자의 격리와 요양이 거의 유일한 대안이었죠. 그래서 장미 가시에만 잘못 찔려도 감염을 통제하지 못해 죽음에 이르는 어이없는 일이 일상적으로 일어나고 있었습니다.

이런 상황에서 '열병기'로 불리는 화약 무기, 특히 소총과 기관총이 전쟁의 전면에 등장한 제1차 세계대전은 인류 역사상 최악의 지옥도를 펼쳐냈습니다. 당시 기마대의 돌격을 통한 전선 돌파가 사실상 불가능한 상황에서 참호를 파고 기나긴 대치를 이어가는 참호전이 이어졌는데요. 부상당한 병사들의 상처는 걷잡을 수 없이 썩어들었고 감염을 막을 항생제가 없었기 때문에 의사들이 택할 수 있는 유일한 대안은 절단이었습니다. 손가락에 상처를 입으면 손목을 자르고, 손목에 상처를 입으면 팔을 통으로 잘라내는 식이었지요. 그래서 팔다리가 잘린 상이군인은 제1차 세계대전의 상징처럼 되어버렸습니다. 그렇다 보니 제1차 세계대전이 끝난 1928년에는 수많은 의학자가 눈에 불을 켜고 항생제의 가능성이 있는 물질들을 찾았습니다.

게다가 플레밍이 잘못 해석했다고 한 장면도 사실 다른 연구자가 봤다면 그냥 지나칠 수 있는 장면이었습니다. 플레밍이 이 배양

접시에 주목할 수 있었던 것은 몇 년 전인 1922년에 이미 그가 비슷한 장면을 목격했기 때문이었습니다. 당시에도 플레밍은 균체를 배양하는 연구를 하고 있었는데 배양접시들을 들여다보던 중 실수로 자신의 콧물이 균체에 떨어졌습니다. 하지만 실수를 깨닫지 못하고 있다가 나중에 배양 접시의 한쪽 구석은 균들이 자라지 않고 반투명체로 빛나는 것을 발견했지요.

왜 이런 결과가 나왔을지 곰곰이 생각하던 플레밍은 자신의 콧물에서 나온 어떤 물질이 균체를 분해했을 것이라는 결론에 이르렀습니다. 이것이 바로 효소의 한 종류인 리소자임으로 리소자임이야말로 세균의 세포벽을 분해시켜 세포를 깨뜨리는 효과를 가지고 있었습니다. 하지만 연구를 계속한 결과 항생 효과가 있기는 하지만 효과가 낮은 편이라서 약으로 쓸 수 없다고 판단하고 연구를 중단했습니다.

이제 왜 플레밍이 포도상구균에 피어난 푸른곰팡이를 보자마자 '포도상구균을 깨뜨리는 곰팡이'라는 결론으로 직행했는지 이해되시나요? 그는 오랜 시간 리소자임을 연구한 경험 때문에 같은 현상이 또 생겼다고 직관적으로 이해한 것입니다.

사실 플레밍이 저런 극적인 행운을 통해 발견한 페니실린은 상온에서 10~14일이 지나면 효능이 사라지고 열에도 약하다는 불안정한 성질을 가지고 있어 정제하지 않으면 약으로 상용화되기가 어려웠습니다. 이 부분에서 막힌 플레밍은 1940년에 결국 페니실린 연구를 완전히 포기했지요. 하지만 여기서도 역사적인 필연이 작동합니다. 바로 1939년 제2차 세계대전이 발발한 것입니다. 다시 한번 거대한 전쟁이 터지자 항생제의 수요는 폭발했고, 이 연구에 착수한 옥스퍼드대학교의 하워드 플로리(Howard Florey) 박사와 언스트 체인(Ernst Chain) 박사는 논문을 검색하던 중 10년 전에 발표된 플레밍의 논문을 읽고 페니실린 정제 연구에 매진했습니다.

당시 독일과의 전쟁에서 열세에 몰려 있던 영국은 연구 진행이 쉽지 않았지만 미국 록펠러 재단의 지원으로 연구에 착수할 수 있었습니다. 그리고 1941년 진주만 폭격을 당한 미국이 참전을 선언하자 플로리와 체인은 미국으로 건너갔지요. 이들은 정부 차원에서의 대량생산 계획을 수립하고 메이저 화학회사들을 모두 끌어들여 마침내 기적의 약인 페니실린을 생산하는 데 성공했습니다.

즉 거대한 전쟁으로 항생제의 수요는 필연적이었기에 오히려 그런 거대한 전쟁이 두 차례나 필요했다는 것, 플레밍의 최초 발견으로부터 실제 생산까지 수십 년의 시간이 더 필요했다는 것은 관점에 따라서는 운이 없었다고 볼 수도 있는 부분입니다. 어쩌면 페니실린은 더 일찍 개발되었을지도 모릅니다. 하지만 온갖 불운과 조건의 부재들로 기회가 사라져버린 건 아니었을까요?

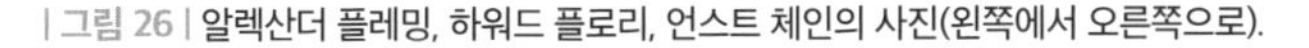
| 그림 26 | 알렉산더 플레밍, 하워드 플로리, 언스트 체인의 사진(왼쪽에서 오른쪽으로).

씁쓸한 우연 그리고 우리 손안의 필연

사실 어찌 보면 플레밍은 좀 불운한 사람일지도 모릅니다. 그가 1922년에 발견했던 리소자임은 직접적으로 항균 작용을 할 가능성이 큰 물질로, 좀 더 나은 연구시설과 연구원들이 있었다면, 아니 동료들과 활발하게 소통할 수 있는 능력만 있었더라도 연구가 크게 진전됐을 겁니다. 하지만 안타깝게도 플레밍은 내성적이고 말투가 어눌해서 다른 사람과의 대화에 대단히 서툴렀다고 합니다. 그와 함께 연구했던 스튜어트 크래독(Stuart Craddock)이라는 연구원은 후에 "당시 우리를 가로막고 있는 장애물이 하나밖에 남지 않았다는 사실을 몰랐다"라며 안타까워하기도 했습니다. 현재 리소자임은 감기약, 지혈제, 최근엔 화장품의 원료 중 하나로 널리 활용되고 있습니다.

이에 비해 페니실린 정제 연구 팀을 이끌고 있던 플로리 박사는 대단히 열정적이고 리더십도 강해서 록펠러 재단의 지원을 끌어내거나 페니실린 대량생산 과정에서 북미 지역의 화학회사들을 직접 만나 설득하는 능력을 보여주었습니다. 체인 박사 또한 연구 능력이 탁월해서 플레밍이 발견한 페니실륨 노타툼으로는 양산이 어렵다고 판단하고 연구를 거듭한 끝에 썩은 멜론에서 발견한 페니실륨 크리소게눔으로 양산에 성공했습니다. 이것이 현재도 전 세계 대부분의 페니실린 생산 균주 역할을 하고 있다고 합니다.

이렇게 보면 플레밍은 발견한 현상을 잘못 해석했고, 그 연구를 발전시키지도 못했으며, 심지어 최종적으로 페니실린 양산에 성공한 균주는 자신이 발견한 게 아니었습니다. 그래서 현재 학계에서는 페니실린의 개발에 플레밍의 역할을 그리 크게 인정하지 않는다고 합니다. 하지만 플레밍은 플로리와 체인이 페니실린 정제 연구에 성공하자 그 연구 성과에 마치 자신의 연구 팀이 크게 기여한 것처럼 발표했습니다. 플로리는 여기에 공식적으로 반박하려 했지만 당시 과학계와 언론에서 이런 논란을 원치 않았고 그의 소속 대학인 옥스퍼드도 침묵으로 일관했습니다. 어째서 이런 일이 벌어졌을까요? 여기에는 플레밍의 마지막 행운 그리고 상황적 필연이 있었습니다.

페니실린 정제 연구가 가속화된 것은 제2차 세계대전 중이었고 전쟁 기간 내내 영국은 계속 밀리면서 본토조차 폭격으로 쑥대밭이 되어가던 중이었습니다. 영국에는 승리의 희망, 자존심의 회복을 위한 영웅이 필요했는데 알렉산더 플레밍이 바로 영국인이었던 것입니다.

이에 비하면 플로리 박사는 한 다리 건너 영연방 국가인 호주 출신이었고, 체인 박사는 적국인 독일계 유대인이었습니다. 또한 열린 창문, 1층에서 날아든 곰팡이 포자 같은 대중의 흥미를 끌 만한 스토리도 없었지요. 심지어 플로리와 체인이 최종적으로 양산을 성공시킨 것은 미국의 록펠러 재단의 돈으로, 미국 화학회사들의 힘으로 이룩한 결과였으니 영국 정부와 언론이 '신화'를 만들어내기 위해서는 반드시 플레밍이 부각되어야 했던 겁니다. 결국 페니실린 발견의 공로로 수여된 1945년 노벨 생리의학상은 플레밍과 플로리, 체인의 공동 수상으로 결정되었습니다.

우리는 늘 누군가의 성공을 바라볼 때 그가 기울인 노력과 희생보다는 행운이라는 요소에 더 주목하는 경향이 있습니다. 마치 뉴턴이 평생에 걸쳐 이뤄낸 엄청난 연구 성과보다는 '나무에서 떨어지는 사과를 보고 갑자기 만유인력을 발견했다'라는 식의 스토리에 끌리듯이 말입니다. 신기하고 재밌는 이야기이기 때문이기도 하지만 '나도 어쩌면…'이라는 기대감을 품게 만들기 때문인지도 모르겠습니다. 하지만 어떤 우연도 필연의 맥락 없이는 아무런 의미를 지닐 수 없습니다.

다시 시계를 되돌려봅시다. 이 글을 읽으면서 혹시 플레밍이 운만 좋고 약삭빠른 사람이라고 느끼셨나요? 하지만 그는 열정 넘치고 성실한 연구자였습니다. 1900년대 초반 플레밍의 시대만 하더라도 의사는 교사보다 처우가 훨씬 안 좋고 가난했습니다. 그래서 연구에 전념하는 의사란 있을 수 없었기 때문에 임상 의사로 생계를 해결하면서 시간을 쪼개어 연구해야 했는데요. 플레밍의 연구 환경이 열악했던 이유가 여기에 있습니다.

그럼에도 불구하고 그는 꾸준히 다양한 연구 작업을 지속했고 덕분에 그냥 지나칠 수 있는 배양접시의 특이점을 '관찰'해낼 수 있었습니다. 그리고 스스로 연구의 벽을 넘지는 못했지만 적어도 샘플을 냉장고에 10년 넘게 꾸준히 보관하면서 배양하는 연구자의 기본을 지키는 성실함을 갖췄고, 샘플을 요청하는 이들에게 얼마든지 나눠 주었기 때문에 후대에 다른 학자들이 관련된 연구를 하는 것도 가능했습니다.

10년 전의 논문을 읽은 플로리와 체인이 손쉽게 샘플을 확보할 수 있었던 것도 같은 옥스퍼드대학교의 연구사 중 한 명이 플레밍으로부터 나눠 받은 푸른곰팡이 샘플을 가지고 있었기 때문입니다. 결국 로또 당첨과 같은 행운의 결과로 만들어진 듯이 보였던 페니실린의 개발은 사실은 플레밍의 관찰력과 과학자로서의 성실함,

체인의 창의력과 활발한 연구 능력, 플로리의 리더십과 소통 능력, 영국의 유서 깊은 학문적 배경, 미국의 화학 제조력이 모두 결합된 결과물이었던 것이죠. 플레밍, 플로리, 체인이 함께 노벨 생리의학상을 받은 해가 제2차 세계대전이 종료된 시점인 1945년이라는 것도 이들의 연구가 단순한 운이 아니라 전쟁이라는 거대한 필연의 맥락에 있었다는 점을 되새기게 합니다.

이 글의 첫머리에서 말씀드린 '운칠기삼'에서 사실 '운'은 칠이든 팔이든 어차피 의미가 없습니다. 운은 말 그대로 나의 의지와 노력으로 어찌할 수 없는 부분이기 때문입니다. 게다가 그 70퍼센트의 우연이 기적처럼 찾아온다 해도 30퍼센트의 준비와 노력이 없다면 그 기회는 아무런 의미 없이 나를 스쳐 지나가겠지요.

필연 없는 우연은 거품처럼 사라지지만, 필연의 맥락 위에 놓인 우연은 필연의 흐름을 바꾸는 힘을 갖습니다. 성공은 그런 우연과 필연의 정교한 조합입니다. 그리고 그중 우리가 할 수 있는 일은 필연의 영역뿐입니다. 그러니 운칠기삼에서 '운칠'보다 중요한 것은 언제나 '기삼'이 아닐까요?

위기를 기회로 만드는 인내의 힘

비밀 요원의 마지막 임무

짧지 않은 삶을 살아가다 보면, 그 과정에서 사람들과 돈과 일에 얽혀 이리저리 부딪히다 보면 아찔한 순간들을 만나는 것은 피할 수 없는 일 같습니다. 바로 '위기'라고 불리는 순간들이죠. 출근 지하철에서 고개를 숙였더니 화장실 슬리퍼를 그대로 끌고 나온 것을 발견한 순간 같은, 시간이 지나고 나면 그저 재밌는 이야깃거리로 남을 수준의 문제일 때도 있지만, 때로는 35톤 덤프트럭이 내 차 바로 뒤에서 급정거하는, 생과 사를 오가는 심각한 문제일 때도 있습니다.

위기라는 단어를 떠올리면 꽤 오래전부터 생각했던 문제 하나가 떠오릅니다. 원래 머릿속에 잡다한 생각이 많고 순발력도 떨어지는 편이라서 혹시 누군가 곤란한 질문을 해오면 어떻게 대답할까 미리 생각해보곤 하는데요. 예를 들어 편의점에서 콜라를 사서 캔 뚜껑을 땄더니 갑자기 램프의 요정 지니가 불쑥 튀어나와 세 가지 소원을 물으면 뭐라고 답해야 하나와 같은 문제 말이에요. 탄산이 빠지면 무효라고 혀를 차며 지니가 도망가버릴지도 모르니 우물쭈물하지 않고 재빨리 대답하려면 미리 고민을 좀 해놔야 하지 않겠습니까?

그런 '절대로 오지 않을 것 같은 위기에 대한 쓸데없는 고민' 중 하나가 '비밀 임무의 문제'입니다. 〈007〉 시리즈나 〈미션 임파서블〉 시리즈 같은 첩보영화를 보면 대개 영화 앞부분에 클리셰처럼 반복되는 장면이 있잖아요. '이 임무에 대해서는 극소수의 사람들만 알고 공식적인 기록으로 남지 않으며 체포될 경우 우린 당신의 존재를 부인할 것이다' 같은 이야기 말이에요. 마치 경찰 영화에서 범인을 붙잡을 때마다 읊어주는 미란다 원칙같이 반복되는 이야기라서, 영화를 많이 보다 보면 그런가 보다 하고 넘어가지만 조금만 깊이 생각해보면 이건 상당히 심각한 말입니다.

대개 이런 말을 하는 경우는 미국의 CIA나 영국의 MI6 같은 대외첩보 업무를 하는 기관들이 많습니다. 단순히 위험한 일이라서가 아니라 그 임무가 외국의 요인 암살이나 시설 파괴 등 불법적이고 때로는 해당국의 주권을 침해할 여지가 있는 '더러운 일'이기 때문에 '우린 모르는 일'이라는 단서를 붙이는 것이지요.

그런데 좀 더 생각해봅시다. 과연 내 존재를 부인할 정도로 이 문제에서 발을 빼려고 하는 사람들이 임무가 끝나고 나서도 나를 지켜주려고 할까요? 원래 대부분 특수 임무는 소수 인원으로 적진의 한가운데에 침투해서 벌이는 일이기 때문에 사건을 벌이는 단계보다는 사건이 벌어진 후가 더 문제입니다. 상대 진영에서 문제가 발생했다는 것을 알고 경계 수준을 크게 높여 본격적으로 봉쇄와 추적을 시작할 테니 말입니다.

그러니 임무 후에 도피하는[작전을 추진하는 기관 입장에서는 요원을 빼내는(extraction)] 단계가 더 복잡하고 힘들 수밖에 없습니다. 넷플릭스에서 2020년에 개봉한 영화 〈익스트랙션〉을 보면 원래 임무인 인질을 구출하는 단계는 허무할 만큼 빠르게 끝나는데요. 대신에 인질을 데리고 작전 지역에서 탈출하는 것이 영화의 대부분을 차지하고 있었습니다.

물론 기관의 입장에서는 요원이 체포될 경우 기밀 유출 등의 우려가 있으므로 어떻게든 탈출을 지원해야겠지만, 체포와 기밀 유출이 문제라면 더 간단한 솔루션이 있지 않나요? 바로 작전이 끝난 후 임무의 성공 여부와 관계없이 요원을 제거하는 것입니다. 죽은 사람은 말이 없으니까요. 본인들이 말한 대로 그 요원이 있다는 사실을 아는 사람도 거의 없고 작전에 대한 기록 자체가 없다면 당사자의 입을 막는 것으로 모든 일이 마무리되겠지요.

1983년 10월 9일 '아웅산 테러 사건'도 바로 그런 사례였습니다. 미얀마를 방문 중이던 전두환 대통령과 수행원들을 폭사시키려고 했던 북한 요원 세 명은 미리 약속된 도주로를 따라 강변으로 나갔는데 탈출을 위해 대기하기로 했던 배가 없었습니다. 어쩔 수 없이 사방으로 흩어져 각자 쫓기던 이들은 미얀마 추격대에게 수류탄을 투척하려고 했지요. 그런데 안전핀을 뽑는 순간 투척까지 4초간의 지연 없이 수류탄이 곧장 폭발해서 모두가 중상을 입었습니다.

이런 일이 한 번이었으면 수류탄이 불량품이었나 할 텐데요. 세

명 중 두 명이 수류탄을 깠는데 둘 다 곧장 폭발해서, 북한 측에서 지급할 때부터 핀을 뽑으면 요원들이 즉사하도록 설정했다고 볼 수밖에 없었습니다. 몇 안 되는 수교국이었던 미얀마의 한가운데서 벌이는 테러라서 자기들의 소행임이 밝혀지기를 원치 않던 북한 당국은 처음부터 이들을 제거할 생각이었던 것입니다.

그러니 누군가, 군대나 첩보 조직의 상관이 '당신의 존재를 부인할 것' 따위의 말을 하면서 어떤 작전을 제안할 경우, 만일 머리가 좀 돌아가는 사람이라면 그 즉시 다섯 개의 가능한 결론이 있다는 걸 떠올릴 수 있습니다.

작전을 위해 침투하다가 사살된다.

작전 중에 적군에 의해 사살된다.

작전 실패 후 적군에 의해 사살된다.

작전 성공 후 도망치다가 사살된다.

도망에 성공했는데 증거 인멸을 위해 아군에 의해 사살된다.

결론이 다섯 개라고 했지만 다 죽음으로 이어지니 사실상 선택지가 없는 것이나 마찬가지입니다. 그럼 애초에 작전을 받아들이지 않으면 되지 않을까요? 하지만 이미 극비 작전을 누설한 상관이 명령에 불복종하는, 게다가 극비 사실을 알게 된 부하 대원을 살려 둘까요? 작전 도중에 다른 행동을 취하려고 해도 제대로 된 기관이라면 이런 문제를 예상하고 도주나 자수를 막기 위해 팀원 간 감시 혹은 별도의 감시 팀을 붙여 이중, 삼중으로 작전을 체크할 것입니다. 그러니 상관이 입을 열어 "자네에게 맡기고 싶은 임무가 있네"

라고 서두를 떼는 순간 곧바로 나의 죽음이 확정되는 사태라고 볼 수 있습니다. 이런 '불가능한 선택'이 강요되는 위기의 순간이 온다면 나는 어떤 선택을 해야 할까요?

도요토미 히데요시의 생존 전략

하지만 흔히 하는 말처럼 '위기는 곧 기회'이기도 합니다. 일단 단단하게 구성된 기존의 질서 혹은 기득권의 체계 속에서 상대적으로 약자였던 사람이 큰 성공을 꿈꾸는 건 쉽지 않은 일입니다. 전쟁과 같은 대격변 속에서 오히려 큰 부자, 대기업의 스토리가 시작되는 이유도 여기에 있습니다. 기득권의 견고한 벽이 크게 흔들리는 그 틈을 잘 노릴 수만 있다면 불가능할 것 같던 거대한 성공도 현실이 될 수 있습니다.

이를 가장 잘 보여주는 인물이 일본 전역을 최초로 통일해서 '천하인'이라는 이름을 얻었던 도요토미 히데요시입니다. 그는 '한미한 출신'이라는 표현조차 과하게 느껴질 만큼 가난한 집안의 밑바닥 출신입니다. 출신이 부족하면 학문이 높든가, 배움이 부족하면 창칼을 잘 쓰고 건장한 체격이라도 갖추든가, 이도 저도 아니라면 호감을 줄 만한 외모라도 되어야 할 텐데요. 하지만 도요토미 히데요시, 어릴 적 이름으로 키노시타는 꾀죄죄한 외모에 허약한 체력으로 '원숭이'라는 별명으로 불릴 만큼 볼품없는 사내였습니다.

그래서 그의 성공과 관련해 가장 흔하게 언급되는 일화가 '신발품기'입니다. 바늘 장수로 이곳저곳을 떠돌던 키노시타는 세간의 소식에 밝고 눈치가 빨랐는데요. 당시 일본 전역을 제패할 꿈을 꾸고 있던 오다 노부나가가 심부름꾼으로 그를 수하에 들였습니다.

어느 추운 겨울날 외출을 하려고 마루에 나오니 마당 끝에 쭈그려 앉아 있던 키노시타가 쪼르르 달려와 품 안에서 노부나가의 신발을 꺼냈습니다. 의아해진 노부나가가 왜 그러고 있었냐고 물었더니 키노시타는 신발이 차가울까 봐 자신의 몸으로 덥히고 있었다고 답했습니다. 이 일을 계기로 노부나가는 키노시타를 총애했고, 결국 그는 관직에까지 오르게 되었다고 합니다.

이 일화는 그가 충성스럽고 머리 회전이 빨라 성공했다고 해석할 수도 있지만, 단순히 아부에 능해서 성공했다는 메시지로 읽히기도 합니다. 그리고 일본 전체가 약 100년간 전란에 뒤덮였던 전국시대에 겨우 그런 얕은꾀와 아부로 최고의 자리에 올랐다는 건 말도 안 되는 이야기지요. 히데요시는 노부나가 수하의 수많은 맹장과 명문가 후예들과 치열하게 경쟁하며 힘겹게 한 계단씩 올라갔습니다. 하지만 어느 순간 도저히 올라갈 수 없는 기존 세력의 벽에 부딪혀 씁쓸하게 포기를 생각할 무렵, 결정적인 사건이 벌어졌습니다.

때는 1570년, 한창 '천하포무'라는 기치를 내세우고 욱일승천의 기세로 영토를 넓혀가던 오다 노부나가는 좀 더 빨리 일본 전역을 통치하는 자리에 오르려는 조급함에 상징적인 지도자였던 천황이 있는 교토로 상경해 자리를 잡았습니다. 그리고 교토가 안정될 기미를 보이자 숙적이었던 아사쿠라를 정벌하기 위해 가네가사키 성으로 진군했지요. 사실 교토조차도 자신의 본래 근거지가 아니었고 가네가사키 성으로 가면 후방이 불안해지는 상황이었지만, 후방 지역을 차지하고 있던 아자이 나가마사가 처남이었기 때문에 마음 놓고 정벌에 나섰던 것이었습니다.

그러나 믿는 도끼에 발등 찍힌다고, 철석같이 믿었던 처남은 바로 지금이 무적을 자랑하던 매형을 꺾을 기회라고 생각해 전군을 휘몰아 오다의 후방으로 쳐들어왔습니다. 앞뒤로 대군을 맞이한 오다의 군대는 포위섬멸을 당하지 않으려면 무조건 철수를 서두를 수밖에 없었습니다.

하지만 원래 군사적으로 공략전보다 더 힘든 것이 후퇴전입니다. 패배의 공포에 짓눌린 아군을 질서정연하게 퇴각시키기도 어렵지만, 승세를 타고 벌떼처럼 달려드는 추격군을 막기는 더욱 어렵기 때문입니다. 더구나 아자이 나가마사의 배반은 아사쿠라 군대와 미리 약속된 것이어서 아사쿠라 군대가 오다 군대의 후방을 잡아 전멸시키려고 노도처럼 밀려 들어왔습니다. 그 속도를 늦추려면 후위방어군을 배치할 수밖에 없었지요.

그런데 이게 말이 좋아 후위방어군이지, 사실상 '자살 부대'나 다를 것이 없었습니다. 일단 주력군을 보호하기 위해 하는 퇴각이기에 후위군에 많은 인원이나 정예군을 배치할 수도 없었지요. 이런 잉여 부대로 전국시대 최고 정예군 중 하나인 아사쿠라 군대를 막아 전군 퇴각에 필요한 날짜를 번다는 것부터가 꿈같은 얘기였습니다. 게다가 싸우다 후퇴, 싸우다 후퇴를 거듭하면서 축차적으로 전력이 소모되는 부대의 말로는 전멸뿐이었지요. 만에 하나 기적적으로 시간을 벌어 주력군이 모두 퇴각에 성공한 후 후위 잔존 부대가 본격적으로 퇴각을 시도한다고 해도, 이때쯤엔 반대편 길목을 아자이 군대가 막고 있을 것이기 때문에 빠져나갈 방법은 거의 없었습니다.

그러니 후퇴를 위한 작전을 논의하는 오다 군대의 긴급작전회의 자리에 늘어선 무장들은 무거운 침묵을 지킬 수밖에 없었습니다. 도대체 누가 이 자살 임무를 맡을 것인가? 모두가 전전긍긍하며 오다 노부나가의 입술만 쳐다보던 순간, 뜻밖에도 무장 중 하나였던 키노시타가 번쩍 손을 들고 후위방어를 자원하고 나섰습니다. 도대체 왜 키노시타는 이 위험한 작전에 자원한 걸까요?

몇 가지 이유를 추측해볼 수 있습니다. 첫째, 어찌 되었든 오다군이 전멸하지 않으려면 누군가는 맡을 수밖에 없는 임무였습니다. 둘째, 아주 낮은 신분에서 현재의 위치까지 어렵게 올라온 그에게 이 도전은 대단히 위험하지만 만에 하나 성공한다면 크게 올라설 기회였습니다. 셋째, 아마도 가장 큰 이유일 텐데요. 현실적으로 결국 자신이 선택될 가능성이 가장 컸습니다.

앞서 말한 것처럼 후위방어 부대는 버리는 패에 가깝습니다. 중요한 무장들과 대부분 전력은 노부나가와 함께 후퇴할 것이고, 임무를 수행할 수 있는 무장 가운데 가장 버려도 아깝지 않은, 인맥도 지연도 혈연도 없는 인물이 선택될 가능성이 컸는데 그게 바로 자신이었기 때문입니다. 어차피 맡을 임무라면 노부나가가 어렵게 지명해서 억지로 떠맡는 모양새가 되기보다는 스스로 용감하게 자원하는 편이 노부나가의 체면을 위해서도, 자신을 위해서도 낫다고 생각하지 않았을까요?

하지만 그렇다고 해도 죽음이 뻔히 예상되는 임무를 자원한다는 것은 어지간한 배짱이 아니면 불가능한 일입니다. 그러고 보면 키노시타는 분명히 적지 않은 그릇을 가지고 있는 인물이었습니다. 그런데 '위기는 기회'라고 생각한 무장이 키노시타 혼자는 아니었는지, 두 명의 무장이 더 나섭니다. 이 퇴각전 이후 노부나가의 오

| 그림 27 | 도요토미 히데요시, 오다 노부나가, 도쿠가와 이에야스의 초상화(왼쪽에서 오른쪽으로).

른팔로 급부상한 후 끝내 노부나가를 죽이게 되는 아케치 미츠히데 그리고 히데요시의 뒤를 이어 에도 시대를 열며 진정한 전국시대의 통일을 이루어낸 도쿠가와 이에야스였습니다. 결국 이 세 명은 '가네가사키 퇴각전'을 통해 당대 최고의 장수로 급부상하는 도박에 성공했지요.

중요한 건 이 도박에서 키노시타가 보인 태도입니다. 그는 일단 던져진 주사위이니 그저 어떤 패가 나오는지 지켜보려고 했을까요? 제2차 세계대전에서 일본군 최대의 바보짓으로 일컬어지는 반자이 돌격과 가미가제처럼 "죽음으로 주군에게 보답하자!"라고 외쳤을까요? 혼란한 와중에 정확히 그가 무슨 말로 어떻게 지휘했는지 기록이 남진 않았지만, 이후 그의 전투 양상을 보면 그런 태도는 아니었던 것 같습니다. 가네가사키 퇴각전의 전체적인 양상은 주력군이 퇴각할 시간을 번다는 1차적인 목표 외에 어떻게 해서든 그들도 살아남고자 하는 몸부림으로 가득 차 있었습니다.

키노시타는 자신에게 배치된 최소 인원인 1,000명과 함께 텅 빈 가네가사키 성에 아직 사람이 있는 것처럼 기치를 세우고 북을 치고 웅성거리며 며칠을 버텼습니다. 주저하던 아사쿠라 군대가 뒤늦게 오다군이 이미 철수를 시작했음을 알고 성을 공격해오자, 키노시타는 미련하게 버티지 않고 좁은 길을 찾아 퇴각했습니다. 그러면서 목책을 띄엄띄엄 배치해 1선, 2선, 3선, 4선으로 악착같이 조금씩 후퇴했습니다.

그냥 후퇴하면 아사쿠라군이 마음 놓고 추격할 테니 때로는 아케치의 철포 부대로 집중 사격해서 주춤거리게 하고, 때로는 특공대를 조직해서 갑자기 아사쿠라군의 옆구리를 쳤다가 돌아오기를 반복하며 한 걸음, 두 걸음 후퇴했습니다. 그 결과 많은 희생을 치렀지만 세 장수를 비롯한 소수의 인원은 아득한 꿈처럼 보이던 교토까지 무사히 귀환할 수 있었습니다.

키노시타에게 이 전투는 '어떻게 죽을 것인가'의 문제가 아니라 '어떻게 살아남을 것인가'의 문제였습니다. 그는 결국 생존에 성공해 위기를 기회로 바꿨고, 최초로 일본 전역을 통일한 '천하인'으로 역사에 남을 수 있었습니다.

유비가 제후의 자리를 세 번 거절한 이유

이렇게 한판의 도박을 통해 큰 판돈을 딸 수 있는 위기는 오히려 사람을 흥분하게 만드는 멋진 순간이기도 합니다. 진짜로 심각한 위기는 오히려 '아무 일도 벌어지지 않는 때'가 아닐까 싶은데요. 아무리 열심히 공부해도 성적이 오르지 않을 때, 아무리 투자해도 성과가 나오지 않을 때, 아무리 발바닥이 닳도록 영업을 뛰고 사람을 만나도 실적은 제자리걸음을 반복할 때 말입니다. 머리로는 좀 더 시간이 필요할지 모른다고, 노력은 배신하지 않는다고, 나는 충분히 능력이 있다고 주문을 외우면서도 점점 불안과 의심이 마음 한 구석을 검게 물들이는 것을 여러분도 경험해봤을 겁니다.

요즘 우연히 코원에서 예전에 출시한 패드를 하나 얻게 되어 거기에 깔려 있던 '젬 브레이커'라는 게임을 즐겨 하고 있습니다. 같은 색깔의 구슬 두 개 이상이 연이어 있으면 클릭해서 깨는 단순한 퍼즐인데요. 세로로 한 줄을 다 없애면 새롭게 한 줄이 생기는 방식입니다. 그러니 무턱대고 깼다가 한 줄을 다 없애지 못해 구슬이 몇 개 남으면 점점 칸이 밀려서 금방 게임 오버가 됩니다.

그러니 구슬을 깰 때 이걸 깨면 다음번에 남은 구슬이 어떤 모양이 되는지, 그다음엔 뭘 없애야 세로줄을 다 없앨 수 있는지 네 수, 다섯 수 앞을 예측하고 계산하면서 깨야 합니다. 이게 꽤 귀찮고 모든 변수를 다 예측하기도 어려워서 '이러면 안 되는데…' 하면서도 답답하고 짜증 나면 그저 눈에 보이는 대로 구슬을 깼다가 망하기를 거듭하고 있습니다.

세상일도 그런 것 같습니다. 어떤 일에서 성공하려면 분명히 객관적으로 투입해야 하는 노력과 시간이 있고 거쳐야 할 절차와 단계가 있습니다. 그걸 하나하나, 자신에 대한 믿음을 잃지 않고 해나가는 것은 정말 쉬운 일이 아닙니다. 뚜렷한 성과도 없고 도착지가 명확히 보이지도 않는 상황에서 자신에 대한 믿음을 잃지 않고 시간을 견디는 것, 그것이야말로 가장 길고 힘든 위기입니다.

이런 차원에서 보면 삼국지의 유비는 정말 대단한 인물입니다. 유비는 공식 석상에서는 한나라 중산정왕의 후손이 어쩌고 하면서 황실의 친척이라고 추켜세워지지만, 사실 중산정왕이 워낙 후손이 많고 성도 한나라를 세운 유방과 같은 유 씨일 뿐 실제 친척인지 아닌지는 알 수 없습니다. 더 중요한 것은 혈연관계야 어찌 되었든 현실적으로는 유비가 홀어머니를 모시고 살면서 친척 외삼촌의 후원이 아니었으면 입에 풀칠하기도 어려운 '시장 바닥에서 돗자리 팔던' 인물이라는 점입니다. 그의 의형제인 관우는 살인을 저지르고 관부에 쫓기던 수배자였고, 장비는 푸줏간 주인이었으니 삼국지에 등장하는 여러 제후 가운데서도 가장 밑바닥에서 시작한 셈이지요.

그런 유비가 처음으로 기회를 잡은 것도 '황건적의 난'이라는 국가적 위기의 순간이었습니다. 의병을 일으켜 공을 세운 것을 계기로 유비도 조금씩 이름을 높이고 있었지만, 작은 고을의 현령을 전전하다가 문득 고개를 들고 보니 이미 30대의 중년이었습니다. 평균 수명이 짧았던 시대라 지금으로 보면 40~50대의 늦은 나이였죠. 그런데 아직 세 형제 모두 장가도 못 갈 만큼 기반이 없었습니다. 이즈음 같이 황건적 토벌, 동탁 정벌군에 나섰던 원소, 원술, 조조, 공손찬, 손견은 모두 한 나라를 차지하고 천하를 호령하고 있었습니다. 하지만 유비는 요즘 유행하는 말로 '이생망', 이번 생은 망한 건가 싶을 정도로 긴 바닥 생활을 전전했지요.

그러던 어느 날 서주 태수였던 도겸이 조조의 공격을 받고 유비에게 구원을 요청했습니다. 유비는 곧장 수하의 군사들을 모두 끌어모아 도겸을 돕기 위해 출격했지요. 사실 이 선택부터가 모험이긴 했습니다. 관우, 장비라는 맹장이 있긴 하지만 불과 몇천 명밖에 안 되는 병력으로 10배가 넘는 조조군에 맞서기는 쉽지 않은 일이기 때문입니다.

그래서 유비군이 도착하자마자 문약했던 도겸은 서주 땅을 유비에게 넘기려고 했지만 유비는 일단 조조를 물리치고 보자며 거절합니다. 처절한 결전을 앞둔 순간, 유비에게 운이 따르려는지 군대가 없는 틈을 타 조조의 본거지인 연주를 여포가 공격하자 조조는 서주 공략을 포기하고 연주를 지키기 위해 병사를 돌려 후퇴했습니다. 조조가 퇴각했다는 소식을 듣자 도겸은 크게 잔치를 벌이고 다시 유비에게 서주를 받아달라고 부탁합니다. 그러나 유비는 주인 있는 땅을 차지할 수 없다며 거절하고, 서주의 신하들이 다시 사양하지 말라고 재촉하자 뜬금없이 정 그렇다면 서주를 원술에게 주면 어떻겠냐고 말했지요. 결국 수 차례 거절한 끝에 유비는 서주를 받지 않고 다시 조조가 쳐들어올 때를 대비해 근처의 소패라는 작은 성에 머물기로 합니다.

이후 시간이 흘러 도겸이 깊은 병이 들자 다시 한번 유비를 불러 서주를 맡아달라고 부탁했습니다. 유비는 이번엔 도겸의 아들들에게 물려주면 어떻겠냐고 말합니다. 하지만 도겸은 두 아들이 재주가 모자라니 절대로 서주를 맡길 수 없다고 말하고 마지막 유언이라며 서주를 받아달라고 했지만 유비는 끝내 거절했지요.

결국 도겸이 죽자 서주의 신하들은 장례를 치르고 난 후 유비를 찾아가 서주의 패인을 바칩니다. 하지만 이런 상황에 이르러서도 유비는 패인의 인수를 거부했고, 이 소식을 들은 서주의 백성들이 떼를 지어 와서 유비의 거처 앞에서 제발 서주의 주인이 되어달라고 반나절 넘게 울며 외치고 난 저녁 무렵에야 어렵게 서주의 패인을 받아들였습니다.

1차적으로 보면 유비가 참 덕이 높고 경우가 바른 사람이구나 싶지만, 하나하나 뜯어보면 이 복잡하고 지루한 거절의 반복은 유비가 서주를 얻기 위해 꼭 필요한 절차들이었습니다. 원소, 조조, 손견, 원술은 원래 그 땅이 자신의 본거지요, 자신을 따르는 관료와 군사들의 숫자가 압도적이기 때문에 각 지역의 패자가 되는 데 아무런 문제가 없었습니다. 하지만 유비는 어땠을까요? 그는 서주 출신도 아니고 엄청난 공을 세웠거나 가문의 후광이 있는 것도 아니며, 조정으로부터 받은 정식 관작은 현령에 불과했습니다. 게다가 군사는 당대의 웬만한 산적 떼보다 낫다고 할 수 없는 수천 명뿐이었지요. 정치와 행정을 장악할 관료들도 없는 상태였습니다.

이 상황에서 첫 번째 제안과 거절, 그러니까 유비가 조조에 대적하기 위해 군사를 몰고 서주 성에 들어섰을 때 도겸이 넘긴 패인을 냉큼 받았다면 전후 사정이 어찌 되었든 군사력으로 성을 빼앗은 모양새가 되었을 겁니다. 실은 도겸이 패인을 넘긴 것도, 자신은 이 난세를 버틸 수 없으니 어차피 누군가에게 넘어갈 서주의 태수 자리를 빨리 넘기자는 심사도 있었을 겁니다.

바로 이 부분에서 유비의 두 번째 거절이 나옵니다. 즉 강자에게 붙어서 생존을 도모하겠다는 심정이라면 내가 아니라 차라리 원술에게 주는 편이 낫지 않겠는가 하는 말이죠. 아마도 서주 내부에서 공공연히 오가던 말이었을 가능성이 큽니다. 즉 그 말을 자신의 입으로 얘기해서 도겸이 스스로 거절하도록 만들어 만일의 가능성을 차단해둘 필요가 있었던 것입니다.

세 번째 거절은 조조의 위협이 누그러져서 서주가 안정을 찾아가던 시기에 나왔습니다. 도겸의 병세가 위중하기는 했지만 이제 서주가 예전처럼 원활하게 돌아가고 있으니 도겸 사후에 그의 아들이 대를 이어야 하는 것이 아닌가 하는 논의가 분명히 나왔을 것입니다. 그러니 이번에도 유비가 그 부분을 앞질러 지적해서 아들들과의 권력 다툼 여지를 없애려 한 것입니다. 그리고 서주의 관료들과 백성들의 지지까지 온전히 끌어내기 위해서는 도겸의 사후에 대안이 없다는 점을 분명히 해서 그들이 유비의 집 앞에 와서 제발 서주를 받아달라고 청하는 퍼포먼스가 필요했습니다. 이 모든 복잡한 단계가 결국은 유비가 서주를 온전히 장악하기 위해 반드시 필요한 절차들이었던 것입니다.

하지만 그건 머리로 아는 일이고, 사람의 마음이란 게 어디 그렇게 되던가요? 앞서 이야기한 '젬 브레이커' 게임에서 제가 맨날 망하는 것처럼, 머리로는 이러면 안 된다고 하면서도 당장은 이렇게 하고 싶은 걸 하면서 눈앞에 반짝거리는 작은 이득, 달콤한 과실을 냉큼 따서 입안에 넣고 보는 게 인지상정이지요.

그런 차원에서 보면 유비의 이 기다림이야말로 위기를 기회로 바꾸기 위해 반드시 선행되어야 하는 성공의 조건이 아닌가 싶습니다. 당시 유비의 궁한 처지를 생각해보면 가히 초인적인 인내심이라 하지 않을 수 없죠. 아마 틀림없이 히데요시도 가네가사키 퇴각전 이전까지 수많은 순간을 초인적인 인내심으로 참고 기다린 끝에 그런 결단의 순간을 맞이했을 겁니다.

기다림은 기회로 오르는 계단이다

유비의 이야기를 예로 들었지만 사실 '기다림'이라는 키워드를 떠올리면 먼저 생각나는 것은 유비보다는 관우와 장비의 일화입니다. 서주로 나아가기 얼마 전, 아직 유비가 평원 성 현령, 관우와 장비는 마궁수와 보궁수라는 하급 사관직에 머물러 있던 시절의 이야기입니다. 천하의 군웅들이 사방에서 일어나는 가운데 시골구석에 처박혀 몇 안 되는 군졸들을 훈련시키며 막막한 시간을 보내던 유비는 마을 유지인 감 씨 집안의 처자에게 빠져버렸습니다.

나이가 찬 처녀, 총각이 만나는 일이고 현령과 유지의 결합이니 자연스럽다면 자연스럽고 딱히 흠이 될 만한 일도 아니었지요. 하지만 큰 뜻을 품고 의형제를 맺었던 장비가 보기에는 유비가 일신의 작은 안위에 만족하고 이대로 주저앉는구나 싶었을 겁니다. 결국 짐을 싸 들고 떠나려는 장비를 붙잡은 관우는 그제야 장비로부터 전후 사정을 듣게 됩니다.

이에 늦은 밤임에도 관우는 장비를 앞세우고 감 씨의 장원으로 향합니다. 장비의 말대로 모든 불이 꺼진 장원에는 감 소저가 거처하는 후원의 방에만 불이 밝혀져 있었고, 두런거리는 목소리가 흘러나왔지요. 그 앞에 매여 있는 말은 분명 유비의 말이니 앞뒤를 보아 사정은 분명해 보였습니다.

당장이라도 문을 박차고 들어가 큰 형님이라는 자가 하는 일이 고작 이렇게 노닥거리며 노는 일이냐고 분통을 터트려야 할 것 같은 순간에, 관우는 장비를 붙들어 자신의 곁에 세웠습니다. 그리고 말없이 유비가 나올 때까지 기다리기로 했지요. 한겨울인 정월 밤공기는 사정없이 차가워서 나란히 두 손을 모으고 버티고 선 두 사람의 숨결은 허옇게 안개가 되어 뿜어나오고, 얼마 지나지 않아 두 형제의 수염에는 하얗게 서리가 내려앉았습니다.

그러기를 한참이 지나 자정이 넘어서야 헛기침을 하며 감 소저의 방을 나오던 유비는 문밖에 신장처럼, 인왕상처럼 서서 하얗게 굳어가고 있는 두 아우를 보고 크게 놀라 무슨 일이냐고 물었습니다. 입을 열려는 장비의 옷깃을 끌어당긴 관우는 조용히 입을 열어 이렇게 말합니다.

> 언제나 형님께 충성스러운 척하면서도 정작 이렇게 위태로운 곳에 홀로 계시도록 했으니 죄송합니다. 마땅히 저희가 곁을 지켜드렸어야 했는데 못난 아우들의 불충입니다.

하지만 말이 그렇지 마음이 그렇겠습니까? 그 마음을 모를 유비도 아닌지라 잠시 말이 없다가 조용히 그간 자신의 마음이 흔들렸음을 사과했습니다. 그리고 사실 이제 막 감 소저에게 작별을 고하고 나오는 길이라는 이야기를 담담하게 들려줬습니다. 그제야 관우와 장비는 그 자리에 엎드려 눈물을 쏟으며 사과하고 유비도 함께 엎드려 얼싸안고 울었다지요.

그때 그 겨울밤 두 손을 모으고 후원 마당 앞에 서서 기다리던 관우의 마음을 생각해봅니다. 형님의 인간적인 흔들림을 이해하려고 노력하는 시간이었을 것입니다. 이대로 분기를 터트리면 장비의 성질로 보아 모든 일이 허사로 돌아갈 것이며, 반대로 형님을 몰아붙여 수치심을 갖도록 한다면 이 또한 형제간 깊은 앙금을 남길 것이기에 어떻게든 봉합해보려 안간힘을 썼을 겁니다. 그래서 그 모진 추위를 견디며 문밖에 서 있던 아우들을 보고도 깨우치지 못하는 형님이라면 어차피 모든 게 다 끝이라는 조바심을 견디는 시간이기도 했겠죠.

그러니 유비가 이미 스스로 부끄러움을 알고 잘못을 바로잡았다고 이야기했을 때 관우는 얼마나 안도했을까요. 장비의 눈물이 형님을 의심했다는 사실에 대한 부끄러움의 눈물이라면 관우의 눈물은 형제 사이가 깨어질지도 모른다는 두려움에서 놓여난 기쁨의 눈물이었을 것입니다.

그토록 어려운 기다림의 시간을 견뎌냈기 때문에 세 형제는 가장 한미하게 출발했으나 가장 오래 기억되는 대업을 이룰 수 있었습니다. 오랫동안 바닥을 전전하던 이들의 고생은 서로의 결속을 다지고 성공으로 가는 데 꼭 필요했던 담금질의 시간이었던 것입니다.

결정적 순간에는 과감할 것, 하지만 바로 그 결정적 순간이 올 때까지 지치지 말고 포기하지 말고 기다릴 것. 위기를 기회로 만들고자 하는 모든 사람이 반드시 기억해야 할 두 가지 키워드입니다.

과유불급, '적당히 하기'의 중요성

실감 나는 게임의 조건

만약 어느 날 갑자기 램프의 요정이 나타나서 세 가지 소원을 들어주겠다고 말하면 무얼 말하고 싶은가요? 영원한 생명, 한없는 돈, 언제나 20대로 살아가기 등등. 여러 가지 환상적인 일들이 떠오르지만 현실적으로 꿈꿔볼 수 있는, 하지만 의외로 쉽지 않은 일 중 하나는 '지금과는 다른 인생을 살아보기'가 아닐까 합니다.

예전에는 그런 꿈을 이뤄주는 간접적인 수단이 책이나 영화였다면 요즘은 직접 그 세계 속으로 들어가 그 세계의 일원이 된 것처럼 돌아다니고 행동할 수 있는 게임이라는 수단이 각광을 받고 있죠. 제가 한때 빠졌던 게임이 있는데 바로 트럭 운전사가 되어 커다란 트레일러를 몰고 유럽 대륙을 누비며 물건을 배달하는 〈유로 트럭 시뮬레이터 2〉입니다.

사실 게임의 내용 자체는 별것 없습니다. 위에 설명한 두 줄이 전부라고 할 수 있을 정도죠. 다만 그 체험이 상당히 리얼합니다. 처음엔 회사 차를 빌려서 운전하다가 나중엔 돈을 모아 자신의 차를 사고 조금씩 수리하거나 업그레이드하다가 더 좋은 차로 바꾸는데요. 이때 은행 대출을 받을 수도 있고 중고차를 구입할 수도 있습니다.

운전 자체의 리얼함은 더 말할 필요가 없죠. 실재하는 트럭의 모델을 그대로 가져와서 내외관을 재현했고 신호위반 딱지, 교통체증, 과속카메라도 있습니다. 밤에는 라이트 켜고 비 오면 와이퍼를 작동시키며, 마구 끼어드는 차들도 있고 빵빵거려도 안 가는 차들도 있고요. 레이싱 핸들까지 구입하면 차의 진동까지 손에 전달됩니다. 심지어 유럽 라디오 수신 기능도 있어서 라디오 틀어놓고 수동기어 바꿔가며 핸들을 돌리노라면 진짜 유럽의 트럭 운전사가 된 기분입니다.

그런데 인터넷에서 이 게임에 대한 여러 사람의 평을 읽다가 아주 인상적인 내용이 있었습니다. 〈유로 트럭 시뮬레이터〉의 가장 큰 성공 비결은 현실을 있는 그대로 잘 구현했기 때문이 아니라 최대한 잘 생략하고 얼버무리며 넘어갔기 때문이라는 겁니다. 아니, 이렇게 세세하고 치밀하게 현실을 재현한 게임에 이게 무슨 말인가 하고 화를 내다가, 가만히 생각하니 그 말에 꽤 일리가 있음을 알게 됐습니다. 이 게임은 진짜 트럭 운전사가 '된 것처럼' 느끼게 하지만 그렇다고 해서 '진짜' 트럭 운전사와 같은 체험을 할 수는 없습니다.

당장 도로의 문제만 해도 그렇습니다. 운송계약을 체결하면 내

비게이션에 경로가 표시되지만, 만약 그 길로 가지 않고 아무 곳이나 돌아다닌다면 이론적으로는 이 게임에서 유럽 전역의 모든 도로와 풍경들을 구현해야 합니다. 때문에 당연히 주요 도로들만 표시해놓고 그마저도 엉뚱한 곳으로 가지 못하도록 대놓고 막아놓은 곳들이 군데군데 등장합니다.

운송 시간도 마찬가지입니다. 계약서상에는 예상 배송 시간이 다섯 시간으로 찍힌다고 해도 진짜 다섯 시간 동안 운전만 하는 게임이라면 아무도 하지 않을 것이기 때문에, 이 게임에서는 대략 20분의 1, 그러니까 15분 정도로 시간이 조정됩니다. 이 정도면 게임 속에서 미션 하나를 하는 데 적당한 시간이죠.

이 '적당한'이라는 게 가장 중요한 키워드입니다. 앞서 말한 도로의 문제에서 만약 게임 개발사가 지정된 도로 외에 모든 도로를 막는다면 개발하기는 간편해지겠지요. 하지만 '길을 잃고 헤맨다', '멀리 돌아간다'라는 게임 요소가 사라지므로 게임이 정말 재미없는 일직선의 형태가 될 것입니다. 즉 적당히 자유롭고 적당히 헤매도록 적당히 길을 막는 것이 포인트인 겁니다.

이와 달리 비행기 조종을 지독하게 사실적으로 다룬 명작 시뮬레이션 게임들이 대중들로부터는 외면받아 마니아의 영역에 갇힌 것은 바로 이런 적당한 타협의 지점을 과도하게 넘어섰기 때문입니다.

지옥의 문이 된 〈천국의 문〉

그렇게 '너무 열심히 하다가 망한' 사례는 의외로 여기저기서 쉽게 발견할 수 있습니다. 이미 꽤 오래전 사람이라서 요즘은 모르는 분들이 많겠지만, 1970~1980년대 거장의 반열에 올랐던 할리우드 감독 중에 마이클 치미노(Michael Cimino)라는 사람이 있었습니다.

그는 원래 성격이 좀 독특하고 까다로워서 자신의 생년월일조차 정확히 알려져 있지 않은데요. 그런 만큼 집중력도 대단했던 모양입니다. 광고 감독을 하다가 당시로서는 꽤 늦은 나이인 서른셋이 되어서야 영화를 찍고 싶다고 생각했는데, 할리우드에서 감독을 하려면 각본을 써야 한다는 말을 듣고 평생 처음으로 각본을 쓰게 되었습니다.

그 데뷔 작품이 자그마치 클린트 이스트우드, 제프 브리지스가 출연한 〈대도적(Thunderbolt and Lightfoot)〉이었습니다. 생초보의 첫 결과물인 이 작품이 흥행한 것도 놀라운데 그로부터 4년 후 내놓은 두 번째 작품이 바로 그 유명한 〈디어 헌터(The Deer Hunter)〉였습니다. 로버트 드니로, 크리스토퍼 월켄 등이 출연해 월남전의 문제를 깊이 있게 다룬 이 작품으로 그는 1979년 아카데미 시상식에서 최우수 작품상과 최우수 감독상을 비롯해 5개 부문을 석권하는 성과를 거두었습니다. 겨우 두 작품 만에 흥행과 비평 모두에서 최고의 경지에 오른 거장이 되었던 것입니다.

이 기세를 몰아 아카데미 시상식 바로 다음 날부터 그가 의욕적으로 뛰어들었던 야심작이 바로 〈천국의 문(Heaven's Gate)〉이었습니다. 모든 것이 완벽한 조건이었습니다. 치미노는 미국 서부 개척사에서 가장 비극적인 사건 중 하나인 1892년 존슨카운티 전쟁에 대한 대본을 오랫동안 준비해왔기 때문에 〈디어 헌터〉보다 더 깊숙이 미국의 어두운 부분을 파헤쳐 보여줄 준비가 되어 있었습니다. 게다가 전작 〈디어 헌터〉 덕분에 치미노의 다음 작품에 대한 평단과 대중의 기대는 하늘을 찌를 듯했죠. 덕분에 치미노가 원하는 배우는 누구든 캐스팅할 수 있었습니다.

더구나 제작을 맡은 영화사 유나이티드 아티스트는 오랜 역사와 수많은 히트작을 자랑하는 회사로 당시 〈007〉 시리즈, 〈록키〉 시리즈 등으로 해마다 실패를 모르는 흥행 행진을 거듭하고 있었죠. 치미노의 신작 영화에도 자그마치 1,100만 달러를 흔쾌히 투자했고 감독이 원하는 것은 무엇이든 지원해주겠다고 약속했습니다.

하지만 이렇게 무엇이든 가능한 상황이 독이었을까요? 치미노는 특유의 강박에 가까운 완벽주의를 극단적으로 밀어붙였습니다. 영화 도입부에 주인공이 하버드대학교를 졸업하는 장면을 찍는데 처음엔 하버드도 장소 제공에 흔쾌히 동의했습니다. 하지만 치미노가 캠버스의 구조를 뒤바꾸는 수준의 무리한 요구를 하자 촬영 협조를 거부했지요. 이에 그는 비슷한 수준의 대학에서 찍어야 한다며 그 한 장면을 위해 바다 건너 영국 옥스퍼드대학교에 로케이션을 갔습니다. 그런데 이번엔 하버드의 나무가 없으면 분위기가 살지 않는다며 실제 하버드 교정의 나무를 구입해서 뽑아다가 심기까지 했습니다.

그 외에도 전쟁터 장면 촬영이 길어지는 바람에 계절이 바뀌고 수목의 풍경이 달라지자, 녹색의 나무들을 유지해야 한다며 광대한 전쟁터 촬영장 전체의 바닥에 관개시설을 까는 대공사를 벌이기도 했는데요. 가장 황당한 것은 개척 시대 서부 도시의 거리를 재현한 촬영 스튜디오 건물의 문제였습니다. 분명히 처음에 치미노 감독이 요구한 대로 모두 설치되었지만 완성된 거리에 선 감독은 폭이 2미터쯤 더 넓어야 한다며 불만을 표시했습니다. 그냥 카메라

렌즈를 좀 더 광각으로 바꾸거나 앵글을 다양하게 하면 어떠냐고 설득하던 스태프들은 감독이 들은 척도 하지 않자, 좌우 건물 중 한 쪽을 뜯어서 뒤로 물리면 되겠냐고 물었습니다. 그랬더니 치미노 감독은 양쪽 거리의 건물들을 모두 뜯어서 1미터씩 뒤로 물리라는 황당한 지시를 했습니다. 결국 스태프들은 완성된 거리를 전부 철거하고 처음부터 다시 만들어야 했습니다.

심지어 야외 신에서 마음에 드는 구름이 카메라 프레임에 들어올 때까지 기다렸다가 촬영을 시작할 정도이니, 영화 촬영이 하세월로 늘어지는 것은 불을 보듯 뻔한 일이었지요. 촬영 첫날 예정 촬영분을 일주일 동안 찍었다는 기록도 있을 정도였습니다. 이 페이스가 끝까지 이어진 결과 개봉은 자그마치 6년이 지연되었고 제작비는 당초 예상의 네 배인 4,400만 달러에 이르러 역사상 가장 비싼 영화 중 하나가 되어버렸습니다.

어찌어찌 촬영을 마치고 나니 이번에는 그렇게 잔뜩 찍은 필름의 양이 문제가 되었습니다. 통상 극장 개봉 영화는 한 시간 반, 길어야 두 시간 길이인데 정작 치미노 감독이 찍어놓은 필름은 그 100배가 넘는 220시간 분량이었던 겁니다. 감독이 그 많은 분량을 꾸역꾸역 줄여서 만든 첫 버전은 1회 관람에만 반나절이 걸리는 5시간 25분이었습니다. 도저히 안 되겠다 싶은 영화사의 성화에 재편집한 버전이 3시간 39분이었지요. 하지만 개봉에 앞서 시사회를 해봤더니 애써 초청한 각계각층의 명사와 기자들이 영화를 보다가 졸고 심지어 중간에 화를 내며 나가는 일마저 벌어졌습니다. 완전히 패닉에 빠진 영화사는 허겁지겁 가위를 들었고, 다시 1시간 10분을 줄인 2시간 29분의 세 번째 편집본이 만들어졌습니다.

결국 이 세 번째 편집본으로 극장에 개봉되었는데요. 안 그래도 긴 영화를 그나마도 급하게 이리저리 마구 잘라낸 편집본이다 보니 내용도 이어지지 않고 흐름도 중구난방인 엉망진창의 영화가 되어버렸습니다. 당연히 흥행에 크게 실패했고 제작비의 10분의 1도 못 되는 350만 달러의 초라한 성적을 기록했습니다. 그 손실액을 현재 물가로 계산하면 자그마치 1억 4,000만 달러, 우리 돈 2,000억 원에 육박하는 엄청난 액수였습니다. 결국 이 영화는 제작사 유나이티드 아티스트를 폐업에 이르게 했지요. 장기적으로는 이 영화사를 인수한 MGM 역시 파산하면서 할리우드의 지형 전체를 바꾼 폭탄이 되었습니다.

더 크게 보면 이 엄청난 실패 이후 할리우드 영화에서 감독의 발언권이 약화되고 예산과 제작에 대한 기획자와 영화사의 통제를 강화하는 스튜디오 시스템이 자리 잡게 되었습니다. 무려 '아메리칸 뉴웨이브 시네마'라는 한 시대를 끝장내버렸으니 영화사에 엄청난 상처를 남긴 거대한 실패라고 할 수 있습니다.

인간답게 살기 위한 조건, 중용

고등학생 때 윤리 시간에 유교 철학을 배우다 '중용(中庸)'이라는 내용을 접하고 고개를 갸우뚱했던 적이 있습니다. 아니, 뭐든 적당히 하라는 게 뭐 그리 어려운 일이라고 이렇게 호들갑을 떠나 싶었고, 유교 철학도 별 내용이 없다는 건방진 생각을 하기도 했습니다.

그런데 나이가 들면서 점점 이 중용이라는 게 참 어려운 일이라는 걸 깨닫게 되었습니다. 중용의 의미를 풀어서 설명하면 과유불급(過猶不及)인데요. 지나친 것은 모자란 것과 같다, 지나친 것도 나쁘고 모자란 것도 나쁘니 그 중간쯤을 지향하도록 노력해야 한다는 말입니다. 하지만 어느 만큼이어야 모자란 것이고 어디까지 가야 너무 과한 것인지 알기가 어려우니 그 가운데 길을 가는 것은 그리 만만한 일이 아닙니다.

동창회에서 누군가 나의 고급 자동차를 칭찬하는 말을 했다고 가정해봅시다. "뭐, 별거 아냐"라고 하면 그 정도 자동차를 갖지 못한 친구들을 얕보는 말처럼 들릴 수도 있습니다. 그렇다고 "비싼 차가 좋지. 좀 여유가 있어서 샀어"라고 말하면 그게 사실이라 할지라도 돈 자랑하는 재수 없는 사람이 될 수도 있지요.

참 어려운 일이죠? 매번 상황에 따라, 대상에 따라, 시간과 장소에 따라 재빨리 선후 관계를 파악하고 이에 대응하는 판단력이 필요하니까요. 그래서 이를 위한 가장 쉬운 방법은 앞선 사람들이 미리 만들어둔 좋은 선례를 따르는 것입니다. 이렇게 하면 매번 복잡하게 생각하거나 실수할까 봐 두려워하지 않아도 되죠.

얼마 전 SNS를 통해 알고 지내는 분의 부모님이 돌아가셨다는 포스팅을 읽었습니다. SNS를 통해서는 꽤 친하다고 생각하지만 실제로 깊이 아는 사이는 아니었고, 그 부모님과는 일면식도 없는 사이였습니다. 그래도 뭔가 위로의 말을 건네야 할 것 같은데 이때 '참 좋은 분들이셨죠' 할 수도 없고 '많이 슬프셨죠?'라고 하기도 어색했습니다. 다행히 다른 분들이 먼저 남긴 댓글을 참고할 수 있었는데요. '삼가 고인의 명복을 빕니다'였습니다.

내가 상대방의 슬픔을 충분히 존중하고 안타까워하면서도 굳이 아는 척 선을 넘고 싶은 생각은 없다는 것을 보여주는 이런 문구가 있어서 얼마나 다행인가 생각했습니다. 이렇게 사회적으로 미리 정해진 중용의 형식을 유교에서는 예(禮)라고 합니다. 예를 알고 그대로 행하는 사람은 '예의 있는 사람'이 되는 것이죠. 그래서 어떤 상황에 어떤 것이 선례로 정해진 '예'인지를 부지런히 익히는 것은 사회생활을 하는 사람의 기본이자 능력의 기준이 되었던 겁니다.

하지만 예시 문제를 다 알고 있다고 해서 시험 문제가 그대로 나오는 건 아니듯, 아무리 예를 배우고 익힌 사람이라도 실제 상황에서는 매번 조금씩 다른 조건에 맞춰 적절한 판단을 내리기는 쉬운 일이 아닙니다. 그저 하던 대로만 하면 속이 빈 예의, 허례허식이 되어버리지요. 앞 사례에서 지인의 고양이가 무지개다리를 건넜는데도 '삼가 고인의 명복을 빕니다'라고 썼다면 아무 생각 없이 댓글을 달았다고 생각할 겁니다. 그러니 인간이 어떻게 하면 중용을 지킬 수 있을 것인가, 어떻게 최선을 다해 '적당히' 살 수 있을 것인가는 인간이 인간다울 수 있는 조건을 고민하는 유교의 가장 핵심적인 키워드가 될 수밖에 없었던 겁니다.

핵심은 목적 지향적 사고

이런 '상황에 맞춘 대응'이라는 아이디어를 잘 보여주는 것이 적정기술(appropriate technology)의 문제입니다. 우리는 흔히 가치 있는 기술은 현재 가장 진보적인 기술, 가장 고도의 정밀함과 효율성을 갖춘 기술이라고 생각합니다. 하지만 기술이 그 자체로 존재하는 예술작품 같은 것이 아니며 특정한 용도에 맞춰 사용되는 도구와 같은 것임을 생각해보면, 제대로 사용되지 못하는 기술은 아무짝에도 쓸모가 없는 물건일 뿐입니다. 예를 들어 인터넷이 되지 않는 지역에 스마트폰을 보급한다거나 전기조차 들어오지 않는 곳에 냉장고를 잔뜩 들여놓아봤자 값비싼 쓰레기가 될 뿐인 것처럼요.

적정 기술은 그 기술이 사용될 해당 지역사회의 인프라 수준을 고려하여 만드는, 그 지역의 사정에 적당한 과거의 기술을 선택하여 제공하는 것을 말합니다. 이 말은 1973년 영국의 경제학자 에른스트 슈마허(Ernst Schumacher)가 저개발국을 지원할 때 저개발국의 기술보다는 우수하지만 선진국의 기술보다는 저렴한 중간 기술(intermediate technology)을 제공해야 한다고 주장한 것에서 비롯된 개념입니다.

이런 기술은 지금보다 인프라가 좋지 않거나 없었던 과거의 상황에서 만들어진 기술들인 경우가 많아 그 자체로는 구식 기술이지만, 가격과 유지비가 낮고 인프라가 없는 곳에도 보급할 수 있다는 점에서 저개발국에서는 큰 의미가 있는 기술입니다. 그 예로 '그래비티 라이트'라는 제품을 들 수 있는데요. 이것은 중세의 교회 같은 곳에서 시계추를 움직이기 위해 커다란 돌을 사슬에 매달고 사람의 힘으로 그 돌을 끌어올리면 아주 천천히, 그 돌이 중력에 따라 내려가면서 톱니바퀴를 움직여 시계를 작동시키는 기술을 응용해서 만든 전등입니다. 즉 LED 전등에 이 톱니 장치와 소형 발전 모터를 연결하고 모래주머니를 한 번 들어 올리면 몇 시간 동안 전등을 켜고 있을 수 있도록 만든 겁니다.

이 장치만 있다면 전기가 전혀 들어오지 않는 아프리카의 오지마을에서도 누구나 밤에 불을 켜고 책을 읽거나 생활을 할 수 있습니다. 전력 인프라가 없는 지역에 가장 유용하게 사용될 수 있는 적정 기술인 것이죠.

결국 이 모든 사례가 말해주는 '적당히'의 진실은 그저 '되는 대

| 그림 28 | 1878년 사진가 에드워드 마이브리지(Eadweard Muybridge)가 여러 대의 카메라를 이용해 찍은 연속 사진 '움직이는 말(The Horse in Motion)'.

로 게으르게'가 아니라 철저하게 '목적 지향적 사고'를 해야 한다는 것입니다. 마이클 치미노가 〈천국의 문〉에서 처참하게 실패했던 이유는 '좋은 영화를 만든다'에서 '좋은'보다 '만든다'가 더 우선순위라는 점을 망각했기 때문입니다. 반대로 게임 〈유로 트럭 시뮬레이터 2〉가 성공한 이유는 그 목적이 시뮬레이터를 만들어서 현실과 똑같은 경험을 제공하는 것이 아니라, 어디까지나 결국은 재미를 제공하는 것이 핵심이라는 점을, 자신들이 만드는 것이 게임이라는 것을 잊지 않았기 때문입니다.

이와 관련해 일본 애니메이션 업계 종사자의 인터뷰에서 재밌는 구절을 읽었던 적이 있습니다. 애니메이션은 "만화를 움직이게 하는 것"이지 "실물과 똑같이 그리는 것"이 목적이 아니기 때문에 실제로는 이렇지 않다는 것을 잘 알면서도 일부러 현실과 다르게 묘사하는 경우가 있다는 것입니다. 예를 들어 말이 달리는 모습을 사진으로 찍으면 네 발이 모두 공중에 떠 있는 경우는 거의 없습니다. 한 발은 대개 바닥을 딛고, 순차적으로 네 개의 발이 땅에 닿도록 하는 방식으로 달린다고 하는데요. 하지만 만화를 그렇게 그리면 동적인 느낌이 없기 때문에 일부러 말의 네 발이 모두 땅을 박차고 날아오르는 것처럼 그린다고 하더군요. 즉 만화에서 '정확한 묘사'란 '실제와 똑같이'가 아니라 '실제라고 인간이 느끼도록'인 것입니다. 이것이야말로 핵심에 집중한, 목적 지향적 사고의 좋은 사례가 아닐까 싶습니다.

요즘 미국 보잉사의 737 맥스 여객기에서 사고가 자주 발생하고 있습니다. 최근에는 운항 중 당연히 밀폐되어 있어야 할 비상문이 뜯겨나가는 어이없는 사고도 있었는데요. 다른 항공사에서 긴급 점검을 해보니 여러 대의 비행기에서 나사가 허술하게 조여진 것이 발견되었습니다. 어떤 이는 보잉사의 직원들이 타성에 젖어 대충 일해서 그렇다고 하지만, 항공 업계에 있는 사람들의 얘기에 따르면 보잉사에 엔지니어 출신이 아닌 재정관리 전문가들이 대거 경영진에 자리를 잡으면서 원가 절약에만 치중한 결과라고도 합니다.

똑같은 과정을 통해 전 세계를 호령하던 미국 자동차 3사가 몰락의 길을 걸었던 전례도 있습니다. 그들은 자신들이 집중해야 할 핵심이 '원가를 아껴서 돈을 버는 것' 이전에 '좋은 차를 만들어 많이 파는 것'이라는 당연한 핵심을 망각했던 것입니다.

'적당히 하기'란 바로 그 핵심 목적을 잊지 않고 그 범위 안에서 벗어나지 않도록 항상 최선을 다하는 태도입니다. 중용의 핵심을 이루는 가운데 중(中)이라는 한자는 좌우로 휘날리는 깃발을 한가운데서 꿋꿋이 붙잡고 있는 깃대를 형상화해서 만든 글자입니다. 그러니 그 가운데에 머무르기 위해 노력하는 일은 양쪽의 어느 극단에 휩쓸리기보다 훨씬 많은 노력과 자기반성을 필요로 합니다. 다만 밖으로 드러나는 결과가 평범해 보인다는 점 때문에 그 어려움과 가치가 제대로 평가받지 못하는 점이 안타까울 뿐이지요.

여러분의 마음 한가운데를 지탱하고 있는 깃대는, 여러분의 삶을 움직이거나 고정하고 있는 핵심 가치는 무엇인가요? 여러분의 선택이 어느 한 극단에 치우치는 것이 아니길, 바람에 흔들려 쓰러지는 깃발이 되지 않길 바랍니다.

4장

성공과 실패 너머로 보이는 것들

세상은 언젠가 이야기가 될 것이다
: 변화를 만드는 스토리텔링 효과

이미지와 스토리

박사 학위 논문을 쓰던 시절 논문을 준비하던 다른 친구들과 자주 하던 잡담 주제 중에 '어떤 성이 가장 박사다운가?'라는 엉뚱한 이야기가 있었습니다. 나중에 논문이 통과되어 학위를 받으면 각자의 성을 붙여서 김 박사, 이 박사로 불릴 텐데 이게 멋지게 혹은 어색하게 들릴 수 있기 때문입니다.

연배가 오래된 사람들이라면 김 박사라고 하는 순간 태권브이를 떠올릴 것이고, 이 박사는 나름 무난했는데 뽕짝 가수 이박사가 등장하면서 약간 재밌는 느낌으로 바뀌었습니다. 안 박사는 언제까지나 박사가 아닌 느낌, 박 박사는 학위 후에 바닥을 박박 기면서 고생할 것 같은 느낌이랄까요. 저는 곽 박사인데, 발음이 너무 세서 아무래도 별로인 쪽으로 분류되었습니다. 만장일치로 가장 멋진 호칭은 설 박사였습니다. 발음도 좋고 뭔가 깊이감도 느껴지고요. 우연인지 몰라도 실제 제 주변에 있던 설 박사는 동기 중 가장 먼저 교수에 임용되었습니다.

다 웃자고 하는 농담입니다만 이런 이미지가 사람을 판단하는 데 알게 모르게 큰 영향을 준다는 건 부인할 수 없는 사실 같습니다. 얼마 전 돌아가신 이어령 교수님 같은 경우는 이름만 들어도 지적인 향기가 막 나지 않나요? 반대로 중요한 거래를 하는데 상대방이 후줄근한 옷을 입고 나왔다면 아무리 괜찮은 조건이라 해도 선뜻 계약하기가 꺼려질 겁니다. 그래서 예전에 어느 신사복 업체는 광고에 '옷차림도 전략이다'라는 카피를 내세우기도 했었죠.

그래서 한때는 광고 시장도 이런 이미지를 내세우는 게 유행이었습니다. 가장 화려했던 1980년대를 돌아보면 정말 사람들의 옷차림이나 헤어스타일도 거창했고 영화나 광고의 내용도 튀고 강렬한 이미지로 사람들의 뇌리에 남으려고 노력했지요. 하지만 지금은 너무 많은 시각 매체, 영상과 이미지들이 홍수를 이루고 있습니다. 그래서 오히려 이미지보다는 '스토리'가 많은 사람의 주목을 받고 있는 것 같습니다.

세계적인 아웃도어 패션 기업인 파타고니아가 좋은 사례인데요. 파타고니아의 회장 이본 취나드(Yvon Chouinard)는 1973년 파타고니아를 설립하면서 사업을 통해 지구와 자연을 보호하는 것을 목표로 내세웠습니다. 사실 옷을 소비한다는 행위 자체가 이미 자원을 사용하고 장기적으로 폐기물을 만들어낸다는 기본적인 순환을 전제로 합니다. 그리고 기업은 이윤을 얻기 위해 그 순환의 속도와 폭을 극대화해야 하지요. 그런 점에서 파타고니아의 목표는 자기 모순적으로 보이기도 합니다.

하지만 파타고니아는 꾸준히 매출의 1퍼센트를 환경보호 단체에 후원하고 자사의 옷이 해지면 무료로 수선해주는 서비스를 운영했습니다. 심지어 광고 카피로 '이 재킷을 사지 마세요(Don't buy this jacket)'를 내세울 정도로 친환경 기업으로서의 사명을 다하기 위해 노력했습니다. 그리고 얼마 전 쉬나드 회장은 자신과 가족의 지분 100퍼센트를 환경 단체와 비영리 재단에 양도하기로 했다는 결정을 발표하고 8월에 모든 절차를 마쳤습니다. 이로써 파타고니아의 이윤은 그대로 환경을 위한 기부행위가 되었지요.

바로 이런 브랜드에 담긴 스토리 때문에 파타고니아의 옷을 산다는 사람들이 적지 않습니다. 사실 파타고니아의 옷은 가격대가 꽤 높은 편입니다. 하지만 오래 입을 수 있는 품질과 사후 서비스, 이를 통한 옷 소비의 감소 그리고 이윤의 환경보호 환원 등으로 높은 가격은 거부감이 아니라 자부심이 되었습니다.

오늘날 음악, 미술, 영화, 패션, 전자제품 등 거의 모든 영역에서 다양한 플랫폼들이 등장하면서 수많은 경쟁자가 선택받기를 기다리고 있는데요. 그래서 짧고 충격적인 '이미지'보다 길고 오래가는 인상을 남길 수 있는 '스토리'가 점점 더 중요해지고 있습니다.

상상하게 만드는 이야기의 힘

일본 여자 배구 리그에 나베야 유리에라는 선수가 있습니다. 이 선수는 아주 날카로운 서브를 넣는 것으로 유명한데요. 그 서브의 이름이 자그마치 '코브라 서브'입니다. 사실 이 서브의 정확한 기술적 명칭은 '점프 플로트 서브'입니다. 야구로 치면 너클볼이라고 생각하면 됩니다. 일반적으로 우리가 야구공을 던질 때 특별히 의식하지 않더라도 손가락 끝의 일정 지점에 힘을 주어 공을 긁기 때문에 공은 날아가는 동안 회전을 하게 됩니다. 회전 방향에 따라 공기가 공의 주위를 따라 흘러가기 때문에 공기 흐름의 속도 차이가 생겨 더 빠르게 전진하기도, 좌나 우로 꺾이는 변화구가 되기도 하지요.

그럼 공에 아예 회전을 주지 않으면 어떻게 될까요? 공의 회전에 따라 자연스럽게 공의 뒤쪽으로 넘어가던 공기의 흐름이 제대로 이루어지지 않으면서 공의 뒤쪽에는 공기가 없는 에어 포켓이 생깁니다. 이에 따라 공 주변의 공기 흐름이 불안정해지면서 공이 마구 흔들리게 되죠.

야구공처럼 작은 공도 좌우로 흔들리는 마구인 너클볼의 무브를 만들어내는데 하물며 크기가 훨씬 크고 가벼워서 부피에 비해 공기 흐름에 더 영향을 잘 받는 배구공은 에어 포켓도 더 큽니다. 그래서 감겨서 아래로 떨어지는 일반적인 서브보다 공이 더 길게 밀려서 들어오는 느낌이 들지요. 이게 리시브를 하는 입장에서는 마치 공이 위로 떠오르는 느낌이라서 '떠오르는 서브'라는 뜻으로 '플로트 서브' 혹은 '플로터 서브'라고 부르게 되었습니다.

여기서 공을 좀 더 강하게 때리면 공이 그냥 길게 가는 게 아니라 너클볼처럼 상하좌우로 마구 흔들리는 '마구'가 됩니다. 이렇게 되면 공이 어디로 갈지 서브하는 사람도 컨트롤하기 어렵지요. 그래서 네트에 걸리지 않도록 조금이라도 높이를 더 확보하고 더 강하게 때리기 위해 점프하면서 때리는 점프 플로트 서브가 하나의 기술로 자리 잡게 되었습니다.

여기까지 봤다면 '와, 엄청난 고난도의 기술이라서 정말 희귀하겠구나' 생각할 겁니다. 야구에서도 너클볼을 던지는 투수는 손에 꼽을 만큼 드문 것처럼요. 하지만 앞서 말씀드렸듯이 배구공은 야구공보다 훨씬 크고 가벼워서 이런 에어포켓을 만들어내는 것이 야구공만큼 어렵진 않습니다. 오히려 강하게 스파이크 서브를 넣는 것보다는 더 성공률이 높은 기술이기 때문에 스파이크 서브가 아닌 연타형으로 서브를 넣는 선수들은 다 저 방식으로 넣는다고 해도 무방할 만큼 비교적 흔한 서브죠.

그런데 나베야 유리에 선수의 서브가 다른 많은 선수의 서브 중에서도 팬들의 뇌리에 각인되고 유튜브 영상이 만들어질 만큼 유명해진 데는 몇 가지 이유가 있습니다. 일단 기본은 당연히 이 서브가 매우 위력이 있다는 점입니다. 하지만 그에 못지않게 중요한 게 이 선수가 쓰고 있는 고글입니다. 오래전 방영한 농구 드라마 〈마지막 승부〉의 손지창 씨가 쓰고 나왔던 고글을 연상케 하는데요. 비슷한 유니폼에 비슷한 헤어스타일로 잘 구분되지 않는 선수들 사이에서 고글은 유리에 선수를 단연 돋보이게 해주었죠.

하지만 이 모든 것을 한데 묶어 스토리로 만들어내는 것은 나베야 선수가 서브를 위해 공을 때리기 직전에 취하는, 마치 고개를 들고 있는 뱀처럼 손을 들어 올리는 시그니처 무브가 아닌가 싶네요. 물론 플로트 서브 자체가 공이 이리저리 휘어서 들어가기 때문에 뱀처럼 보이기도 하지만 누구나 저 손동작을 보면 '먹잇감을 노리는 뱀'을 떠올릴 수밖에 없지요. 그래서 '코브라 서브'라는 멋진 이름이 붙고, 팬들의 기억에 강렬하게 각인된 겁니다.

결국 스포츠도 엔터테인먼트의 한 영역이기 때문에 저런 스토리텔링은 대단히 중요합니다. 이 유튜브 영상에 달린 댓글도 '와, 만

| 그림 29 | 나베야 유리에가 서브하는 모습을 찍은 사진. QR 코드를 찍으면 그녀의 서브 하이라이트 영상을 볼 수 있다.

화 캐릭터 같다', '〈하이큐〉 실사판이다' 같은 반응들이었습니다. '어떻게 하는가' 못지않게 '어떻게 보이는가', '무엇을 상상하게 하는가'라는 스토리텔링이 스포츠에서도 중요한 것이죠. 나베야 선수가 의도했는지는 모르겠지만 어쨌든 그녀는 스포츠 스타로서 자신을 어필하는 데 성공한 겁니다.

20세기에 되살아난 증기 시계 이야기

이런 스토리텔링은 사실 우리 주변 어디에나 있습니다. 하지만 어떤 경우는 의도적인 스토리텔링을 통해 광범위한 변화를 꾀하기도 합니다. 한 예로, 캐나다를 대표하는 도시 밴쿠버를 들 수 있는데요. 이 도시는 초기엔 목재를 수출하는 항구로 시작되었습니다. 아직 캐나다 횡단철도가 만들어지지 않았던 시절이라 유럽에서 이민

온 사람들은 대부분 동부 해안 지역에 몰려 살고 있었지요. 밴쿠버를 찾는 사람들은 목재소에서 일하기 위한 노동자들이나 배를 타는 선원들뿐이었습니다.

그래서 이 험상궂은 사람들을 대상으로 하는 작은 술집 하나가 생겼는데요. 술집 주인의 이름이 존 '개시 잭' 데이턴(John 'Gassy Jack' Deighton)이었습니다. 중간에 작은따옴표를 친 '개시 잭'은 별명으로, 하도 허풍떠는 것을 좋아해서 '재는 뱃속에 가스가 가득 들어서 부풀어 있는 놈이야'라는 뜻으로 붙인 별명입니다. 개시 잭의 술집에 손님이 점점 늘어나면서 아무것도 없던 주변 지역에 다른 술집, 여관 등 유흥가가 들어섰고 동네의 이름도 자연스럽게 개스 타운(Gas Town)이 되었습니다. 이곳이 크게 확장되면서 밴쿠버라는 도시가 형성되었기 때문에 개스 타운은 밴쿠버의 뿌리라고도 할 수 있지요.

하지만 '밴쿠버의 뿌리'라는 영광스러운 타이틀과는 달리 개스 타운은 점차 퇴락해갔습니다. 도시의 확장으로 새로 정비된 깨끗한 상업지구와 주거지로 도시의 중심이 옮겨 가는 것은 당연한 현상인 데다 애초에 개스 타운은 유흥가였으니까요. 나중에는 술, 도박, 매춘에 마약 중독자들까지 모여드는 도심의 슬럼이자 우범지대로 변하자 이 지역을 완전히 밀어버리고 재개발을 하려는 계획이 세워졌습니다.

그러나 밴쿠버의 시초가 되는 지역이라는 상징성을 지켜야 한다는 시민 단체들의 캠페인이 일어났고, 현재의 모습을 지키면서 다시 지역의 활력을 살릴 방법을 고민해보자는 데 의견이 모였습니다. 이때 나온 아이디어가 지역을 대표하는 랜드마크이자 볼거리로 '증기 시계'를 만들자는 것이었습니다. 사실 '스팀 펑크의 시대'인 1859년 영국 버밍엄에 증기 시계가 만들어진 적은 있지만 증기를 만들어내는 것도, 이걸로 정확한 시간을 표시하는 시계를 만들어내는 것도 번거로운 일이었지요. 태엽 시계, 전기 시계가 일반적이었고 1927년 쿼츠 시계의 발명 이후로는 아무도 증기로 시계를 만들 필요성을 느끼지 못하고 있었습니다.

그런데 이미 20세기도 후반부로 들어가는 1976년에 이런 제안이 나왔으니 황당할 법했습니다. 하지만 가만히 들여다보면 꽤 괜찮은 아이디어였는데요. 당시 밴쿠버 시내에는 중앙난방을 위한 스팀 파이프들이 사방에 매설되어 있었기 때문에 그 관 하나를 끌어와서 스팀을 사용하는 게 전혀 어렵지 않았습니다. 게다가 스팀이라는 동력원 자체가 개스 타운의 유래가 된 '개스(gas)'를 연상시키는 효과도 있었지요.

마침 개스 타운 바로 앞에 대륙횡단 철도의 종착역인 밴쿠버 기차역이 있어서 증기기관차를 연상시키는 것도 쉬웠습니다. 어떻

| 그림 30 | 벤쿠버 개스 타운의 명물로 자리 잡은 스팀 클록의 사진.

게든 철거를 피하려던 해당 지역의 상가 주인들과 건물주들도 앞다퉈 기부금을 내면서 자금 문제도 쉽게 해결되었고요. 마침내 1977년 레이먼드 손더스(Raymond Saunders)라는 기술자에게 의뢰해 만든 '스팀 클록(Steam Clock)'이 개스 타운의 캠비 스트리트에 설치되었습니다.

손더스는 이 시계가 실용적인 목적보다는 '스토리텔링', 즉 볼거리이자 이야깃거리로 더 큰 의미가 있다는 점을 알았습니다. 때문에 단순히 시계를 만든 게 아니라 하단부에 증기기관이 움직이면서 구슬을 굴려 시계를 작동시키는 모습을 복잡한 기계장치로 구현해 넣었지요. 그리고 사방 벽을 유리로 만들어 거리의 사람들이 모두 구경할 수 있도록 했습니다.

나아가 상단에는 네 개의 기차 휘슬을 설치했는데 각각 15분마다 음악을 연주하도록 했고 한 시간에 한 번씩 종까지 치도록 했습니다. 그러니 관광객들은 15분마다 각기 다르게 울리는 스팀 음악을 듣기 위해, 매시간 울리는 종소리를 듣기 위해 그 주변을 서성거리며 사진을 찍고 주변 가게에서 커피를 한잔하며 기다릴 수밖에 없게 된 것입니다.

이 시계를 처음 본 어떤 사람은 일부러 아주 고풍스럽게 만든 외관과 증기기관이라는 동력원 때문에 백 년도 넘은 골동품이라고 착각하는 경우가 있는데요. 하지만 이 시계는 만들어진 지 50년도 채 안 된 것입니다. 심지어 현재는 시간이 잘 안 맞는 문제를 해결하기 위해 네 면의 시계는 전기로 작동되도록 개조까지 되어 있습니다. 하지만 많은 사람이 이 '만들어진 전통'을 기분 나빠하기보다는 재밌는 이야깃거리로 받아들였습니다. 그 결과 스팀 클록은 고급 식당가이자 상점가로 거듭난 개스 타운을 대표하는 핵심적인 상징물로 자리 잡았지요.

이야기로 마음을 사로잡아라

사실 이런 시도가 우리에게도 그리 낯선 것만은 아닙니다. 한때 '국민 게임'이었던 스타크래프트가 방송 콘텐츠이자 e스포츠로 변신을 시도하던 시점에 선수들이 입고 나왔던 엄청난 복장들을 아직 기억하는 분들이 있을지 모르겠네요. 헬멧에, 망토에, 코스튬 플레이어 같은 갑옷도 등장했고 게임 방송사들도 인류 최후의 결전을 벌이는 전장처럼 경기장을 꾸미는 노력을 마다하지 않았죠. 지금 와서 보면 어색하고 부끄러운 흑역사 같지만 그런 노력들이 팬들의 관심을 끌어모으고 스타크래프트를 하나의 엔터테인먼트 장르로 안착시키는 데 적지 않은 역할을 했습니다.

아직도 게임 중계 시그널 음악이 과격한 헤비메탈 음악들인 것은 그때의 흔적이 남아 있는 것이지요. 그뿐입니까? 쌈장, 임진록, 택뱅리쌍, 삼연벙 같은 수많은 스토리텔링이 아니었다면 출시된 지 수십 년이 넘은 이 게임이 지금까지도 이렇게 수많은 사람의 그리움을 자아내지는 못했을 것입니다.

최근 몇 년간 이어지고 있는 '인문학 열풍'도 사실은 학문적 지식의 깊이나 양의 문제가 아니라 세상을 좀 더 분명하고 재미있게 이해하고 싶은 스토리텔링에 대한 대중의 열망이 반영된 것입니다. 그리고 역사 전문가가 아닌 분들이 대중 강연을 통해 좋은 반응을 얻은 것은 그런 스토리텔링에 특별한 능력이 있는 분들이었기 때문일 겁니다.

지금은 성공의 조건 중 하나로 이런 '이야기'가 필요한 시대가 아닌가 싶습니다. 일반인들이 참여하는 경연 프로그램의 우승자였던 폴 포츠나 수전 보일이 각광을 받았던 데는 그들이 기구하고 힘든 인생의 난관을 극복한 스토리가 큰 역할을 한 것처럼 말이죠. 이야기는 우리가 세상을 더 쉽게 이해하도록 해주고 감정을 고양시키며 그 대상과 우리 자신을 동일시할 수 있도록 돕습니다. 그래서 그 대상에 대해 호불호의 감정을 갖도록 만들고 나아가 적극적인 행동을 할 수 있도록 등을 떠밀기도 하죠.

프랑스의 철학자 질 들뢰즈(Gilles Deleuze)는 영화가 세상을 반영해 만들어지고, 우리는 영화를 보듯이 세상을 들여다보게 된다는 점에서 '언젠가 세상은 영화가 될 것이다'라는 유명한 말을 남겼습니다. 그를 흉내 내어 저는 이렇게 말해보고 싶네요. '언젠가 세상은 이야기가 될 것이다'라고요.

모든 것은 때가 있다

퇴색된 〈영웅본색〉의 추억

요즘 유난히 피곤함을 많이 느껴서 소파에 잠시 누워 있는다는 게 그만 곯아떨어졌다가 저녁때가 되어서야 퍼뜩 깼습니다. 창밖으로 기울어가는 햇빛을 받으며 멍하니 앉아 있다가 정신을 좀 차리려고 TV를 켰더니 〈영웅본색 2〉가 방영되고 있더군요. 너무 많이 봐서 모든 장면을 외워버린 영화, 그래서 무방비한 상태로 화면을 건너다보고 있는데 낯익은 장면이 나왔습니다.

역시 분명 익숙한 장면인데…. 뭔가 이상한 기분이 들었습니다. 이 위화감의 정체가 뭘까 기억을 더듬어보니, 여러 번 본 장면이지만 맨 처음 이 영화를 봤을 때의 느낌과 전혀 다르다는 것을 깨달았습니다. 하나하나 기억이 되살아나더군요. 왼쪽으로 패닝(panning) 하며 돌아가는 카메라, 인물들을 가볍게 가렸다가 다시 살려내는 중앙의 하얀 기둥, 특히 배경의 저 눈부시게 커다란 나무와 나뭇잎, 멀리 붉어지는 단풍의 화려함까지…. 두 사람이 몇 개의 계단을 올라 포치에 올라서는 장면이 슬로비디오로 돌아가면서 뉴욕의 가을 속으로 나를 곧장 빨아올려 옮겨놓는 것 같던 기분….

그런데 제가 보고 있던 화면에서는 그런 거대함과 몰입감이 전혀 느껴지지 않았습니다. 생각해보니 VOD의 시대가 되어 영화를 다시 돌려볼 땐, 맨 처음 봤을 때의 가슴 저리는 감동을 받은 적은 한 번도 없었던 것 같습니다. 화질이 좋지 않아서일까 싶어 리마스터링된 블루레이를 구입해서 보기도 했지만 느낌은 달라지지 않았습니다. 역시 큰 화면, 좋은 음향을 갖춘 극장에서 보았을 때의 압도적인 느낌은 아무리 화질이 좋아져도 되살려내지 못한다는 생각이 들었지요. 그런데 오늘, 잠에서 덜 깬 멍한 머리로 다시 저 장면을 보면서 퍼뜩 생각났습니다. 살아오면서 이제까지 저 영화를 단 한 번도 극장에서 본 적이 없다는 사실을요.

그럼 기억 속의 그 거대한 장면은 도대체 언제 본 거였지? 기억을 더듬어보니 이 영화를 처음으로 본 것은 중학생 때였습니다. 당시 아버지가 의사였던 친구의 집에 너덧 명 정도가 모였습니다. 위암으로 오래 투병하던 친구 아버님이 돌아가셨는데, 그동안 병원비를 많이 써서 꽤 여유 있던 가세는 크게 기울었고 저와 다른 친구들은 며칠간 돌아가며 집에서 치른 장례를 도왔습니다.

큰일들이 마무리되고 난 후 도와준 친구들을 불러서 식사하는 자리가 있었는데 마침 어머님은 안 계셨고 한 녀석이 동네 비디오방에서 빌려온 하얀 딱지의 불법 복제 비디오(중국어·영어 병기 자막 위에 잘 보이지도 않는 조악한 폰트의 한글 자막이 두 겹으로 겹쳐서 뜨던 비디오테이프)를 가져왔습니다. 그 집에는 여유가 있던 시절 아버님이 사들인, 당시만 해도 무척 드물었던 위로 덜컥 열리는 소니 비디오플레이어가 있었거든요. 브라운관의 시대였으니 화면이 크다고 해봐야 20인치 남짓이었을 겁니다.

일단 영화가 시작되고 나서 우리는 서로 한마디도 나누지 않았습니다. 아니, 나눌 수가 없었죠. 영화의 영상과 스토리가 너무나 압도적이어서 벌어진 입을 다물 수도 없었거든요. 생각해보면 거대한 화면, 엄청난 몰입감, 두 손이 떨리던 감동을 만들어낸 것은 대단한 화질과 엄청난 음질이 아니라 눈과 귀로 들어오는 정보들을 대단하고 엄청난 것으로 받아들였던 그 시절의 저 자신이었습니다. 모든 게 신기하고 재밌고 못 견디게 감동적이던 시절, 바로 그 '시절'이 만들어낸 마법이었던 거죠.

미친 짓도 미칠 수 있을 때만 가능하다

요즘은 예전과 비교할 수 없을 만큼 엄청난 볼거리, 들을 거리, 즐길 거리가 사방에 넘쳐납니다. 넷플릭스, 왓챠, 디즈니, 티빙, 웨이브 등 수많은 OTT, VOD와 넘치는 스트리밍 음악들 속에서 어렸을 땐 상상할 수도 없었던 귀하고 좋은 영상과 음원들을 만날 수 있지요. 하지만 예전처럼 깊은 떨림을 주는 경우는 드물어졌습니다. 아니, 양이 많아질수록 그 귀한 작품들의 무게가 점점 더 가벼워지는 것 같다고나 할까요? 콘텐츠 자체는 시간이 지났다고 달라질 게 없을 테니 아마 달라진 건 그들이 아니라 저 자신일 것입니다. 그것들을 가슴으로 받아들일 수 있는 '때'가 이미 지나간 것이지요.

20~30대 무렵 오디오에 푹 빠졌던 적이 있었습니다. 세상 모든

오디오를 다 듣고 싶어서 안달하던 시절이었지만 사회 초년생에 막 결혼했던지라 마음에 드는 오디오를 살 돈은 없었죠. 어느 날 가끔 귀동냥을 도와주는 오디오쟁이 선배들과 얘기하다가 한 분이 JBL 하츠필드 스피커가 1,000만 원에 나왔는데 살까 말까 고민 중이라는 말을 했습니다. 그때가 약 25년 전이니 1,000만 원이면 지금의 5,000만 원, 6,000만 원 같은 까마득한 액수였습니다. 전세를 빼서 월세로 돌리면 살 수 있을 것 같은데 미친 짓 같아서 고민이라고 하더군요. 사실 말은 그렇게 하지만 '옆에서 누가 좀 말려줬으면' 하는 느낌이었습니다.

당연히 저를 비롯한 젊은 사람들은 제정신이냐며 뜯어말렸죠. 그런데 그 자리에 함께 있던 50~60대 두 선배님의 반응은 좀 달랐습니다. "이게 남의 일이라고 펌프질하는 거라 느낄 수 있어서 조심스럽지만"이라는 단서를 붙이면서 조심스럽게 말을 꺼냈는데요. 요점은 "지금 그렇게 듣고 싶은 스피커라면 무리해서라도 사는 게 좋다"라는 얘기였습니다. 그러면서 본인들의 경험담을 꽤 길게 들려주었는데, 한마디로 요약하면 "나중에 들으면 그 소리가 그 소리가 아니게 된다"라는 것이었습니다.

당시 저는 실례가 될까 봐 입 밖으로 말하진 못했지만, 그분들은 이미 경제적으로 어느 정도 여유가 있으니까 하는 배부른 소리라고 생각했습니다. 1,000만 원이면 당시 웬만한 사람의 6개월 치 월급인데, 집에 변변히 둘 자리도 없을 만큼 거대한 스피커를 사는 게 말이 되는 소린가 싶었으니 말입니다. 하지만 지금에 와서는 그분들이 뭘 말하고 싶었는지 조금 알 것 같습니다. 제가 그분들만큼 경제력을 갖추게 되어서가 아니라 그분들만큼 나이가 들었기 때문에 알게 된 것입니다. 그분들이 전하고 싶었던 말은 아마 '모든 것은 때가 있다'라는 얘기였겠지요.

젊었을 때는 모르거나 못 느꼈지만 제가 지금 50대가 되었기 때문에 느낄 수 있는 부분도 분명 있을 겁니다. 하지만 전체적으로 보면 날이 무뎌지거나 생생함이 떨어지는 경험이 되어버리고 마는 경우가 훨씬 늘었다는 생각이 듭니다. 대부분의 일이 귀찮아지고 마음이 크게 움직이는 것도 그리 마뜩하지 않습니다. 너무 슬픈 영화는 안 보게 되고, 너무 가슴 아픈 뉴스는 외면하게 되죠. 오디오 바꿈질을 그만둔 지도 10년 가까이 되는 것 같네요. 사고 되파는 과정이 너무 귀찮기 때문입니다.

그런 무뎌짐은 마치 곰팡이처럼 여기저기로 금세 퍼집니다. 뭔가 기대하며 새로운 일을 시작하기보다는 지금도 눈만 돌리면 차마 정리하지 못하고 있는 LP와 CD들까지 싸그리 처분하고 싶은 '귀찮음'이 문득문득 고개를 듭니다. 지금 정리하면 죽을 때까지 다시는 시작하지 못할 거라는 분명한 사실이 겨우 브레이크를 걸고 있을 뿐이죠. 미친 짓인 거, 맞습니다. 하지만 미친 짓도 미칠 수 있을 '때'에만 가능하다는 걸 이제야 깨닫고 있습니다.

인생을 건 도박

2022년 3분기에 이르러 쿠팡이 드디어 흑자로 전환됐다는 소식이 온라인을 뜨겁게 달궜습니다. 2010년 8월 창업한 이래 12년 만에, 쿠팡을 대표하는 서비스인 로켓 배송 서비스가 시작된 2014년 이후 8년 만에 첫 흑자였습니다. 쿠팡의 3분기 매출은 원화 기준 사상 최대인 6조 8,383억 원이고 영업이익은 1,037억 원에 이릅니다.

쿠팡은 창업 이래 지속적으로 적자를 기록해왔고 심지어 적자 규모가 해마다 천문학적으로 커지는 가운데도 사업을 더욱 확장하는 방향성을 포기하지 않아서 많은 이의 우려를 자아냈습니다. 적자가 가장 컸던 2018년에는 1조 1,289억 원의 영업이익 적자가 났으니 상식이 있는 사람들이라면 걱정하는 게 당연했을 겁니다.

플랫폼 사업의 특성상 초기에 많은 이용자를 확보하고 물류망을 확장해 규모의 경제를 달성하기 위해서 적자를 감수해야 한다는 건 누구나 알고 있습니다. 하지만 그런 적자가 10년 넘게, 그것도 수조 원의 어마어마한 단위로 발생하는 것을 실제로 감당한다는 건 완전히 성격이 다른 문제이지요.

우리나라 온라인 배달 시장을 독식하다시피 한 배달의민족 사례에서 알 수 있듯이, 플랫폼 사업은 여러 업체가 사이좋게 시장을 나눠 갖는 것이 아니라 한두 업체가 거의 모든 셰어를 가져간다는 특성이 있습니다. 따라서 누가 조금이라도 빨리, 조금이라도 더 많은 돈을 퍼부어 점유율을 높이는가가 성패와 생사를 가르는 기준점이며 그 과정에서 초기 적자는 피할 수 없습니다. e커머스 시장에서 세계 최대 업체라고 할 수 있는 아마존이 대표적인 예인데요. 1994년 7월 인터넷 서점으로 시작한 아마존은 13년간이나 적자에 시달리다가 2002년에 와서야 흑자 전환에 성공했습니다.

하지만 이런 선택이 돈만 있다고, 배짱만 있다고 해서 가능한 일은 아닐 겁니다. 가장 중요한 건 지금이 바로 그 '때'인지를 알아보는 능력이겠지요. 현재 우리나라의 국민 메신저로, 어떤 부가 사업을 해도 망하지 않는다는 무적불패의 점유율을 지닌 카카오톡이 좋은 사례입니다.

김범수 카카오톡 대표는 삼성SDS 직원을 거쳐 대형 PC방 사업을 성공시키고, 다시 한게임을 창업해 네이버와 합병한 후 공동 대표까지 하다가 물러났는데요. 보통 사람이라면 이때 여유롭게 여생을 즐겼을 겁니다. 하지만 그는 2007년 1월 미국에서 아이폰이 공개되자 웬 장난감이냐며 비웃던 사람들의 시선에는 아랑곳하지 않고 스마트폰이 세상을 바꿀 것임을 직감했습니다.

그래서 2009년 2월, 당시 이름도 생소하던 스마트폰 위젯 프로그램을 개발하는 개발사인 바이콘을 전격 인수하고 모바일 서비스를 개발할 수 있는 인재들을 모집해 프로그램 개발을 시작합니다. 우리나라에 아이폰이 처음 들어온 게 2009년 11월 28일이었으니 얼마나 빠른 행보였는지 알 수 있습니다.

그 결과 김범수 대표는 우리나라의 다른 기업들이 아직 스마트폰의 사업성 판단도 제대로 안 섰을 시점인 2010년 3월에 카카오톡 서비스를 내놓을 수 있었습니다. 하지만 이건 우리나라 사정이고 해외에는 이미 이런 채팅 서비스가 있었겠죠? 대표적인 서비스로 '왓츠앱'이 있었고 또 기존 국내 업체들에도 피처폰 시절의 문자 메시지 서비스가 있었습니다.

이들과 경쟁하기 위해 카카오톡은 무료 서비스에다 전송 메시지 양의 한계가 없다는 점을 내세웠습니다. 당연히 이 모든 것은 비용이었으니 사용자가 늘어날수록 적자가 누적되는 것은 피할 수 없는 수순이었지요. 한때 당기순이익이 153억 적자를 기록한 시절도 있었으나 이렇게 확보된 사용자들의 힘을 바탕으로 카카오톡은 2012년 설립일 기준 6년 만에 흑자 전환에 성공했습니다.

〈영웅본색〉의 '때', 영웅의 '때'

사실 〈영웅본색〉의 흥행에도 가장 중요한 역할을 하는 것이 '때'의 문제였습니다. 잘 알려지지 않은 사실이지만, 우리가 익히 알고 있는 주윤발과 장국영이 출연한 1986년 작 〈영웅본색〉은 1967년에 만들어진 흑백영화 〈영웅본색〉의 리메이크작입니다. 오우삼 감독은 씨네21 인터뷰에서 1961년에 만들어진 멜로영화 〈불료정(不了情)〉을 리메이크한 것이라고 말하기도 했습니다. 어느 쪽이 원작이든 공통점은 1986년의 〈영웅본색〉이 원작들을 훨씬 뛰어넘은 대히트작이라는 점입니다.

어째서 이런 차이가 발생했을까요? 물론 원작과 리메이크작 사이에 스토리의 차이도 있고 적룡, 주윤발, 장국영 등의 배우들이 아주 멋지게 묘사되고 있으며 감독의 연출도 매우 훌륭했습니다. 하지만 어떤 콘텐츠가 단순한 인기를 넘어 시대를 대표하는 아이콘이 되었을 때는 그 시대를 상징할 만한 '시기적 적절성'을 지니고 있다고 봐야 합니다.

많은 사람이 그 배경으로 당시 홍콩의 역사적 상황을 들고 있습니다. 아편 전쟁의 결과인 난징 조약으로 영국에 99년간 홍콩의 지배권이 넘어간 이후, 1980년대의 홍콩 사람들은 정말로 1997년에 홍콩이 중국에 반환될 것인가 하는 문제가 초미의 관심사였습니다. 많은 사람이 '설마 자유무역과 금융의 중심지인 홍콩이 공산국가인 중국으로 넘어가겠어?'라며 가능성을 부정하는 분위기였습니다. 혹시 넘어간다 해도 제2차 베이징조약에 의해 반환이 예정된 신계 지역만 반환되고, 홍콩섬과 구룡반도 일대의 중심지는 그전에 맺어진 할양 조약대로 영국의 품에 남아 있을 거라고 기대했지요. 하지만 덩샤오핑이 집권한 중국은 예상과 달리 강경하게 홍콩 전체의 반환을 주장했고 이에 대응할 마땅한 수단이 없던 영국은 결국 1984년 영중공동선언을 통해 1997년 홍콩을 중국에 반환한다는 결정을 발표했습니다.

중국의 공산화, 대약진운동, 문화대혁명 등의 난리통을 피해 홍콩으로 간신히 몸을 피했던 사람들은 다시 그곳으로 돌아가고 싶지 않았습니다. 그래서 해외 이민을 준비한다, 영국 시민권을 딴다며 난리가 벌어졌지요. 하지만 그조차 돈과 여유가 있는 사람들 얘기이지, 모든 생활 기반이 홍콩에 있고 떠날 수 없는 사람들은 마치 기차에 실려 '종말'이 꺼멓게 입을 벌리고 있는 굴속으로 끌려 들어가듯 떠밀려가는 씁쓸함과 우울함에 빠질 수밖에 없었습니다. 바로 이런 시점에 뛰고 웃고 재주를 부리는 홍콩 무협 영화를 대체해 등장한 것이 정해진 파멸을 향해 달려가는 암흑가 사람들의 처절한 최후를 그린 '홍콩 누아르' 영화였습니다. 그리고 그 시작을 알린 작품이 바로 〈영웅본색〉이었던 것입니다.

생각해보면 우리나라에서 〈영웅본색〉의 흥행도 결국 이 '때'의 문제가 아니었나 하는 생각이 듭니다. 이 영화는 우리나라에 처음 개봉됐을 때는 흥행에 완전히 실패했다가 흘러간 영화들을 재고 처리하듯이 모아서 보여주는 재개봉관에서 입소문을 탔지요. 그래서 비디오로 나왔다가 다시 개봉관 영화로 성공한 전형적인 '역주행'의 대표 사례입니다. 그런데 이런 현상을 그냥 신기한 일이라고만 치부하고 넘어갈 게 아니라 시기와 연결해서 들여다보면 재밌는 해석이 가능해집니다.

〈영웅본색〉이 서울의 화양극장에서 개봉한 것은 1987년 5월

23일입니다. 이때는 연초부터 이어진 대통령 직선제 요구 시위와 전두환 전 대통령의 호헌조치가 맞물려 민주화 시위의 열기가 달아올라 6월 민주항쟁으로 폭발하기 직전이었습니다. 이 엄중한 시기에 영화관에 가서 패배와 우울에 푹 젖은 홍콩 배우들의 얼굴을 쳐다보고 앉아 있을 사람들은 그리 많지 않았을 겁니다.

하지만 불과 몇 달 후 상황이 반전됐습니다. 6월 민주항쟁의 승리로 인한 감격도 잠시, 같은 해 12월에 치러진 대통령 선거에서는 야권의 김영삼, 김대중 후보가 단일화에 실패하고, 그토록 많은 희생을 치르고 간신히 쫓아낸 군부독재의 계승자인 노태우 후보가 당선되었습니다. 당시 사람들이 느꼈던 어마어마한 혼란과 상실감은 어떤 말로도 표현할 수 없는 거대한 좌절이었습니다. 바로 이 타이밍에 수많은 젊은이가 재개봉관에서 〈영웅본색〉을 보고 열광한 것이 과연 단순한 우연이었을까요?

사실 이렇게 길게 이야기하지 않아도 '때를 놓치지 않는 것'이 중요하다는 건 누구나 알고 있는 상식입니다. 학창 시절에 어른들이 입버릇처럼 하던 "공부에도 때가 있다"라는 말을 귓등으로 듣고 나중에 후회하지 않는 사람이 얼마나 있을까요? 하지만 우리는 공부보다도 더 중요한 선택을, 때를 놓치지 않아야 하는 일을 사회 나와 수없이 마주치게 됩니다. 취업도, 결혼도, 사업이나 투자 혹은 은퇴까지도 결국은 적절한 시기를 어떻게 택할 것인가가 핵심이거든요.

이 긴 이야기들을 통해 생각해볼 수 있는 문제는 크게 세 가지입니다. 첫째는 지금이 그때인지 아닌지 어떻게 알 수 있느냐는 겁니다. 이건 본인의 경험과 지식, 전문성에 따른 판단력의 문제겠지요. 다른 사람의 조언을 구하는 것까지도 판단력의 범위 내에 포함시킬 수 있을 겁니다. 둘째는 때가 되었을 때 그 일을 하는 데 필요한 자원과 능력을 갖추고 있느냐는 점입니다. 살아가면서 준비가 채 되지 않았을 때 너무나 좋은 기회를 만나는 경우가 의외로 많습니다. 정말로 안타까운 순간이지요. 기회를 놓치고 후회하지 않으려면 최대한 빨리, 필요한 조건과 능력들을 키워둬야 합니다.

하지만 가장 고민이 되는 것은 세 번째 문제인데요. 때가 되었고, 하려면 할 수도 있을 것 같은 시점에 과연 자신의 판단과 능력을 믿고 실행에 옮길 수 있는가 하는 점입니다. 때를 모르고 놓친 것이라면 억울할 일도 없겠지요. 한다고 했는데 준비가 되기 전에 때가 오거나 너무 늦게 때가 오는 것은 내가 어찌할 수 없는 문제입니다. 하지만 지금이 때인 것 같고 마음먹으면 할 수 있다고 생각할 때 과연 붙잡고 있는 나뭇가지를 놓고 절벽 아래로 떨어져 내릴 수 있을까요? 저 뿌연 안개 밑에 푹신한 낙엽 더미가 있을 거라는 자신의 판단을 믿을 수 있을까요?

쉽게 말하기 어려운 일입니다. 아마존의 제프 베이조스는 월스트리트의 엘리트 사원으로 보장된 미래를 던지고 아마존 창업에 뛰어들었습니다. 카카오의 김범수 대표는 요즘 유행하는 파이어족의 꿈을 버리고 전 재산을 퍼부어 모바일 서비스 시장이라는, 총탄이 난무하는 최전선에 투신했죠. 쿠팡의 김범석 의장은 12년간 단 한 번의 흑자도 없이 4조 원이 넘는 적자를 기록하면서도 계속 투자 규모를 확장해왔습니다. 이 모든 게 자신의 판단과 선택에 대한 신앙에 가까운 자신감이 없다면 불가능한 일이 아니었을까요?

결국 문제는 돌고 돌아 나 자신에게 이르는 것 같습니다. 나는 어떤 사람인가? 나는 내가 어떤 사람이라고 생각하는가? 나는 나를 믿는가? 저도 저 자신을 믿고 아직 저에게 남아 있을 때를 놓치지 말아야겠다 싶습니다. 이제부터라도 마음을 다잡고 소설을 쓰든, 세계여행을 하든 뭔가 가슴 뛰는 일을 만들어볼 생각입니다. 주머니를 잘 뒤져보면 너무 늦기 전에, 때를 완전히 놓치기 전에 지금 할 수 있고 해야 할 일들이 아마 몇 가지는 남아 있지 않을까요?

리더의 위치는 어디인가?

나폴레옹은 키가 작지 않았다?

흔히 '키가 작지만 위대한 업적을 남긴 위인'의 대표적인 인물로 나폴레옹을 꼽곤 하는데요. 얼마 전 페이스북을 둘러보다가 어떤 분이 올린 재밌는 글을 발견했습니다. '나폴레옹은 과연 키가 작았을까?'라는 의문을 제기하는 내용이었는데, 나폴레옹이 사망한 후 부검 기록에 따르면 키가 168센티미터였다고 합니다. 당시 프랑스 성인 남성의 평균 키였으니 그리 작다고는 할 수 없습니다.

그런데 왜 우리는 나폴레옹이 키가 작았다고 생각하게 된 걸까요? 글을 쓴 분은 이 오해에 세 가지 이유가 있었다고 합니다. 첫째, 나폴레옹의 경호를 맡았던 근위병들이 모두 키가 크고 건장한 사람들로 구성되어 있어서 상대적으로 작아 보였다고요. 둘째, 당시 나라마다 도량형이 달랐는데 1인치가 프랑스에서는 2.71센티미터

| 그림 31 | 자크루이 다비드(Jacques-Louis David)가 그린 '나폴레옹의 초상화(The Emperor Napoleon in His Study at the Tuileries, 1812)'.

정도였다면 영국에서는 2.54센티미터였다고 합니다. 그래서 나폴레옹의 키가 5피트 2인치라는 보고서를 입수한 영국에서 나폴레옹의 키를 157센티미터 정도로 추측했다는 것입니다.

하지만 가장 흥미로웠던 건 세 번째 이유였습니다. 당시 나폴레옹의 별명이 'Le Petit Caporal'이었는데 영어로 번역하면 'The Little Corporal', 그러니까 '꼬마 부사관'이었습니다. 당연히 이 별명을 들은 사람들은 도대체 나폴레옹이 얼마나 작으면 프랑스 군인들마저도 꼬마라고 불렀을까 생각한 거죠.

그런데 이 부분은 조금만 더 깊이 생각해보면 논리적으로 말이 안 되는 부분입니다. 나폴레옹은 당시 프랑스군의 최고사령관이자 나중에 황제의 자리에까지 오르는 인물인데 이런 까마득한 상관에게 꼬마, 게다가 사령관도 아니고 부사관(미국식으로 따지면 상병)이라고 부르는 게 말이 될까요? 상관의 뒷담화 자리에서나 몰래 등장할 듯한 모욕적인 표현이 나폴레옹의 공식적인 별명이었다는 건, 이 표현이 나폴레옹을 깎아내리는 말이 아니라 오히려 칭찬하는 말이었다는 걸 의미합니다.

널리 알려진 것처럼 나폴레옹은 프랑스 가장 변방의 섬이었던 코르시카에서 태어난 촌뜨기로, 파리에 올라와 초급 장교부터 시작해 최고의 자리에까지 올라간 입지전적인 인물입니다. 타고난 신분의 차이를 극복하는 게 불가능에 가까웠던 당시 계급 사회의 폐쇄성을 생각하면 기적과도 같은 일이죠. 물론 그의 군사적 재능이 천재적이었기에 가능한 일이었습니다. 하지만 군사적 재능을 갖춘 장군들은 별의 숫자만큼이나 많죠. 나폴레옹이 더욱 특별했던 것은 자수성가한 사람들이 올챙이 시절 생각을 못 하고 자만에 빠지거나 과거를 지우려고 노력하는 것과 달리, 사병들과 자신이 한 몸이라고 생각하고 늘 함께하려고 노력했다는 점입니다.

이와 관련된 나폴레옹의 일화들은 수없이 많습니다. 장교는 신과 같은 존재로 인식되어야 한다고 여겨지던 당시에 나폴레옹은 최고사령관이면서도 자주 병사들과 함께 식사하고 행군도 함께했습니다. 공을 세운 병사들은 미리 이름을 외워두었다가 일일이 이름을 불러주며 칭찬하는 배려도 잊지 않았고 반드시 상을 줘서 사기를 북돋웠고요. 전선에서 야간 순찰을 직접 하는 일도 많았는데, 피곤에 지쳐 잠든 병사 대신 경계근무를 서다가 그가 잠에서 깨자 별다른 질책을 하지 않고 초계 임무를 넘겨주고 갔다는 얘기는 신화처럼 전해지죠.

조금 무서운 얘기지만 전쟁이 벌어지면 장교들은 앞에서 날아오는 총알 못지않게 뒤에서 누군가 뒤통수를 노릴까 봐 걱정한다고 할 정도로, 장교와 사병 사이에는 적지 않은 골이 있습니다. 하지만 이렇게 병사들과 함께 숨 쉬고 함께 생활하는 나폴레옹에게 프랑스 병사들은 대단히 깊은 존경과 신뢰의 마음을 품고 있었지요. 그래서 나폴레옹은 장교가 아니라 우리와 같은 사병들 가운데 선임병사라는 뜻으로 'Caporal'을, 작다는 뜻이 아닌 애정을 담은 의미의 'Petit'를 쓴 것입니다. 그러니 의역하자면 '꼬마 부사관'이 아니라 '사랑하는 우리 소대장님' 정도의 의미라고나 할까요.

병사들의 숙면을 방해하지 않으려고 횃불도 켜지 않고 전선 야간 순찰을 하던 나폴레옹을 병사들이 발견하고 일제히 쏟아져 나와 "황제 폐하 만세!"를 외친 일은 나폴레옹 자신도 "내 인생 최고의 순간"이라고 꼽을 만큼 장관이었습니다. 이렇게 나폴레옹을 중심으로 똘똘 뭉친 군대였기에 절대적인 열세를 극복하고 유럽 대륙 전체를 석권할 수 있었겠죠. 나폴레옹이 엘바섬을 탈출해 파리로 향할 때도 그랬습니다. 그를 진압하라고 보낸 군대들은 속속 나폴레옹에게 흡수되었고, 파리에 가까이 갈수록 오히려 나폴레옹의 군대 규모가 점점 커지는 아이러니한 상황이 벌어졌지요. 모두 나폴레옹에 대한 군인들의 애정과 신뢰가 만들어낸 기적이었습니다.

벤투 감독의 퇴장 논란

2022년 12월 카타르 월드컵에서 우루과이, 포르투갈 등 강호들과 함께 H조에 배정된 우리나라는 대회가 열리기 전부터 예선 탈락을 할 것이라는 비관적인 예상이 지배적이었습니다. 첫 경기인 우루과이전에서는 그래도 간신히 무승부를 기록하면서 선전하는 듯했습니다. 하지만 이어진 두 번째 경기에서 가장 해볼 만하다고 생각했던 가나에게 3:2로 패하면서 모든 희망이 사라지는 듯했죠. 하지만 H조 마지막 경기에서 세계 최강의 전력을 자랑하는 포르투갈을 2:1로 꺾는, 믿을 수 없는 결과를 만들어내면서 결국 16강 본선에 진출하는 쾌거를 이뤄냈습니다.

그런데 포르투갈전의 감격과 흥분 때문에 거의 잊혔지만 그 직전이었던 가나와의 경기 마지막에 작은 해프닝이 하나 있었습니다. 한 점 차이를 어떻게든 따라가려고 파상공격을 벌이던 후반전 막판에 우리 팀이 코너킥 기회를 얻었습니다. 코너킥이 선언된 시점에 경기 시간이 끝나긴 했는데요. 통상 연속된 플레이로 보아 코너킥까지는 차도록 하는 게 축구 경기에서의 관행이기 때문에 마지막 기회라는 생각으로 우리 팀의 모든 선수가 상대 골문 앞으로 모여들고 있었습니다. 그런데 주심이었던 앤서니 테일러(Anthony Taylor) 심판이 코너킥을 주지 않고 그대로 휘슬을 불어 경기를 종료시킨 것입니다.

상식을 벗어난 결정에 파울루 벤투(Paulo Bento) 감독과 선수들은 크게 흥분해 강력하게 항의했고 그 과정에서 결국 벤투 감독은 레드카드를 받아 다음 경기 출장이 불가능해졌습니다. 그래서 포르투갈전에서는 벤치에서 지휘하지 못하고 관중석에 앉아 경기를 지켜봐야 했죠.

이 사건에 대해 추가 시간을 포함해서 모든 시간이 지나갔으니 휘슬을 부는 것이 냥연하다, 아무리 그래도 관행적으로 대부분의 축구 경기에서 인정하는 마지막 공격 기회인 코너킥 플레이를 중단시킨 건 잘못이다 등 심판의 판정 자체에 대한 논란이 있었습니다. 더불어 이미 끝난 경기에서 굳이 레드카드를 줘서 다음 경기에도 출장하지 못하도록 한 건 너무한 것 아니냐, 항의해도 적당히 해야지 다음 경기도 생각하지 않고 항의하다가 조별 예선 마지막 경기인 포르투갈전에도 차질을 빚은 벤투 감독이 성급했다는 등 레드카드를 둘러싼 논란도 함께 벌어졌습니다.

저도 경기가 끝났으니 어차피 감독과 선수 모두 경기장을 떠나야 하는 상황에서 굳이 심판이 퇴장 명령을 내린 상황이 신기해서, 나중에 유튜브에 올라온 경기 후 상황을 담은 영상을 여러 번 되돌려 봤습니다. 그런데 여러 영상을 비교해가며 보다 보니 당시 상황이 알려진 것과 약간 달랐음을 알게 되었습니다.

처음에 알려지기로는 '벤투 감독이 심판 판정에 강하게 항의하다가 퇴장당했다'라고 했는데요. 이 말 자체는 틀리지 않지만 당시의 상황을 찬찬히 돌려 보니 애초에 벤투 감독은 심판이 경기 종료 휘슬을 불자 딱히 항의할 생각 없이 팔짱을 끼고 그냥 라커룸으로 들어가려고 했습니다. 그런데 다음 순간 고개를 돌려 무언가를 봅니다. 그라운드에서 심판에게 몰려들어 항의하고 있는 우리 선수들을 발견한 것입니다. 그걸 본 벤투 감독이 즉시 결의에 찬 표정으로 그라운드로 뛰어들었습니다. 그리고 가장 앞에 서서 심판에게 항의하다가 결국 레드카드를 받은 것입니다.

나중에 저와 같은 발견을 한 사람들이 심판이 항의하는 선수들에게 레드카드를 꺼내려고 하는 것을 벤투 감독이 발견했고, 그래서 다음 경기에 지장이 생길까 봐 자신이 대신 레드카드를 받은 것이라고 해석하기도 했는데요. 하지만 그건 좀 과한 해석 같습니다. 심판이 레드카드를 뽑아 든 건 벤투 감독이 뛰어 들어가 한동안 격렬하게 항의하고 난 뒤의 일이니까요. 아마 벤투 감독 본인은 그냥 게임이 끝났다고 생각하고 돌아섰는데 선수들이 뒤에 남아 항의하고 있는 것을 보고 감독으로서 선수들의 편을 들어주기 위해 뛰어든 것으로 봐야 할 것 같습니다.

하지만 저는 바로 그 부분이 더 감동적이었습니다. '선수들의 편'이 되어주고자 했다는 것 말이죠. 사실 어떤 축구 팬이 지적했던 것처럼 "괜히 오버해서 일을 더 키웠다"라는 말이 틀린 건 아닙니다. 좀 더 냉정하고 이성적으로 대응했어야 했을 수도 있죠. 친구가 지나던 사람과 시비가 붙으면 잘잘못을 가려 판단하고 친구를 뜯어말리거나 심지어 야단쳐서 상황을 정리하는 사람들이 있는 것처럼요. 이런 대응이 훨씬 합리적이고 현명한 태도일 수 있습니다. 반대로 친구가 부당한 일을 당하면 그걸 수습하기보다 본인이 더 흥분하면서 내 친구한테 왜 그러냐고 길길이 뛰는 스타일도 있습니다. 때론 상황을 더 복잡하게 만드는 피곤한 스타일이긴 하지요.

하지만 한번 자기 자신에게 물어보세요. 여러분은 냉정하고 현명하게 정답을 말해주는 친구와 앞뒤 따지지 않고 무조건 내 편을 들어주는 친구 중 누구와 함께 길을 걸어가고 싶으신가요?

리더는 어디에 있어야 하는가

리더(leader)란 말 그대로 리드(lead)하는 사람, 다수의 사람들을 특정한 방향으로 이끌고 몰아가는 역할을 하는 사람입니다. 그러니 일반적으로 생각하는 리더의 위치는 맨 앞입니다. 사람들의 무리에서 약간 떨어진 앞에 홀로 서서 "나를 따르라!"라고 외치며 돌격하는 사람이야말로 전형적인 리더의 모습이죠.

반대로 리더가 뒤에 서는 경우도 적지 않습니다. 최전선, 맨 앞에서는 잘 보이지 않는 전체적인 모습을 조망하며 나아가야 할 방향을 지시하고 필요한 지원을 제공하며 뒤에서 밀어주는 리더죠. 더 뒤, 더 높은 곳에 자리한 지휘관의 모습, 좀 더 구체적으로는 전함에서 홀로 우뚝 솟은 함교에 앉아 있는 함장의 모습이랄까요.

이 두 유형의 리더는 얼핏 보면 정반대의 성향인 것 같지만 의외로 공통된 부분이 있습니다. 앞이든 뒤든 둘 다 집단과 분리된 위치에 따로 서 있다는 점입니다. 이런 '분리'는 '다름'이라는 인식을 만들어내고 이것이 이해관계와 생각, 행동의 '분열'로 이어집니다. 그러니 리더십의 가장 어려운 점은 이 분열을 어떻게 최소화하는가의 문제라고 할 수 있습니다.

그렇다면 앞도 뒤도 아니고 나란히 옆에서 함께 가는 리더십은 어떨까요? 사실 리더가 똑같은 위치에서 걸어서는 리드하기가 불가능할 테니 좀 더 정확히는 앞으로 갔다가도 옆으로 돌아오고, 뒤로 물러섰다가도 다시 어깨를 나란히 하며 웃는 얼굴을 보이는 시계추와 같은 운동을 끊임없이 해야겠지요. 그냥 묵묵히 앞으로 걷기만 해도 어려울 행군길을 앞으로 갔다 뒤로 갔다 반복하면서 해야 하는 게 리더의 역할이라니, 상상만 해도 정말 피곤해 보이지 않습니까?

사마천이 지은 《사기》의 〈손자오기열전(孫子吳起列傳)〉에는 춘추전국시대의 병법가 오기(吳起)의 이야기가 나옵니다. 우리가 "야, 쟤 또 오기 부린다"라고 말할 때의 그 '오기'입니다. 그는 워낙 고집이 세고 독한 성격이라서 동네 불량배에게 죽도록 얻어맞으면서도 매일매일 쫓아가서 싸움을 거는 바람에 나중엔 불량배가 기가 질려서 항복했을 정도였습니다.

| 그림 32 | 오기의 초상화.

이렇게 고집불통이었던 오기는 장군이 되어서도 병사들에게 늘 엄정한 군기를 강조했습니다. 일반적으로 이렇게 '빡센' 부대에서는 병사들이 불만을 품기 마련이지만 오기의 부대는 그렇지 않았다고 합니다. 오기는 병사들에게 원칙을 강조하는 만큼 자신도 그 원칙을 지켜 병사들과 같은 옷, 같은 음식, 같은 잠자리를 고수했으며 심지어 행군할 땐 수레를 타지 않고 직접 짐을 지고 병사들과 함께 걸었습니다.

병사들에 대한 오기의 태도를 보여주는 대표적인 고사가 있습니다. 하루는 병사 중 하나가 종기가 심해서 고통을 받고 있다는 말을 듣고 오기가 병문안을 왔습니다. 장군이 사병의 병문안을 왔다는 것만 해도 대단한 일인데 잔뜩 부풀어 오른 병사의 종기를 본 오기는 서슴지 않고 입으로 그 고름을 빨아내 치료를 도왔습니다. 페니실린 같은 약이 없던 시절에 어쩔 수 없이 선택한 치료법이었는지도 모르겠습니다. 하지만 의사는 물론 가까운 사람이라도 선뜻 시도하기 힘든 지저분하고 위험한 일을 장군이 직접 했으니 병사와 주변 사람들은 얼마나 감격했을까요?

그런데 이 소식을 전해 들은 병사의 어머니는 오히려 통곡했다고 합니다. 의아해진 사람들이 우는 이유를 묻자 어머니는 작년에도 남편이 종기가 났을 때 장군이 그 고름을 직접 빨아주었고 이에 감격한 남편이 은혜를 갚으려고 선두에 서서 싸우다가 죽었다고 말했습니다. 그런데 이번엔 아들이 죽게 되었으니 어쩌면 좋냐고 했지요. 이 고사를 '종기(疽)를 입으로 빨아주는(吮) 어진 마음'이라는 뜻으로 연저지인(吮疽之仁)이라고 합니다.

어떤 이는 이런 오기의 태도가 부하들의 충성심을 끌어내기 위한 일종의 연기이자 가식이라고 보기도 합니다. 하지만 리더로서의 역할에 충실하고 효과적일 것이라는 기대에서 한 행동이라면 그것이 진심인지 가식인지를 구별하는 게 과연 의미가 있을까요?

앞서 나폴레옹도 공을 세운 사병의 이름을 명찰도 없이 척척 불렀을 땐 당연히 상을 주기 전에 미리 이름을 파악하고 외워야 했을 것입니다. 벤투 감독의 뒤늦은 반응은 사실 심판의 판정에 승복하려 했으나 선수들이 승복하지 않자 리더로서 앞장서서 싸워야 한다는 판단에 본인의 생각과 달리 격렬한 항의를 하게 되었던 것이고요. 나쁘게만 보자면 이런 사례들도 모두 '순수하지 못한 선의'라고 할 수 있지요.

하지만 조직이나 집단을 이끌어가는 이에게 필요한 것은 '진정한 선의'가 아니라 '효과적인 리더십'입니다. 진심으로 병사들을 사랑하는 마음을 갖고 있지는 않다는 이유로 사랑하는 척도 하지 못하는 장군은 '솔직한 사람'이 아니라 '무능한 사람'입니다.

오기는 자신의 출세를 위해 가족도 버리고 아내도 내친 무정한 사람이지만 적어도 장군으로서는 불패의 신화를 쌓아 올렸습니다. 그 유명한 '살고자 하면 죽을 것이고, 죽고자 하면 살 것이다'라는 말 역시 오기가 쓴《오자병법》에서 나온 말인데요. 멋진 말이긴 하지만 이 죽고자 하는 사람에 장군도 포함되어 있다는 믿음이 없다면 이 말은 병사들에게 '너희들, 다 싸우다 죽어라!'라는 말로 들릴 겁니다. 언제나 '함께하는 리더십'을 솔선수범했던 오기였기에 이런 말을 자신 있게 병사들에게 할 수 있었던 것이지요.

그 결과 오기는 5만의 병사로 10배인 50만의 진나라 군대를 물리치는 기적을 만들어냈습니다. 약 1,000년이 지난 후 절체절명의 전투를 앞두고 똑같은 말을 병사들에게 던진 이순신 장군도 12척으로 133척의 왜선을 물리치는 명량해전의 기적을 만들어냈지요. 결국 사람들의 삶과 생각은 1,000년이 지나도 크게 달라지지 않는 것 같습니다.

성공도 우리의 것, 실패도 우리의 것, 리더와 집단은 분리되지 않고 나란히 함께 가는 운명 공동체임을 분명하게 인식하는 게 거대한 전진의 시작점입니다. 대개 집단은 그걸 잊지 않습니다. 그걸 쉽게 잊는 건 자신이 맨 앞에, 제일 위에 있다고 생각하는 리더 쪽이죠. 그러고 보면 리더십이란 수시로 색깔을 바꿔 자신의 존재를 드러냈다가 감추기를 반복하는 변화무쌍한 역할일지도 모르겠다는 생각이 듭니다. 여러분은 어떤 리더의 색깔이 마음에 드시나요?

책임이 우리 모두의 것이 될 때
: 김성근 감독의 리더십

김성근 감독의 카리스마?

이번 이야기는 앞서 소개한 JTBC 프로그램 〈최강야구〉에서 최강 몬스터즈의 수장을 맡고 있는 김성근 감독의 이야기입니다. 이 프로그램이 처음 시작되었을 때 초대 감독은 이승엽 감독이었습니다. 삼성 라이온즈 출신으로 '라이언 킹'이라는 별명을 얻었을 만큼 우리나라 프로야구의 한 시대를 대표하는 선수였죠. 굳이 명칭을 붙이자면 '최강야구 1기'라고 할 수 있는 이승엽 감독의 시절부터 이미 〈최강야구〉는 인기를 모으기 시작했습니다. 하지만 본격적인 인기를 누린 것은 이승엽 감독이 두산 베어스의 감독으로 자리를 옮기면서 그 뒤를 이어 여든두 살의 노장 김성근 감독이 2대 감독으로 취임하면서부터였습니다.

제가 신기하게 생각했던 것은 김성근 감독이 처음으로 선수들과 만나는 장면이었습니다. 그라운드에 모여 시시콜콜한 농담을 주고받으며 하하호호 떠들던 선수들이 멀리서 김성근 감독의 실루엣을 보자마자 웃음기를 거두고 벌떡 일어나 모자를 벗으며 인사하는 것이었습니다. 각자 자신의 포지션, 자신의 시대를 대표하는 레전드들로 늘 여유와 자신감이 넘치던 선수들이 처음으로 보이는 긴장한 모습이었습니다.

물론 나이가 많은 감독님에게 예의를 차리는 것은 당연하겠지요. 하지만 선수들의 모습에서는 예의를 넘어 극도의 긴장과 두려움마저 보였습니다. 김성근 감독이 압도적인 체격을 가졌거나 목소리가 큰 사람도 아닌데, 여든두 살 노인이 약간 흔들리는 걸음걸이로 천천히 그라운드로 걸어 나오는 것만으로 이 대단한 선수들을 긴장시킨 힘은 도대체 무엇이었을까요?

그 놀라움은 방송 회차가 늘어날수록 더 커졌습니다. 김성근 감독은 재일교포 출신으로 한국어가 여전히 서투르기도 하고, 평소 그리 말을 많이 하지 않는 스타일입니다. 그래서 지시 사항을 알아듣기 좋게 자세히 말하지도, 강하게 반복하지도 않는데요. 감독의 말 한마디, 손짓 하나, 눈빛 한 번에 선수들은 희로애락의 롤러코스터를 타는 모습을 보여주며 팀의 일원으로 강하게 녹아들었습니다.

사실 이승엽 감독 시절에는 딱히 대단한 훈련을 하지도 않았고 선수들도 이미 은퇴했다는 사실을 강조하면서 웬만하면 경기에서 빠지거나 무리하지 않으려고 도망 다니는 느낌이었지요. 그리고 방송에서도 이것을 재밌는 포인트로 보여주기도 했습니다. 하지만 김성근 감독은 처음부터 현역 선수에 못지않은 훈련을 요구했고,

선수들은 어떻게든 한 경기라도 더 나가려고 몸부림치는 강한 승부욕을 보였습니다.

존경과 두려움, 훈련에 대한 공포와 출전에 대한 열망, 조용할수록 강력한 리더십. 어떤 이들은 이것을 '김성근 감독의 카리스마'라고 표현하기도 합니다. 하지만 카리스마라는 신비한 용어로 포장해버리고 나면 실제로 그 힘이 무엇인지, 어떻게 작동하는지 그 안쪽을 전혀 들여다볼 수 없습니다. 그래서 저는 이번 기회에 김성근 감독의 리더십에 대한 궁금증을 '책임'이라는 키워드를 통해 들여다볼까 합니다.

책임의 하향: 순살 아파트의 비극

더운 날씨가 이어지고 있습니다. 그리고 날씨만큼이나 뉴스로 전해지는 소식들도 답답하기 없는 시절이네요. 여러 뉴스 중에서도 특히 제 눈길을 끌었던 것은 아파트 부실 공사와 관련된 보도들이었습니다. 공사 중이던 아파트의 지하 주차장이 붕괴된 사고 하나를 조사했더니 LH에서 짓고 있는 수많은 아파트에서도 비슷한 문제들이 발견되었던 겁니다. 조사되지 않은 민간아파트까지 포함하면 얼마나 더 많은 아파트가 이런 문제를 가지고 있을지 가늠조차 되지 않는데요. 언제라도 붕괴 사고의 위험이 있어 많은 사람을 불안에 떨게 하고 있습니다.

문제의 핵심은 건축비용을 아끼기 위해 필요충분한 만큼의 자재, 특히 철근이 제대로 시공되지 못하고 설계 기준치보다 적게 들어갔다는 것입니다. 그래서 뼈 없는 닭과 같은 '순살 아파트'라는 씁쓸한 유행어가 만들어지기도 했습니다.

세상 모든 일이 그렇듯 원인을 따지고 들자면 한없이 많은 요인이 있을 것입니다. 가장 큰 원인으로는 아무래도 코로나19 바이러스로 인한 팬데믹 사태로 건축 원자재 가격이 폭등한 것을 꼽을 수 있겠지요. 여기에 설계가 부실했다거나 현장을 감독할 감리가 제대로 이뤄지지 못했다거나 같은 원인이 있을 겁니다. 그중에서도 많은 사람이 지적하는 문제는 우리 건축계의 고질적인 관행이라고 할 수 있는 '하청구조'의 문제입니다.

이미 많이들 알고 있는 일이라 굳이 설명이 필요하진 않겠지만 저는 이 문제를 '책임'이라는 차원에서 살펴보고자 합니다. 원청과 하청의 관계는 협력해서 함께 건축 작업을 하거나 역할을 나누어 설계, 관리, 감독을 하는 원청 그리고 건축 작업 실무를 하는 하청으로 분리되는데요. 실제로는 원청이 해야 할 일을 하청에게 떠넘기는 방식이 더 일반적입니다.

이렇게 '업무의 분담'이 아닌 '책임의 전가' 형식으로 하청이 반복된다면 1억 원짜리 일이 하청의 단계가 거듭될수록 8,000만 원, 6,000만 원, 4,000만 원짜리로 낮아져 결국 최종 결과물은 2,000만~3,000만 원짜리에 맞춰지겠지요. 그리고 건축 과정 자체의 책임은 온전히 최종 하청에 몰려 있으니 결국 싸구려 순살 아파트가 탄생할 수밖에 없는 것입니다.

건축 전문가들의 이야기를 들어보니 건설회사가 모든 인력과 장비를 상시 보유할 수도 없고 전국 단위로 현장이 흩어져 있어서 원청에서 모두를 커버할 수도 없기에, 시공 과정에서 업무를 쪼개어 하청을 주는 것은 효율적인 선택이며 지역의 작은 업체들이 살아남을 방법이라고 하더군요. 따라서 건축 하청 구조의 문제에서 핵심은 '하청을 주면 안 된다'가 아니라 '원청과 하청이 어떻게 책임을 분담할 것인가'라고 할 수 있습니다.

하청 단계에서 비용과 대가는 쪼개지는데 정작 실무 책임은 최종 단계로만 몰린다면 그 책임에 대응할 비용도, 능력도, 의무감도 반 토막 나는 게 당연하겠지요. 이런 식의 책임 배분 방식을 '책임의 하향'이라고 부를 수 있습니다.

책임의 상향: 일본이 파시즘에 미쳤던 이유

사실 책임을 아래로 미루는 것은 우리가 일상에서 자주 목격하는 장면입니다. 흔히 '꼬리 자르기'라고도 하죠. 하지만 그와 반대로 책임을 위로 미루는 '책임의 상향'도 의외로 드물지 않게 벌어지는 일입니다.

제2차 세계대전이 끝난 후 일본 학계를 괴롭힌 커다란 질문은 '도대체 우리는 어쩌다가 이렇게 미친 짓을 벌이게 되었는가?'라는 것이었습니다. 좁게 보면 절대로 승산이 없었던 미국을 상대로 태평양 전쟁을 벌인 것 자체가 미친 짓이긴 했습니다. 그리고 크게 보면 조선과 중국을 침략하고 동남아시아를 넘어 전 세계를 상대로 전쟁을 선언하고 그 과정에서 민주주의 정치체제, 시민의 기본권 등 모든 근대적 유산을 폐기하고 '군국주의'라는 파시즘 체제로 들어서고자 했는데요. 그 과정 자체가 에도 시대를 거치며 적지 않은 역사와 노련한 삶의 경험을 쌓아왔다고 자부했던 일본인들이 되돌아봐도 도저히 납득되지 않는 비이성적인 행동이었습니다.

일본을 대표하는 정치학자 중 한 명인 마루야마 마사오는 저서 《현대 정치의 사상과 행동》에서 이런 비극의 작동 구조를 '기정사

| 그림 33 | 1945년 1월 일본 천황이 참석한 어전회의를 찍은 사진.

실에 대한 굴복'과 '권한으로의 도피'로 설명합니다. 기정사실은 말 그대로 이미 정해진 사실이며 이를 인정하는 순간 자신이 할 수 있는 일은 사라집니다. 흔히 말하는 '윗분'들이 정한 일이니 자신은 현상의 변경이나 문제를 지적할 능력이나 권리는 없고 주어진 일을 그대로 수행할 '권한'만 갖는다고 변명하는 것이죠.

문제는 여기서 윗분이 누구냐는 겁니다. 과장의 윗분인 부장? 부장의 윗분인 차관? 장관? 총리대신? 이렇게 따져 올라가면 일본에서 유일하게 자유로운 사람, 결정권을 가진 유일한 사람인 천황으로까지 올라갑니다.

하지만 천황은 사실상 상징적인 존재일 뿐 모든 사태를 장악할 능력도, 의지도 없는 '말하지 않는 신'과 같은 존재입니다. 이를 마루야마 마사오는 '신을 모시는 가마'라고 표현하는데요. 이렇게 예를 들어보겠습니다. 어떤 거리의 불량배가(마루야마는 '무법자 낭인'이라고 표현합니다만) "아이 씨, 날도 덥고 돈도 없고 짜증 나는데 조선이나 중국으로 쳐들어가서 다 죽여버리고 돈도 뺏고 그랬으면 좋겠다"라고 중얼거렸습니다. 그러자 순사가 "시끄러워, 조용히 해!"라고 으름장을 놓습니다. 그런데 옆에서 같이 술을 마시던 불량배들이 "야, 그거 좋은 생각인데? 당장 가자"라고 웅성거리자 순사는 당황합니다. 혹시 다들 이렇게 생각하는지, 나만 흐름을 못 읽는 건지 싶어 후다닥 파출소에 들어가 소장에게 민의가 이러하다고 전하지요.

소장이 "민의와 현장 순사들의 뜻이 이러하여…"라고 경찰서장에게 전하면 청장, 차관, 장관을 거쳐 총리대신이 '신을 모시는 가마'에게 "현재 시중의 민의와 관리들의 총의가 이러한 바…"라고 의견을 묻습니다. 당연히 가마는 아무 말이 없지만 그 묵묵부답은 '불만스럽게 입을 다무셨다'로도, '무언중에 깊은 지지의 결정을 내리셨다'로도 해석될 수 있으므로 침략 전쟁은 기정사실이 되어 전쟁에 돌입하게 된다는 것입니다.

이 비유는 일본의 참혹한 전쟁이 단순한 우연이나 실수에서 비롯되었다고 변명하는 게 아닙니다. 사실 저 일련의 과정들을 천천히 반추해보면 맨 처음 불량배들의 말을 옮긴 사람도, 그 말을 쳐내지 않고 그대로 상부에 전한 파출소장이나 경찰서장도, 최종적으로 유언비어를 단속하라는 명령 대신 군이 천황에게 물어 결단을 내리도록 한, 아니 결단을 마음대로 해석한 총리대신에 이르기까지 모두 '전쟁을 하고 싶다. 우린 이길 수 있는데. 러일 전쟁처럼 큰 이득을 볼 수만 있다면…'이라는 의지가 당연히 있었을 것입니다. 하지만 그 책임을 끊임없이 위로 떠넘겨 자신은 결국 무책임한 상태에 마음 편히 있으려고 하지요. 마루야마 마사오는 이런 현상을 '의존의 상향'이라고 불렀습니다.

그런데 이런 일, 어디서 많이 본 듯한 느낌이 들지 않나요? 바로 관료제 시스템에서 상시로 벌어지는 일이기 때문입니다. 권한과 책임이 명료한 수직적 시스템으로 효율을 극대화하는 관료제는 효율성을 강조하면 할수록 '권한과 책임'보다는 '수직적 명령 체계'가 강화됩니다. 그러면서 일단 내려진 결정에 대해 문제 제기나 반성 없이 빠르게 주어진 과업을 수행하는 일에만 집중하게 되지요. 전형적인 군대식 조직이라고 할 수 있는데요. 매우 체계적으로 움직이는 강력한 조직처럼 보이지만 속내를 까보면 아무도 책임 의식을 갖고 있지 않습니다. 그러니 일본이라는 한 국가를 불과 몇 년 만에 패망으로 이끌었던 것이지요.

전후에 일본에 진주한 미군은 일본의 전쟁 수행 과정을 밝혀내기 위해 수많은 군인, 관료들을 심문했습니다. 하지만 모든 사람이 자기는 시키는 대로 했을 뿐이라고 주장했지요. 결국 전쟁 책임은 거미줄 같은 조직의 사이에서 마치 안개처럼 사라져버렸습니다. 이렇게 보면 '책임의 상향'은 '책임의 증발'이라고 불러도 좋을 듯합니다.

책임의 분할: 김세진 감독의 결정적 타임

프로배구 남자부의 OK금융그룹 배구단은 2013년에 창단된, 프로배구팀 중에서는 막내에 해당하는 구단이었습니다. 이때 초대 감독을 맡았던 사람이 바로 한 시대를 풍미한 전설적인 선수였던 김세진 감독입니다.

그는 대학 시절 이미 국가대표에 발탁되었고 월드 리그에서 공격 성공률 1위를 기록하며 '월드 스타'로 불리기도 했습니다. 이 정도로 화려한 스타 플레이어라면 자존심이 강해 다가가기 어려울 것 같은데요. 하지만 감독이 되고 난 후 그는 의외로 선수들과 친밀하게 지내면서 차분하고 조곤조곤하게 지시를 전달하는 새로운 감독상을 보여줬습니다. 이른바 '형님 리더십'이라고 불리는 수평적인 관계 설정은 이후 프로배구의 다른 팀들에도 적지 않은 영향을 줄 정도였습니다.

하지만 경기에 집중하다 보면 늘 차분해 보이는 그도 감정이 고조되는 때가 있을 수밖에 없었습니다. 2014년 2월 9일에 있었던 삼성화재와의 원정경기가 바로 그런 상황이었는데요. OK의 팀 성적은 바닥을 기고 있었고, 상대 팀 삼성화재는 당시 최강팀이자 김세진 감독의 친정 팀이기도 했으니 어떻게든 이기고 싶었을 것입니다.

그런 감독의 마음이 전해졌는지, 선수들이 펄펄 날아다닌 덕에 OK는 두 세트를 먼저 따냈습니다. 마침내 한 세트만 더 잡으면 승리를 거머쥘 수 있다는 기대감으로 3세트가 시작되었는데요. 하지만 삼성화재의 추격은 무서웠고 경기 내내 앞서가던 OK는 매치포인트인 25점을 불과 3점 앞둔 상황에서 22:22로 덜미를 붙잡혔습니다. 선수들이 '아, 역시 우리는 안 되는구나. 이러다 또 뒤집히는 거 아냐?' 하며 불안감에 웅성거리던 순간 김세진 감독은 타임아웃을 불러 어깨를 늘어뜨린 선수들을 벤치에 불러모았습니다. 그리고 그 뒤로 오래 기억될 작전 지시를 내렸지요.

자, 지금부터 들어. 마지막까지 서브 맞춰 넣지 마. 전략 서브 넣지 마. 에러 나도 내가 책임져. 무조건 패! 하나도 안 들어가도 상관없어. 무조건 패!

평소 그답지 않게 단호한 목소리, 한쪽 손을 허리춤에 올리고 다른 한 손은 삿대질을 하듯 검지를 세워 선수들의 가슴에 꽂아 넣듯이 던진 지시였습니다. 이 작전 타임이 유명해진 것은 "무조건 패!"라는 단순 명쾌한 메시지 때문이었지만, 가만히 곱씹어보면 진짜 중요한 말은 그 앞에 있는 "에러 나도 내가 책임져. 하나도 안 들어가도 상관없어"였습니다.

사실 리더의 가장 중요한 역할은 신묘막측한 작전을 짜내거나 세상에서 가장 현명한 결정을 내리는 것이 아닐지도 모릅니다. 그런 것은 각 영역에서 전문성을 가지고 모인 집단들, 군부대라면 참모진, 스포츠 팀이라면 전력 분석 팀이나 코치진이 데이터와 집단지성을 통해 만들어낼 일입니다. 리더가 해야 할 진짜 역할은 그 대안들 가운데 선택된 결정에 대해 자신이 최종적인 책임을 진다는 것을 분명히 해서 팀원들이 자기 역할에만 집중하도록 부담을 덜어주는 게 아닐까요?

이런 전략을 '책임의 분할'이라고 부를 수 있을 것 같습니다. 코트에서 벌어지는 플레이 하나하나는 당연히 매 순간 그 플레이를 하는 선수들에게 달려 있지만, 팀 전체의 전략 그리고 최종적인 결과에 대한 책임은 팀을 훈련하고 지도한 감독에게 있다는 '분리'를 명확히 하는 것입니다. 그래야 각자가 지금 무엇을 어떻게 할 것인지 간명하게 인식하고 집중할 수 있습니다.

결국 이어진 플레이에서 OK는 삼성화재를 꺾고 3:0의 완승을 거두었고, 창단 첫해에 목표를 훨씬 뛰어넘은 11승을 거머쥐었습니다. 나아가 바로 이듬해에 삼성화재의 '왕조시대'를 끝내고 창단 2년 만에 우승을 차지했습니다.

모두의 책임: 김성근의 리더십

자, 이제 이 글의 첫머리에 언급했던 김성근 감독의 이야기로 돌아갑시다. 김성근 감독의 리더십은 매우 독특해서 앞에서 말한 책임의 하향, 책임의 상향, 책임의 분할, 그 어떤 것과도 달라서 약간의 배경 설명이 필요합니다.

앞서 잠시 언급했지만 김성근 감독은 일본 교토에서 나고 자란 재일교포 출신입니다. 어려서 집이 무척 어려웠기 때문에 야구에 전념할 환경도 아니었고, 노력을 거듭해도 재일교포에 대한 차별 때문에 그는 일본 사회인야구 팀에 진출하지 못하고 2부 리그를 전전했습니다. 결국 기회를 찾아 우리나라로 건너와 실업 팀에 입단했지만 1960년대 당시 우리나라는 조총련의 영향이 강했던 재일교포를 경원시하는 분위기였기에 가족 중 혼자만 영주귀국을 했습니다. 전하는 이야기에 따르면 다시는 가족을 볼 수 없을 거란 생각에 많이 울었다고 합니다.

그나마도 투수로서 경기마다 과도하게 공을 던지는 혹사를 당한 끝에 22세의 젊은 나이에 어깨를 망치고 타자로 버티다가 4년 후인 26세의 나이에 선수 생활을 그만두었습니다. 그러니 김성근 감독의 좌우명이 '일구이무(一球二無)'라는 비장한 말이 된 것도 이해가 됩니다. 이 말은 고사성어 가운데 '일시이무(一矢二無)', 그러니까 화살을 쏠 때 첫발이 모든 것이고 그게 빗나가면 만사 끝이라는 말을 응용한 것인데요. 야구를 할 때 이번 공 하나가 마지막이라고 생각하고 그 공 하나에 온 힘을 다해야 한다는 뜻입니다.

김성근 감독의 리더십은 바로 이 진지함에서 시작됩니다. 어떤 이에게 야구는 '즐거운 공놀이'지만 그에게 야구는 언제나 생과 사를 가르는 심각한 문제입니다. 〈최강야구〉에서 그가 한 가장 유명한 말은 "돈 받으면 프로다"였습니다. 은퇴한 선수라도 프로그램 출연을 통해 돈을 받으며 야구를 하고 있으니 프로라는 생각으로 책임감 있게 행동하라는 뜻이었습니다.

하지만 그보다 더 유명한 에피소드는 이전 경기에서 패배한 후 다음 경기를 시작하기 전에 라커룸에서 선수들에게 한 말이었습니다. 〈최강야구〉는 예능의 긴장감을 위해 승률이 7할을 넘기지 못하면 프로그램을 폐지하는 조건을 달았는데요. 연패의 위기에 놓인 김성근 감독은 라커룸에서 선수들을 모아놓고 이런 이야기를 합니다.

> 우리 뒤에 제작진만 200명이 있어. 200명의 제작진 뒤에는 500명, 600명의 가족도 있다. 우리가 실수하면 이 사람들한테 어떤 피해를 주겠어.

김성근 감독은 은퇴 선수들의 예능 프로그램처럼 보이는 이 일에 생계가 걸린 수많은 사람이 있다는 점을 상기시켜서 선수들이 경기에 최대한 집중할 것을 주문한 겁니다. 즉 김성근 감독에게 야구는 삶을 결정하는 가장 진지한 일이며 여기에 책임을 다하려면 어떻게 해서든 승리하는 것입니다. 이 목표를 위해 지독한 훈련이든, 레전드들의 체면을 깎는 라인업이든 어떤 것도 할 수 있습니다. 살아남지 않으면 다른 모든 일은 의미가 없고, 반대로 말하면 이렇게 해야 진짜로 선수들이 행복해질 수 있다고 믿으니까요.

선수들이 진정으로 두려워하는 것은 바로 그 지점일 수 있습니다. 김성근 감독의 목표 의식이 정당하기 때문에 부정할 수 없고, 그의 진지함과 확신이 진짜이기 때문에 어떤 훈련이나 지시에도 따를 수밖에 없죠. 감독이 지시를 내리고, 선수인 자신은 이에 반박하거나 따르지 않을 수 없으니 온몸으로 함께 부딪칠 수밖에 없습니다.

김성근 감독의 리더십이 가진 진정한 힘은 바로 이렇게 자신의 경험과 신념을 바탕으로 선수들이 모두 야구를 진지하게, 책임감 있게 받아들이도록 만드는 것입니다. 여기서 중요한 것은 '모두'입니다. 이제 야구의 승패는 '모두의 책임'이 되었기 때문에 선수들은 똑같이 반복되어온 경기임에도 김성근 감독이 취임한 이후로는 패배에 더 크게 절망하고 승리에 더 목말라하며 어떻게든 자신의 힘을 보태기 위해 노력하게 된 것입니다.

사실 이건 너무 무거운 일입니다. 모든 사람이 모든 일에 책임을 짊어지고 가는 것은 마치 100킬로그램의 짐을 10명이 나눠 지면 10킬로그램이 될 텐데, 모두가 100킬로그램씩을 짊어져서 1톤의 무게로 확장되는 느낌이랄까요. 그래서 그의 승리 지상주의에 대한 비판도 적지 않으며 선수에 대한 혹사 논란도 자주 벌어집니다.

하지만 재미있는 것은 정작 혹사 논란의 대상이 되는 선수들, 예를 들어 한화이글스 감독 시절 송창식 선수나 권혁 선수 등은 김성근 감독을 원망하기보다는 자신에게 더 많은 기회를 주었고 성장하게 해주었다고 말한다는 점입니다. 이들은 김성근 감독의 진지함이 '자신의 승리'가 아니라 '선수들을 포함한 팀원 전체의 승리', 그러니까 승리를 통해 선수들이 더 행복하고 성공적인 커리어를 만들어가기를 바라는 마음에서 나왔다는 걸 알고 있는 것이지요.

어떤 목표를 가진 조직에서 '권한과 책임'이 규정되는 것은 피할 수 없는 일입니다. 목표의 성격, 조직의 특성에 따라 책임은 다양한 모양으로 나뉘겠죠. 하지만 책임이 어느 한쪽에 몰리면 결국은 '무책임'이라는 결과로 이어진다는 것이 고금의 진리입니다. 책임을 어떻게 잘 나눌 것인가, 더 중요하게는 책임이 지향하는 목표에 조직 구성원들이 얼마나 진지하게 동의하는가는 함께 살아가야 할 운명을 짊어지고 있는 우리 인간이 끊임없이 고민할 수밖에 없는 문제가 아닐까 싶습니다.

상상하지 않는 것은 죄악이다 : 숫자 너머를 보는 힘의 중요성

로마의 비극

제2차 세계대전 당시 이탈리아는 독재자 무솔리니를 중심으로 독일의 히틀러와 돈독한 협력 관계를 구축한 추축국의 일원이었습니다. 하지만 연이은 패배와 실정의 결과 무솔리니는 권좌에서 축출되었고, 뒤를 이은 바돌리오 정권이 연합군에 항복하려는 모습을 보이자 독일은 군대를 동원해 이탈리아를 직접 점령해버렸습니다. 하지만 애초에 동맹국이었던 데다가 교황이 있는 바티칸은 히틀러도 함부로 짓밟기를 꺼리는 곳이었기 때문에, 로마 지역을 담당하고 있던 나치 친위대 헤르베르트 카플러(Herbert Kappler) 대령은 교황청과 우호 관계를 유지하며 예술품 빼돌리기에 더 골몰했지요.

그러나 1944년 3월 23일, 행진하던 독일군 보병들이 이탈리아 레지스탕스의 습격을 받아 33명이나 사망하는 사건이 벌어지자 로마의 분위기는 순식간에 뒤집혔습니다. 이 소식을 전해 들은 히틀러가 분노에 휩싸여 '10배의 보복'을 명령하면서 자그마치 330명이나 되는 이탈리아인들의 사살을 명령한 것입니다.

이 내용을 담은 영화가 바로 1973년 개봉한 〈로마여 영원하라〉입니다. 원제가 'Massacre in Rome', 즉 '로마 학살'이라는 것에서 알 수 있듯이 이 영화는 액션 장면이 거의 등장하지 않습니다. 히틀러의 학살 명령을 카플러 대령이 어떻게 수행해내는지 그 비극의 과정만을 다룬 드라마입니다. 놀라운 것은 이게 픽션이 아니라 실제로 있었던 사건이며 오히려 역사 속의 실제 모습은 훨씬 엉망진창이고 더 비극적이었다는 점입니다.

로마 학살의 끔찍한 진실

이 영화의 배경이 되는 실제 사건은 아르데틴 학살(Ardeatine Massacre)입니다. 로마 근교에 있던 아르데틴 동굴에 사람들을 모아놓고 죽였기 때문에 이런 명칭이 붙었습니다. 실제 사정은 영화의 내용과 약간 다른데요. '10배의 보복'이 히틀러의 아이디어가 아니라 카플러 대령과 그의 상관이었던 쿠르트 멜처(Kurt Mälzer) 장군의 착상이었다는 점입니다. 아마도 그들은 정규군도 아닌 레지스탕스, 그것도 총통이 무시해 마지않는 전투력을 보였던 이탈리아 레지스탕스에 독일군 정예부대 33명이 전멸한 것에 대한 책임을 피하기 위해 사고에 대한 보고와 함께 이런 끔찍한 아이디어를 상신한 것으로 보입니다.

히틀러는 '이탈리아인보다 10배 더 가치 있는 독일인의 생명'이라는 아이디어에 흡족해한 듯하지만, 그것만으로는 성이 차지 않았는지 '24시간 안에 사형을 집행하라'라는 명령을 덧붙여 내렸습니다. 이제 발등에 불이 떨어진 것은 처음에 아이디어를 냈던 멜처 장군이 아니라 실무 라인에 있던 카플러 대령이었습니다. 로마 지역의 자기 관할 하에 있던 사형수는 고작 네 명뿐이었기 때문입니다.

일단 총통의 명령이 내려진 이상 24시간 내에 무조건 실행하지 않으면 앞서 부대원 사망의 책임과 함께 무거운 징계를 각오해야 하는 상황이었기 때문에 이제 문제는 완전히 관료적인 숫자 놀음으로 바뀌었습니다. 그는 다른 지역의 포로수용소 담당자들에게 마구 전화를 돌려 145명의 사형수를 추가로 확보했지만, 아직 필요한 숫자에는 한참 모자랐습니다. 애가 탄 카플러는 폭주하기 시작합니다. 징역형을 받은 17명도 무조건 끌어오고, 판결이 나지 않았지만 '죽여도 될 만한' 미결수 100여 명도 끌어오고, 레지스탕스 습격 사건 관련 용의자 네 명도 재판은커녕 수사 절차도 없이 명단에 넣었지요.

그렇게 억지로 머릿수를 채워도 겨우 271명밖에 되지 않자 카플러는 최후의 수단을 쓰기로 합니다. 이 사건과 아무 상관이 없고 지은 죄조차 없으며, 이탈리아인도 아닌 수용소에 있던 유대인 57명을 무작위로 채워 넣기로 한 것입니다. 이렇게 마구잡이로 숫자를 채우다 보니 최종적으로는 330명을 넘겨 335명이 되었습니다. 하지만 학살 계획이 외부에 알려지면 안 되니 보안 유지의 차원에서 그리고 모자란 것보다는 넘치는 것이 더 낫다는 말도 안 되는 논리로 이들을 트럭 다섯 대에 나눠 싣고 아르데틴 동굴로 끌고 가 무릎을 꿇리고 뒤통수에 총을 쏘는 방식으로 전원 학살했습니다.

숫자로 환원하는 일의 무서움

영화 〈로마여 영원하라〉는 러닝타임 104분의 대부분을 카플러 대령이 330명의 숫자를 채우느라 고심하고 무리하는 일을 묘사하는 데 할애합니다. 지적인 배우 리처드 버튼이 연기한 카플러 대령은 예술을 사랑하고 군인답지 않게 젠틀한 모습으로 등장하는데요. 그런 그가 더 죽일 사람의 명단을 확보하기 위해 동분서주하는 모습, '죽여도 될 만한 사람'의 명단을 전화로 통보받을 때 뛸 듯이 기뻐하는 모습은 어이없음을 넘어 마치 블랙코미디를 보는 것처럼 느껴지기도 합니다.

하지만 그런 쓴웃음도 마지막 학살 장면에서는 소리 없이 사라집니다. 명단으로, 숫자로만 존재하던 사람들이 실제로 트럭에 실려 오고 이들을 밧줄로 묶어 순서대로 동굴 안에 끌고 들어가 무릎을 꿇리고 죽이는 일은 군인들조차 감당하기 어려운 비극적인 현실이었기 때문입니다.

기록에 따르면 이탈리아 후방에 배치된 이 독일군들은 실전 경험이 거의 없어서 사람을 죽여본 일이 없었습니다. 때문에 이런 일방적인 학살에 구역질을 하거나 방아쇠를 당기지 못해 책임 추궁을 당하지 않도록, 장교들이 술을 잔뜩 마시고 방아쇠를 당겼다고 합니다. 10명씩 동굴에 들어온다 해도 서른네 번을 해야 하는 짓입니다. 나중엔 동굴이 꽉 차서 시체 위에 올라가서 무릎을 꿇게 했고, 최종적으로는 시체가 1미터 높이로 쌓였다고 합니다. 처형 장소로 동굴을 택한 이유는 간단합니다. 나중에 입구를 폭파해서 묻어버리기에 제일 좋은 장소였기 때문입니다.

10배의 복수 어쩌고 했지만 독일군들도 자기들이 하는 짓이 부끄러움을 넘어 꼭꼭 숨겨야 하는 미친 짓이라는 점을 알고 있었던 듯합니다. 하지만 바로 그런 이유로 이 유해들은 오래 잊힌 채로 파묻혀 있었습니다. 이유 없이 죽음을 당한 이들의 가족들은 유해가 있는 곳은커녕 이들이 살해당했다는 사실조차 끝까지 몰랐던 경우가 태반이라고 합니다.

하지만 이 와중에도 독일인다운 꼼꼼함이라고 해야 할까요. 술에 취한 채 정신없이 방아쇠를 당기던 장교들은 총알이 아까우니 반드시 한 발에 한 명씩 숨을 끊어놓아 탄환이 335개 이상 낭비되지 않도록 주의하라는 지시를 반복해서 받았다고 합니다. 씁쓸한 효율성이 아닐 수 없습니다.

악의 평범성, 그 '생각없음'에 대하여

어떤 조직이나 사업을 운영할 때 전체의 상황을 파악하고 목표를 세우는 가장 효율적이고 효과적인 수단은 역시 숫자입니다. 단편적인 인상이나 느낌으로 파악하기 어려운 흐름과 디테일들을 적나라하게 보여주는 것도 숫자이고, 무엇을 얼마나 어떻게 해나갈 것인지 세밀한 계획을 세우는 데 필수적인 것도 숫자이지요.

하지만 이렇게 숫자만을 반복적으로 들여다보면 그에 대한 맹목적인 믿음이 자라나고, 그 뒤에 매우 당연하게도 실제 물건과 설비와 재화 그리고 무엇보다 '사람'이 존재한다는 사실을 까맣게 잊어버립니다. 그런 망각은 과감하고 재빠른 의사결정에 도움이 되기도 하지만 그래서는 안 될 폭력적이고 비극적인 상황의 단초를 만들기도 하지요.

독일의 철학자 한나 아렌트(Hannah Arendt)가 《예루살렘의 아이히만》이라는 책에서 처음 사용한 '악의 평범성'이라는 용어는 지금도 널리 사용되고 있는데요. 유대계인 아렌트는 제2차 세계대전 당시 유대인 학살의 실무자였던 아돌프 아이히만이 전쟁 후 아르헨티나로 도피했다가 이스라엘 첩보기관인 모사드에 체포되어 예루살렘에서 재판을 받게 되었다는 소식을 들었습니다. 그래서 잡지 〈뉴요커〉의 리포터 자격으로 예루살렘에서 이 재판을 방청했지요.

악의 화신처럼 묘사되곤 했던 아이히만이지만 실제 재판정에 들어선 모습은 그냥 어디서나 흔히 만날 법한 동네 아저씨 같은 모습이었습니다. 그래서 아렌트가 이렇게 평범한 사람도 얼마든지 나쁜 일을 저지를 수 있고, 악은 평범한 일상이나 사람들 속에도 숨어 있다는 의미로 '악의 평범성'이라는 말을 사용했다고 흔히들 오해하곤 합니다.

하지만 이것은 명백한 오해입니다. 학술적인 개념이 일상적으로 사용되면서 오용되는 대표적인 사례가 아닐까 하는데요. 아렌트가 이 표현을 사용했을 때 원래 의도는 그와는 조금 다른 것이었습니다. '악의 평범성'의 원래 표현은 'Banality of Evil'입니다. 'Banality'는 '평범함'이라기보다는 '진부함', '따분함'이라고 번역해야 합니다. 어떤 사람이 매일매일 청바지에 체크무늬 셔츠만 입고 다닌다면 그의 패션은 진부하고 따분한 것이 되겠죠. 이건 평범한 것과는 약간 다른 개념입니다.

본인도 유대계였던 아렌트는 왜 지극히 정상적으로 보이는 아이히만이 그런 끔찍한 짓을 저지르는 데 협조하게 되었는지 의문을 품었습니다. 그리고 결국 그가 공무원으로서, 군인으로서 그저 자신이 해야 할 일을 아무 생각 없이 반복해서 했기 때문이라는 결론

| 그림 34 | 1961년 이스라엘 예수살렘에서 열린 재판 중 아이히만을 찍은 사진. 아이히만은 1961년 12월 교수형을 선고받았다.

을 내렸습니다.

다시 말해서 자신이 지금 아우슈비츠로 이송 명령을 내린 500명이 어떤 의미인가, 그들이 그곳에서 어떤 운명을 맞이할 것인가, 지금 사인하고 있는 신경가스 100킬로그램이 어디에 쓰일 것인가, 한 사람의 생명이 어떤 무게인가를 곱씹어 생각하지 않은 것이죠. 다만 그저께 한 서류 작업을 어제 반복하고, 어제 한 사인을 오늘 반복해서 하면서 그 뒤에 있는 실제의 사태들에 대해 '생각'하지 않았기 때문에 결과적으로 이런 비극에 적극적으로 협조하게 되었다는 것입니다. 그래서 아렌트는 아이히만은 시키는 대로 했기 때문에 무죄인 것이 아니라 시키는 일을 진부하게 반복한 '생각없음(thoughtlessness)' 때문에 유죄 판결을 받아 마땅하다고 주장했습니다.

그 안에 '사람'이 있었다

부산은 많은 사람이 인정하는 교통지옥입니다. 6.25 이후 워낙 미로 도시로 성장해온 터라 길이 복잡하고 차선이 마구 뒤섞여 있어서 수시로 가속과 감속, 차선 바꾸기를 하지 않을 수 없으니 운전대를 잡으면 서로 민감해지는 것 같은데요. 어느 날 막히기로 유명한 동서고가로 진입 램프에서 꼬리를 물고 진입을 기다리고 있는데, 차선을 잘못 잡아서 옆 차선에 들어선 차 하나가 깜빡이를 켜고 들어오려고 시도했습니다. 웬만하면 선선히 자리를 내주는 편이지만 그날따라 차선을 잘못 잡았으면 고생을 해야지 어딜 끼어들려고 하나 괘씸한 마음이 들어, 앞 차와 조금이라도 공간이 생기면 바짝바짝 붙으면서 못 들어오도록 막았습니다.

여러 번 그러다 보니 성공적으로 막아내서 옆 차가 멈칫멈칫하는 것을 보니 묘한 쾌감이 들며 입가에 슬며시 웃음도 지어지더군요. 그런데 그런 실랑이를 한참 벌이다가 옆 차가 도저히 안 되겠는지 운전석 차창을 내렸습니다. 욕이라도 거하게 하려나 긴장하며 보고 있는데 갑자기 창밖으로 두 손이 빼꼼 나오면서 한 번만 봐달라는 듯이 두 손을 모으는 것이 아니겠습니까? 저는 햇볕을 받아 하얗게 빛나는 그 두 손을 보고 나쁜 꿈에서 깨듯 퍼뜩 정신이 들었습니다. 너무 당연하게도 저 쇳덩어리 차 안에는 '사람'이 타고 있었던 것입니다.

그저 도로 위에서 육중한 차체, 신경질적으로 번쩍이는 깜빡이만 보다 보니 차와 차가 빨리 가기 경쟁을 벌이는 듯 착각했던 겁니다. 본질은 결국 연약하고 실수도 많이 하는 나와 똑같은 사람의 이동이었는데 말이지요.

하버드 로스쿨의 마사 누스바움(Martha Nussbaum) 교수는 인간이 정의를 회복하기 위해서는 다른 사람의 처지를 상상하고 이에 공감하는 능력이 절대적으로 필요하다고 주장했습니다. 이를 위해 문학 작품을 통해 상상력을 키우는 일이 필요하다고 하면서 '시적 정의'라는 개념을 주창했지요.

우리가 사회에서 하는 일, 성공과 실패는 결국 사람과 사람의 관계를 통해 만들어지고 성패가 갈리는 일들입니다. 수치화되고 도표화되는 어떤 것들은 단지 이해를 돕고 효율을 높이기 위한 것이지, 그것이 실제 현상의 전부가 아니라는 점을 잊지 말고 그 숫자 너머를 상상할 수 있는 힘이 우리에겐 필요합니다. 특히 그런 숫자들의 진부함에 속아 하던 대로 하는 데에 만족하는 건 정말 위험한 일입니다. 잘되어가고 있다고 생각하는 것 너머엔 어떤 문제들이 도사리고 있을지 모르는 일이며, 내가 오늘 하던 대로 한 일이 누군가에겐 얼마나 큰 폭력이 될지 모르는 일입니다.

인간의 가장 큰 힘은 상상력입니다. 상상을 통해 사랑도, 우정도, 충성도, 협력도 가능해지고 회사라는 조직도, 사람들 사이의 관계도, 성공과 실패라는 판단조차도 결국은 현상을 받아들이고 해석하는 상상력의 문제입니다. '생각 없이 사는 삶의 죄'를 주장한 아렌트의 고발에서 우리는 얼마나 자유로운가요? 종이와 화면, 숫자와 그래프 너머를 바라보는 상상력의 힘을 여러분은 충분히 가지고 있나요?

목숨을 걸 가치가 있는 일

마음을 어떻게 끌어낼 것인가?

이제까지 계속 성공의 조건, 실패의 원인을 이야기해왔는데요. 대개 그런 조건과 원인들은 '나 자신'과 관련된 문제들인 경우가 많습니다. 개인의 노력, 개인의 태도, 개인의 성격…. 하지만 생각해보면 '대단한 일'이라는 건 혼자만의 힘으로 이뤄지는 경우가 매우 드뭅니다. 반드시 누군가의 도움, 협업, 상호작용을 전제로 해야 비로소 가능해지는 일들인 경우가 대부분이죠. 하다못해 식당과 같은 자영업이라 해도 혼자서 하는 작은 식당은 한계가 명확합니다. 누구나 인정할 만한 큰 성공을 이루려면 적지 않은 숫자의 직원들, 협력 업체들, 나아가 분점과 지점장들까지, 수많은 인간관계가 얽힐 수밖에 없습니다.

문제는 여기서부터 시작됩니다. 내가 혼자 애를 쓰며 일할 때와 달리 다른 사람과 함께 일할 땐 많은 것이 달라지니까요. 관계를 유지하고 업무를 조정하는 데도 많은 에너지가 소모되고 직접적으로 들어가는 비용도 훨씬 커집니다.

요즘 식당에서 종종 보이는 음식 서빙 로봇 대여업을 하는 선배를 만난 적이 있는데요. 월별 대여비가 생각보다 높아서 놀란 적이 있습니다. 바꿔 말하면 비용을 더 들이더라도 사람을 쓰는 것보다 로봇을 쓰는 쪽을 택한다는 뜻이니까요. 시대의 흐름인 것 같긴 합니다. 요즘은 무인 아이스크림 가게와 같은 무인숍도 늘어나고 주문도 사람이 아니라 키오스크를 통하는 경우가 대부분이죠.

얼핏 생각하면 비용의 문제로만 여겨질 수 있지만, 좀 더 생각해보면 그보다 더 깊은 '인간관계의 어려움'이 자리 잡고 있음을 알 수 있습니다. 노골적으로 말하면 돈을 주고 고용한 직원들이 내 마음처럼 움직여주지 않는다는 것이죠. 따지고 보면 여기가 내 회사, 내 가게도 아닌데 직원들로서는 자신의 자원을 최소한으로 투입하는 것이 현명한 선택일지도 모릅니다.

사실 이 부분은 정치철학자들이 골머리를 앓는 복잡한 주제 중 하나이기도 합니다. 국가, 특히 국민의 동의와 지지로 운영되는 민주국가에서 공동체가 운영되려면 국민에게 의무와 희생을 어느 수준까지, 어떻게 부담시킬 수 있을 것인가가 문제인데요. 아무리 따져봐도 도저히 합리적인 판단을 통해 납득시킬 수 없을 부담이 발생합니다.

예를 들어 강대국과 전쟁이 벌어졌을 때 자신의 목숨을 바쳐가며 싸워야 한다는 생각을 국민에게 '합리적으로 강요'할 방법이 있을까요? 심지어 직업 군인조차도 자신의 의무의 대가가 월급뿐이라면, 그와 맞바꿔 목숨을 내놓으라고 요구하면 총을 내던지고 도망가는 것이 합리적 선택이겠지요. 하물며 일반 국민에게 끝까지 저항하자고 말할 방법이 있을까요?

다시 회사의 문제로 돌아와 생각하면, 흔히 말하듯 스스로 회사의 주인이라고 생각하고 일하는 것이 가장 이상적이겠지만 직원은 직원이지, 절대로 사장이 될 수 없습니다. 필요에 따라 언제든 대체될 수 있는 존재라는 엄연한 사실 앞에서 공허한 구호일 뿐이지요. 결국 이 문제는 '어떻게 다른 사람으로부터 초과적인 노력과 관계 그리고 마음을 끌어낼 수 있을 것인가'라는 말로 정리해볼 수 있을 것 같습니다.

칭찬은 고래도 춤추게 한다?

한때 우리나라에서 엄청난 베스트셀러가 되었던 책 중에 《칭찬은 고래도 춤추게 한다》가 있었습니다. 사실 책을 다 읽어볼 필요도 없이 제목에 모든 내용이 담겨 있는 실용서인데요. 플로리다에 있는 해양 공원에서 바다의 최상위 포식자인 무게 3톤이 넘는 거구의 범고래가 조련사의 손짓에 따라 펄쩍펄쩍 뛰며 쇼를 보이는 모습을 보고 '도대체 저런 엄청난 노력을 끌어낸 비결이 뭘까'를 '칭찬'이라는 키워드로 설명한 책입니다.

저자는 '고래 반응(whale done response)', 즉 잘했을 때 칭찬하고 실수하면 질책 대신 주의를 다른 곳으로 돌리며 중간 단계에서는 쉴 새 없이 격려하는 세 가지 요령을 제시합니다. 요약하자면 부정적 반응 대신 칭찬과 격려를 거듭하면 성공적인 퍼포먼스를 끌어낼 수 있다는 것입니다.

그런데 이 책이 발간된 지 10년이 지난 지금의 시점에서 책에 대한 리뷰들을 살펴보면 의외로 부정적인 내용도 꽤 있는 것 같습니다. 그럴 수밖에 없는 이유도 쉽게 짐작이 되는데요. 칭찬을 위한 칭찬, 의도가 있는 칭찬은 어린아이 혹은 뭘 잘 모를 때가 아니라면 당연히 알아차릴 수 있습니다. 게다가 이런 칭찬은 관계를 가식적으로 만들 뿐 아니라 사람을 가볍게 보고 조종하려 든다는 불쾌감까지 줄 수 있지요. 그래서 저는 이 책을 읽으면서 단순한 칭찬을 넘어선 깊이를 보여준 영화 〈이보다 더 좋을 순 없다〉가 그리워졌습니다.

결벽증과 강박증을 지닌 까다로운 소설가 멜빈은 세상과 사람들 속에서 제대로 적응하지 못하는 인물입니다. 그렇지만 매일 찾아가서 식사하는 식당의 종업원 캐럴과 친해지지요. 캐럴은 아픈 아들을 건사하며 친정엄마에게 얹혀사는, 말 그대로 고달픈 삶을 살아가는 여인입니다.

괴팍한 멜빈과 피곤한 캐럴, 서로 달그락거리기만 하고 제대로 다가가지 못하던 어느 날 식당에 함께 간 두 사람은 또 싸울 뻔한 상황이 되자 캐럴이 멜빈에게 "칭찬 하나만 해달라"고 요구합니다. 하지 않겠다고 버티던 멜빈에게 "하지 않으면 가버릴 거다"라고 압박하자 멜빈은 마지못해 우물쭈물하며 이렇게 말합니다.

"난 정신병이 있어요. 약을 먹어야 하지만 약이 위험하다고 생각해서 안 먹고 있었어요. 하지만 당신이 다녀간 다음 날부터 난 약을 먹기 시작했어요."

어이가 없어진 캐롤이 "그게 무슨 칭찬이에요?"라고 말하자 멜빈은 이 영화 최고의 명대사를 차분히 날립니다.

"당신은 내가 더 나은 사람이 되고 싶게 만들었어요(you make me wanna be a better man)."

캐럴은 너무나 감동받아 할 말을 잊어버립니다. 그리고 이렇게 말하죠.

"이건…, 제가 평생 받아본 최고의 칭찬이에요."

정말 마법 같은 명장면입니다. 이 장면을 비디오테이프로 몇 번이나 되돌려봤는지 모릅니다. 그리고 또 몇 번이나 거듭 생각했죠. 도대체 나는, 우리는 왜 저 짧은 대화에서 이토록 깊은 충격과 감동을 받는 걸까?

나를 알아주는 이를 위해 죽다

중국 천하에서 군웅이 할거하고 도처에서 극적인 이야기들이 꽃을 피웠던 춘추전국시대의 고사 하나를 소개할까 합니다. 진나라의 여섯 대가문 중 하나였던 지씨 가문은 한씨, 위씨, 조씨 연합군과의 내전에서 패하고 멸문지화를 당하게 되었습니다. 당시 수장이었던 지백도 처형되었는데요. 지백을 평생의 원수로 생각하던 조씨의 수장 조양자는 지백의 두개골에 옻칠을 해서 요강으로 쓰면서까지 사후에 모욕을 가했다고 합니다.

패전 후 뿔뿔이 흩어진 지백의 가신들 가운데 예양이라는 사람이 있었습니다. 다른 사람들은 이미 조씨의 세상이 된 걸 받아들이고 숨어 살거나 조양자에게 고개를 숙이고 들어가 영화를 이어가기도 했습니다. 그러나 예양은 주군이 사후에도 치욕을 당하고 있다는 말을 듣고 산속에 은거하며 복수를 계획했습니다.

그는 조양자의 집에 들어가려고 일부러 죄를 짓고 조양자에게

잡혀가 그 집의 변소에서 일하며 기회를 노렸습니다. 하지만 조양자가 근처로 다가오는 걸 보고 벽 뒤에 숨어 칼을 빼어 든 순간 이상한 낌새를 눈치챈 조양자의 부하들이 달려들어 결국 체포되고 말았습니다. 최고 권력자의 암살 시도라니 당장 처형될 일이지만 조양자는 더 이상 재기의 희망도, 후사도 없는 지백을 위해 목숨을 걸고 덤빈 예양의 의기를 가상히 여겨 풀어주었습니다.

하지만 예양은 여기서 포기하지 않고 더욱 지독한 계획을 세웠습니다. 온몸에 옻칠을 해서 일부러 엄청난 부스럼을 만들어 나병 환자로 가장하고 억지로 숯을 삼켜서 목소리까지 망쳐버린 것입니다. 어느 날 조양자의 수레가 다리를 지나간다는 걸 알고 예양은 나병에 걸려 죽은 척 다리 밑에 숨어서 기다렸으나 살기를 느낀 말들이 놀라서 걸음을 멈추는 바람에 다시 한번 군사들에게 체포되었습니다.

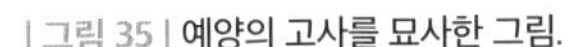
| 그림 35 | 예양의 고사를 묘사한 그림.

결국 조양자도 더는 예양을 용서해줄 수 없었습니다. 그에게 마지막 소원을 묻자 예양은 걸치고 있는 옷이라도 주면 여기에 칼질을 하는 것으로 주군의 복수를 대신하도록 해달라고 부탁했습니다. 조양자가 그 부탁을 받아들여 옷을 벗어 건네주자 그 옷에 세 번 칼질을 해서 원을 푼 예양은 자신의 칼 위에 스스로 몸을 던져 생을 마감하고 말았습니다.

생각해보면 참 놀라운 일입니다. 복수한다고 해서 그 공을 알아줄 사람도 없고 자신이 얻을 이익이나 혜택도, 복수해달라는 부탁이나 약속을 받은 일도 없었던 예양이 자신의 모든 것, 심지어 생명까지 아낌없이 바쳐가며 지백의 마지막 치욕을 씻어주려 한 이유는 무엇이었을까요?

첫 번째 암살 시도에 실패한 후 예양이 포기하기는커녕 자신의 신체를 훼손해가며 두 번째 죽음의 길을 재촉하자, 그 모습을 본 친구가 안타까운 마음에 이유를 물었습니다. 예양은 이렇게 대답했습니다. "선비는 자신을 알아주는 사람을 위해 죽고, 여자는 자신을 기쁘게 해주는 남자를 위해 화장을 하는 법이라네."

예양의 이런 태도는 두 번째 암살 실패 후 조양자 앞에 끌려 나왔을 때도 드러납니다. 조양자가 예양에게 지백에 앞서 범씨와 중행씨도 모시고 있었는데 정작 지백이 그들을 멸망시킬 땐 지백의 신하가 되어 고개를 숙이지 않았느냐, 왜 유독 지백에게만 충신인 척하느냐고 그의 이중성을 비난하자 이렇게 답했습니다.

"범씨와 중행씨는 나를 보통 사람으로 대우했으니 나도 보통 사람으로 답했습니다. 하지만 지백은 나를 국사로 대접했으니 나도 국사의 예로 보답하려 하는 것입니다."

국사(國士)는 선비 중에서도 국가적으로 중요한 사람, 즉 '대단한 인물'이라는 뜻입니다. 그러니까 지백이 자신을 대단한 사람으로 대해주었으니 자기도 응당 대단한 충성으로 그에 보답해야 한다는 말이지요. 사람과 사람의 관계에 대한 작은 비밀이 이 대화에 숨어 있습니다.

'나'를 세상에 존재하게 하는 것들

누군가 "당신은 누구입니까?"라고 묻는다면 여러분은 뭐라고 답할 건가요? 아마 대부분이 자신은 어떤 곳에 살고 어떤 일들을 해왔으며, 어떤 회사의 어떤 직책이고 누군가의 아내거나 남편이고, 누군가의 자식이고 누군가의 부모라고 답하겠지요.

가만히 생각해보면 이 중 어느 하나도 독립적인 의미에서 '나'는 아닙니다. 다시 말해 이 얘기들은 모두 나의 바깥에 있는 존재, 사람들과의 '관계'에 대한 이야기이며 나는 마치 좌표평면 위에 있는 하나의 점처럼 그런 관계들의 교차점으로만 설명될 수 있는 존재라는 것입니다. 그래서 그런 관계의 함수들이 달라지면, 즉 좋은 대학에 가고 좋은 직장을 얻거나, 승진해서 부장이 되고 상무가 되거나, 큰 집과 멋진 차로 다른 사람들이 나를 보는 시선이 달라지면 나 자신의 존재가 달라진 것처럼 생각되는 것입니다.

이런 건 착각이며 경계해야 할 일로 여겨지기도 하지만, 달리 생각하면 그런 것들을 빼놓은 '나'는 존재할 수 없으니 나라는 존재의 본질 일부라고 할 수 있습니다. 즉 내가 무엇으로 여겨지는가, 내가 어떻게 생각되고 대우를 받는가가 곧바로 '나 자신의 존재 형식'과 맞닿을 수 있다는 것입니다.

사실 이런 생각의 조각들은 주변에서 흔히 발견할 수 있습니다. 가장 친하고 소중한 친구를 가리키는 표현인 '지음(知音)'이라는 말도 춘추전국시대 백아와 종자기의 고사에서 나온 말입니다. 유명한 거문고 연주자였던 백아는 친구인 종자기야말로 자신의 연주와 그 안에 담긴 의미를 알아주는 진정한 친구라고 생각했습니다. 음을 알아주는 이, '지음'이라는 말이 여기서 나왔죠.

그런데 종자기가 병에 걸려 세상을 떠나자 백아는 거문고의 현을 모두 끊어버리고 다시는 연주하지 않았다고 합니다. 친구가 죽어서 슬픈 건 알겠지만 그렇다고 연주를 그만둘 것까진 없지 않은가 싶은데요. 하지만 앞의 이야기들을 떠올려보면 이제 자신의 연주를 태산처럼, 강물처럼 깊이 이해하고 감탄해줄 '관계'가 사라진 것이지요. 그래서 백아의 연주, 백아의 거문고는 존재 자체가 크게 달라졌고 다시는 그 가슴 뛰는 시간으로 돌아갈 수 없었습니다. 연주가 의미가 없다며 현을 모두 끊어버린 백아의 심정이 이해되지 않나요?

김춘수 시인의 유명한 시 〈꽃〉에 나오는 이야기처럼, 우리는 모두 무엇이 되고 싶다는 이야기 또한 백아의 심정과 상통하는 것입니다. 이제 우리는 예양의 심정을 조금이나마 이해할 수 있습니다. 자신을 처음으로 크게 인정해준 지백의 죽음 그리고 사후에까지 모욕을 받는 지백의 치욕은 예양에겐 자신의 존재 자체에 대한 위협이었을 겁니다. 그래서 목숨을 걸 만한 일이 되었던 것이죠. 그런 변화에 순응하고 납득하는 존재로 굴러떨어지기보다는 차라리 생명을 포기하더라도 지백이 자신에게 기대했던 '국사'로서 죽는 것이 자신의 존재를 지키는 방법이었던 겁니다.

영화 〈이보다 더 좋을 순 없다〉에서 캐럴이 느낀 감동은 같은 동전의 반대편입니다. 로맨스 소설가로 이미 유명 작가이면서도 결벽, 강박, 괴팍한 성격으로 도무지 사람들과 잘 지낼 생각이 없던 문제투성이 천재 멜빈이 "정말 싫어하는 신경증 약을 먹어서라도 당신의 마음에 들도록 애쓰고 싶어졌다"라고 말한 순간, 캐럴은 그저 음식을 서빙하고 팁을 받아 근근이 살아가는 종업원에서 누군가의 인생 전체를 한 단계 끌어올릴 만큼 소중한 존재로 변한 것입니다. 신데렐라가 재투성이 하녀에서 요정의 도움으로 단번에 공주로 변신하는 것을 보는 듯한, 말 그대로 '마법의 순간'이라고 할 만한 장면이죠.

우리는 무엇에 감동하고 뛰어드는가

그건 '사랑'이라고 부를 수도 있을 겁니다. 내가 무엇을 받는가, 그 대가로 무엇을 주면 손해가 아닌가 같은 일차원적인 계산을 넘어선 관계죠. 앞서 언급했던 정치철학의 문제에서는 이걸 '거대한 도약'이라고 부릅니다. 아무리 계산을 두드려도 절대로 건널 수 없는 두 대륙 사이를 잇는 방법은 그 균열을 과감하게 뛰어넘는 방법 말고는 없죠.

공동체의 운영에 필연적으로 뒤따르는 누군가의 양보와 희생, 타협과 절충은 결국 타인에 대한 연민, 공동체에 대한 애정, 함께 살아가는 일의 중요성에 대한 동의가 전제되지 않으면 차가운 계산만으로는 절대로 해결될 수 없는 일들입니다. 함께 일하는 사람들의 마음을 끌어내는 일도 결국은 입에 발린 칭찬이 아니라 진심으로 그들과 나, 회사와 내가 공동의 운명체라는 인식을 통해 서로의 존재를 업그레이드해야 가능해집니다. 그래서 나의 실패와 회사의 어려움이 직원들이 거문고를 뜯어 자신의 음악을 포기할 만큼 절실한 '존재의 조건'이라고 인식하도록 하는 것이 핵심이지요.

어려운 일입니다. 하지만 논리적으로는 간단한 일이기도 합니다. 나라는 존재가 함께 일하는 사람을 통해 구성된다고 믿는다면 당연히 그 반대 방향의 힘도 자연스레 생겨납니다. 실은 상대방이 대체 가능한 소모품이라고 생각하면서 상대가 나 혹은 회사를 일방적으로 사랑해주기를 바라는 이기적인 마음은 나와 함께 이 일에 목숨을 걸 만한 사람들을 만들지 못하지요. 그러니 추가수당, 주휴수당 없이 입 닥치고 그릇을 부지런히 나르는 서빙 로봇으로 모든 것이 대체될 수 있다고 믿는 것일지도 모르겠습니다.

그런 인연을 만나는 것은 분명 어려운 일이고 정말로 운이 좋아야 하는 일이기도 합니다. 고등학교에 다니는 작은 아이가 같이 활동하던 밴드부 멤버들이 산지사방으로 흩어져 폐부 직전이라며 고민하길래, 고민을 털어놓고 함께할 수 있는 친구를 더도 말고 둘만 붙잡으라고 조언해준 일이 있었습니다. 그런 친구가 서넛만 있으면 밴드부가 아니라 혁명도 가능할 거라고 하면서요.

다행히 제 조언을 받아들인 아이가 친구들을 붙잡고 이야기해서 밴드부에는 두 명이 남았습니다. 그렇게 세 명이 힘을 모은 끝에 올해는 신입생이 10명 넘게 지원해서 학교에서 가장 인기 있는 동아리가 되었다고 기뻐하더군요. 관계는 상호적이라는 것, 내가 그들을 생각하는 것만큼 그들도 나에게 의미를 부여한다는 삶의 지혜를 배우는 기회가 되었기를 바랍니다.

높은 산을 오르는 법

오르막이 시작될 때 우리는

점심을 먹고 나서는 소화를 위해 캠퍼스 여기저기를 산책하곤 합니다. 그리고 그 산책길에는 이어폰으로 음악을 들으며 이런저런 상상을 하곤 하죠. 오늘은 가수 정인 씨가 부른 노래 '오르막길'을 들으면서 여러 가지 풍경이 떠올랐습니다. 그래서 이번 글에서는 그 가사들을 디딤돌 삼아 몇 가지 이야기를 풀어볼까 합니다. 가사는 이렇게 시작됩니다.

> 이제부터 웃음기 사라질 거야
> 가파른 이 길을 좀 봐
> 그래 오르기 전에 미소를 기억해두자
> 오랫동안 못 볼지 몰라

완만했던 우리가 지나온 길엔
달콤한 사랑의 향기
이제 끈적이는 땀 거칠게 내쉬는 숨이
우리 유일한 대화일지 몰라

이 노래를 만든 윤종신 씨가 어떤 풍경을 보면서 이 노래를 떠올렸는지 모르겠지만 제가 이 가사를 듣고 맨 처음 떠올린 기억은 태어나서 처음으로 갔던 지리산 종주였습니다. 대학 시절 친구들과 분위기에 휩쓸려 치기 어린 마음으로 갔던 3박 4일간의 지리산 여행에서 제일 처음 마주친 코스는 바로 화엄사에서 노고단에 이르는 7킬로미터 구간이었습니다.

시작은 참 좋았죠. 화엄사의 고색창연한 풍경을 구경하느라 시간이 가는 줄 모르고 친구들과 깔깔거렸습니다. 화엄사 계곡을 오르는 길은 돌이 많이 깔려 있어서 다소 힘들긴 했지만 친구들과 농담도 하고 앞서거니 뒤서거니 하며 가끔 뜀박질도 할 만큼 젊었기에 버틸 만했습니다. '지리산, 뭐 별거 없네'라는 건방진 생각을 떠올린 바로 그 순간 눈 앞에 펼쳐진 까마득한 고개를 발견하고 입을 딱 벌렸습니다.

오르막이 어디까지 이어지는지 아득하기만 한데, 경사는 또 어찌나 가파른지 기어오르다시피 올라야 하는 그 고개의 이름은 오르다 보면 코가 땅에 닿는다는 '코재'였습니다. 가사처럼 웃음기 사라지고 오랫동안 미소를 잃게 될 장면의 시작이었지요. 온통 돌투성이인 길은 번번이 다리에 힘을 주지 않으면 한 걸음도 오르기 힘든 경사진 길이었는데요. 친구들과 저는 금세 지쳐버렸고 잠시 숨을 돌리려고 보니 일행 모두 물이 떨어졌습니다. 화엄사에서 까불고 노느라 물을 담아오는 것을 깜박한 것이었지요.

코재는 오르는 내내 그 흔한 약수터 하나도 없었는데 더 큰 문제는 역시 화엄사에서 시간을 허비하는 바람에 해가 뉘엿뉘엿 기울기 시작했다는 것이었습니다. 깊은 산에서 해가 지면 불빛 하나 없이 깜깜해지기 때문에 서둘러 노고단에 오르지 못하면 위험해질 수도 있는 상황이었습니다.

하지만 아무리 올라도 고개를 들어 위를 보면 끝이 보이지 않았습니다. 힘은 점점 빠져서 이거 큰일 났다 싶었습니다. 사실 3박 4일의 첫 코스만 아니었다면 다들 그만두고 내려가자고 했을 텐데, 지리산 종주도 못 해보고 어떻게 대한민국의 젊은이라 할 수 있느냐며 친구들에게 큰소리치고 나선 길이라 첫날에 포기하고 왔다는 말은 도저히 할 수 없었습니다. 그저 서로 눈치만 보며 꾸역꾸역 걸음을 옮겼지요.

그때 문득 이와 비슷한 언덕을 올랐던 기억이 떠올랐습니다. 자전거를 타고 서울대 후문 쪽 언덕을 처음 올랐을 때였습니다. 그곳 언덕은 대단히 가팔라서 자전거로 오르는 것은 상당히 무리입니다. 더구나 통학버스비를 아끼겠다고 중고로 구입한 싸구려 자전거의 성능으로는 도저히 오를 수 없었지요. 몇 번을 안장에 올랐다 내리기를 거듭하다 포기하자고 생각한 순간, 그래도 돈을 아끼려고 어렵게 구입한 자전거를 이렇게 포기할 순 없다 싶어 한 번만 더 페달을 밟았습니다.

뭐, 당연히 한 번이야 더 밟을 수 있었죠. 그럼 이번에도 또 한 번만…. 그것도 불가능한 건 아니었습니다. 그저 한 번일 뿐이었으니까요. 그런데 문득 그렇다면 이렇게 한 번, 딱 한 번만 생각하면서 갈 수 있는 데까지만 가보면 어떨까 하는 생각이 들었습니다. 느리고 다리가 부들부들 떨리긴 했지만 앞을 보지 않고 바닥만 보고 페달만 보면서 밟으니 꽤 여러 번 돌릴 수 있었지요. 그런데 그러면 뭘 합니까. 얼마나 왔나 고개를 들어보면 끝은 정말 까마득히 멀리 있고, 기껏해야 몇 미터 전진했을 뿐이었습니다. 저는 맥이 탁 풀리면서 안장에서 내려왔습니다.

땅바닥에 앉아서 잠시 생각해보니 너무 멀리 바라본 게 잘못이었음을 깨달았습니다. 어려서부터 늘 크게, 멀리 보고 계획하고 준비하면서 살라는 말에 익숙해진 나머지 그렇게 자꾸 앞을, 앞만을 바라보고 재고 계산하는 태도가 오히려 저를 가로막는다는 걸 몰랐던 겁니다. 너무 멀리 보는 것이 포기하고 편안해지려는 태도를 합리화하는 이유가 된다는 걸 그제서야 알았지요.

그래서 다시 자전거에 오르고 나서는 절대로 앞을 바라보지 않고 오직 발밑, 한 번의 페달질, 한 번에 나아가는 한 뼘만큼의 거리만 보고 한 걸음 한 걸음 옮겼습니다. 제게 필요한 건 딱 한 번, 딱 한 걸음을 옮길 만큼의 힘이었습니다. 그 한계는 해가 질 때까지의 시간이었지만 해가 떠 있는 시간의 한계가 있듯이 고갯길에도 끝이 있는 게 당연했기에 저는 자전거로 그 고갯길을 그리고 같은 이치로 지리산의 코재를 무사히 오를 수 있었습니다.

어리석은 사람이 산을 옮기는 이치

한 걸음 이제 한 걸음일 뿐

아득한 저 끝은 보지 마
평온했던 길처럼 계속 나를 바라봐줘
그러면 견디겠어

자기계발과 관련된 여러 베스트셀러 가운데 말콤 글래드웰의 《아웃라이어》에서 언급된 '1만 시간의 법칙'은 흔히 '뭔가 이루려면 피나게 노력해야 한다' 또는 '열심히 노력하면 누구든 큰 성취를 이룰 수 있다'로 오해받는 경우가 많지만 본래의 맥락은 이와 좀 다릅니다.

원래 이 내용을 개념화한 안데르스 에릭슨(Anders Ericsson)은 음악에서 재능과 노력 중 어떤 게 더 중요한 결정 요인인지 확인하기 위해 실험을 진행했는데요. 그는 음악 영재들이 들어가는 서베를린 뮤직 아카데미의 바이올린 전공 학생들을 대상으로 연습 시간을 조사했습니다. 그 결과, 이들의 연주 실력 차이는 주로 연습 시간의 차이에서 비롯되며 어느 분야에서 대가가 되려면 최소 1만 시간 이상의 연습이 필요하다는 것을 발견했습니다.

여기서 중요한 것은 '재능이 없는 사람이 노력으로 극복했다'가 아니라, 모두 다섯 살 때부터 바이올린 연주를 시작했고 나름의 천재성이 있어서 엘리트 학교까지 온 학생들 가운데 최종적으로 대가의 반열에 오르는 사람들의 결정 요소가 연습 시간이었다고 설명했다는 점입니다. 누구든 연습만 하면 바이올린 대가가 될 수 있다는 얘기가 아니라는 거죠. 즉 재능은 기본, 노력은 필수라고나 할까요. 그러니 나쁘게만 해석하자면 애초에 재능이 없는 사람은 시작조차 하지 말라는 말일 수도 있습니다.

말콤 글래드웰은 여기서 한 걸음 더 나아갑니다. 에릭슨이 말한 연습은 그저 시간을 퍼붓는 게 아니라 집중해서, 체계적으로, 적절한 지도와 피드백까지 받으며 하는, 질적으로 수준이 높은 연습입니다. 그런데 그걸 1만 시간씩이나 하는 게 보통 사람이 가능한 일인가 하는 점입니다.

사실 지겹고 힘들어서라기보다는 현실적, 경제적으로 뒷받침이 되지 않을 가능성이 크지요. 게다가 다섯 살부터 바이올린을 하려면 부모가 그런 문화적 토양을 지닌 사람들이라야 합니다. 그리고 그 외에도 훌륭한 교사, 이끌어주는 선배, 자극이 되는 동료와 후배 등 여러 조건이 두루 갖춰져야 비로소 가능한 일입니다. 즉 글래드웰은 '노력하면 다 돼요'라고 말한 게 아니라 오히려 '조건이나 환경이 안 되면 노력하는 것 자체가 안 될걸요'라고 말하고 있는 것입니다.

물론 글래드웰의 주장은 많은 사람이 자신의 적성을 꽃피울 수 있는 사회적 환경을 만들어야 한다는 개혁과 개선에 대한 근거를 제시한 것이긴 합니다. 하지만 결국 에릭슨과 글래드웰의 주장을 종합해보면 성공에는 재능이 기본으로 있어야 하고 여기에 피나는 노력도 필요한데 노력도 아무나 하는 게 아니고 경제적, 사회적 자원과 인맥, 학맥을 두루 갖춘 '운 좋은 사람'만이 가능하다는 말이 됩니다. 그 모든 것에 해당되지 않는 대부분의 우리로서는 애초에 성공은 꿈도 꾸지 말라고 들리는 게 사실입니다.

그래서 저는 1만 시간의 법칙보다는 우공이산(愚公移山)이라는 고사성어를 더 좋아합니다. 많이들 알다시피 이 고사는 중국의 우공이라는 노인이 집 앞을 가로막는 커다란 산 두 개를 옮기기 위해 가족들의 힘을 모아 흙과 돌을 퍼 날랐다는 이야기인데요. 이 이야기에서 산을 옮기기 위해 애쓰는 노인의 이름이 '우공(愚公)', 그러니까 '어리석은 사람'입니다. 그리고 그런 노력은 쓸데없으니 그만두라고 말리는 친구의 이름은 '지수(知叟)'. 즉 '지혜로운 노인'입니다. 이렇게 턱없는 노력은 어리석어야만 할 수 있는 일이고 지혜로운 사람은 그 지혜로움 때문에 아예 시도하지 않는 일이죠. 그리고 그 노력이 늘 보답을 받는 것도 당연히 아닙니다. 결국 산을 옮기는 것은 우공과 가족이 노력한 결과가 아니었습니다. 그 노력에 질린 옥황상제가 산을 들어 옮겨준 덕분이었죠.

그렇다면 노력은 정말 어리석은 일일까요? 제가 전에 근무하던 고등학교에서 있었던 일입니다. 당시 저는 교육 기자재와 교내 전산망 관리를 담당하고 있었는데요. ICT 교육이 강조되면서 조만간 학교 환경 개선 예산이 내려올 예정이고, 그 돈으로 학급마다 한 대씩, 수십 대의 프로젝터를 구입해야 하니 교육 기자재 전시회도 다니고 카탈로그도 보면서 어떤 걸 구입해야 할지 연구해보라는 지시를 받았습니다.

뭐 딱히 연구할 것도 없었습니다. 당시 국내에 유통되는 프로젝터의 종류가 몇 되지 않았고, 그중에서도 E사나 C사의 제품이 가격이나 성능 면에서 압도적이었기 때문에 어느 쪽으로 구매할지만 정하면 되었지요. 그런데 얼마 후부터 국내 한 중소기업의 영업사원이 교무실을 뻔질나게 드나들기 시작했습니다. 20대 중반 정도 되어 보이는 김 대리는 마치 출근 도장을 찍듯이 매일 교무실에 들렀습니다. 며칠 지켜보다 좀 안되어 보이기도 해서, 솔직히 말하면 이미 구매회사가 정해져 있다, 미안하지만 다른 곳 영업에 시간을 투자하는 게 좋을 것 같다고 이야기했습니다. 하지만 그는 싱글벙글 웃으며 말했습니다.

"아유, 당연히 그러시겠죠. 괜찮습니다. 저는 그냥 저희 회사 제품을 알리려고요. 정말 좋은 제품이거든요. 나중에 한번 고려만 해주세요."

이러면서 매일 와서 교무실 바닥을 걸레질하고 짐 나르고 복사하는 거 돕고 하면서 교무실 구석에 등받이 없는 의자 하나 놓고는 꾸벅꾸벅 졸면서 버티기를 보름 정도 했을까요. 마침내 예산이 내려와서 곧바로 구매 결정 회의를 했습니다. 길게 얘기할 것도 없이 E사로 결정하고 끝내려는데 한 선생님이 우물쭈물 손을 들면서 말했습니다.

"저, 그런데 김 대리는…, 어쩌죠?"

그 말에 회의 책상에서 일어서려던 선생님들은 한순간 얼음이 되었습니다. 그리고 다시 앉아서 서로 흠흠거리며 고민하다가 중소기업 구매분도 있어야 하지 않겠냐, 섞이면 관리가 곤란하지만 한 개 정도는 어떠냐 등 이야기가 모여서 딱 한 개만 그 회사 제품으로 구입하기로 했습니다.

사실 이 얘기를 김 대리에게 전하면서도 겨우 한 개라고 실망하면 어쩌나 주저했습니다. 하지만 담당 직원조차 오지 않고 수십 대의 프로젝터를 배송 업체를 통해 복도에 쌓아놓고 가버린 대기업과 달리, 김 대리는 자기가 직접 박스 한 개를 어깨에 떠메고 신이 나서 교무실로 들어왔습니다. 그때 싱글벙글하던 김 대리의 그 표정은 아마 평생 잊을 수 없을 것 같습니다. 영업하는 분들에게 '존경'을 품게 된 장면이랄까요.

가치 있는 일을 선택한 대가

사랑해 이 길 함께 가는 그대
굳이 고된 나를 택한 그대여
가끔 바람이 불 때만
저 먼 풍경을 바라봐
올라온 만큼 아름다운 우리 길

기억해 혹시 우리 손 놓쳐도
절대 당황하고 헤매지 마요
더 이상 오를 곳 없는
그곳은 넓지 않아서
우린 결국엔 만나 오른다면

요시카와 에이지가 일본 전국시대를 배경으로 쓴《전국지》에서 도요토미 히데요시는 훗날 최고의 브레인이 될, 흔히 '한베에'라고 불리는 다케나카 시게하루가 은거하고 있는 산속의 오두막을 찾아갔습니다. 하지만 이미 은퇴를 선언한 데다 적장이었던 히데요시를 한베에는 번번이 퇴짜를 놓았지요. 추운 겨울날 아랫마을에 숙소를 잡아놓고 10번이 넘게 산을 오른 끝에, 히데요시는 겨우 한베에를 만날 수 있었는데요. 한베에로부터 그는 무식한 무사가 세상 이치를 뭘 알겠냐며, 차라리 산속에 들어와서 살라는 모멸적인 말까지 듣습니다.

제대로 화가 난 히데요시는 한베에를 포기하기로 하고 새벽이슬을 밟으며 숙소를 떠나 성으로 돌아갔는데요. 고개를 돌려 산 뒤쪽으로 해가 떠오르는 모습을 물끄러미 보다가 갑자기 이렇게 소리쳤습니다.

아니다, 내가 틀렸다!
나는 얻기 어려운 인물을 얻으러 온 것이다.
얻기 어려운 것은 당연한 일이다.
어찌 이런 좁은 도량으로 큰일을 이룰 수 있겠는가!

_요시카와 에이지, 《전국지 3: 중원진출》, p. 41.

| 그림 36 | 다케나카 시게하루의 초상화.

저는 이 부분을 읽으면서 무릎을 탁 쳤습니다. 바로 제가 학생들과 상담하면서 가장 자주 하는 얘기이기 때문입니다. 저는 사범대학에 있기 때문에 학생들과 진로 상담을 할 때 교원 임용시험에 관한 질문을 많이 받곤 하는데요. 사범대에 올 정도이니 대부분 교사에 대한 꿈은 가지고 있지만, 막상 공부해보니 공부할 게 많고 어려운 데다 임용시험의 경쟁률도 대단히 높아서 합격할 자신이 없다고 합니다. 차라리 좀 더 쉬운 다른 공무원 시험이나 입사 시험을 준비하면 어떨까 하는 고민하는 학생이 많았는데요. 그럴 때마다 저는 이렇게 얘기해주곤 했습니다.

합격하기 어렵다는 건 그만큼 다른 사람들이 많이 하고 싶어 한다는 것이고, 하고 싶은 사람이 많다는 건 그만큼 그 일이 가치 있고 좋은 일이라는 뜻이잖아요. 내가 하고 싶은 일, 가치 있고 좋은 일을 하는 데 어려움이 있는 건 당연한 거예요. 오히려 손에 금방 잡히고 누구나 마음만 먹으면 할 수 있는 쉬운 일이라면 혹시 가치가 없거나 뭔가 문제가 있는 일이 아닐까 생각해볼 필요가 있겠죠.

어려운 일은 어려운 게 당연합니다. 가치 있는 일은 힘든 과정이 필연적으로 따르기 마련이죠. 노래 가사에서 '굳이 고된 나를 택한' 바로 그 선택, 가끔 바람이 불 때 뒤를 돌아보면 올라온 만큼 아름다운 가치를 지닌 그 선택은 바로 아름답기 때문에 고된 것입니다.

최근 각광을 받고 있는 AI 혁명의 신호탄을 쏘아 올린 챗GPT에는 이전과는 확연히 다른 특징이 하나 있습니다. 언어 모델의 학습 과정에서 학습 연산량이 대체로 10의 22제곱을 지나는 순간 거대 언어 모델의 능력이 느닷없이 치솟는 '창발성(Emergent Ability)'이 등장하는 것입니다(《박태웅의 AI 강의》의 저자 박태웅은 이 현상을 '창발성'이라고 부르는 것이 적절하지 않으므로 '느닷없이 나타나는 능력'으로 직역해야 한다고 견해를 밝히기도 했습니다).

어찌 보면 당연할 수도 있는 일입니다. 'I am a boy'라는 문장에서 이 문장을 이해하기 위해 필요한 여러 요소, 단어의 뜻과 문법 등 복합적인 요소들이 모두 해결되기 전에는 제대로 된 해석이 불가능합니다. 하지만 일단 요소들이 갖춰지면 마치 마술처럼 번역이 가능해지듯 개별적인 지식과 이해들이 일정 수준 규모를 갖추지 못하면, 즉 '양'으로 누적되지 못하면 '번역 못 함/번역함'이라는 '질'적 상승의 문턱을 넘지 못하는 것입니다.

이런 현상을 철학에서는 '양질전화(量質轉化)'라고 합니다. 일정한 분량이 쌓이거나 감소하면 그전까지는 질적으로 동일해 보이던 것이 어느 순간 갑자기 비약하거나 추락하는 급격하고 본질적인 변화가 나타난다는 것입니다. 흔히 드는 예로는 물을 끓일 때 섭씨 99도까지는 액체였지만 섭씨 100도가 되는 순간 수증기가 되어 기체로 변화하는 현상이 있지요. 앞서 언급한 1만 시간의 법칙도 1만 시간이라는 양적인 축적이, 평범한 영재에서 대가로의 질적 전이를 가져온다고 설명할 수 있습니다.

그렇습니다. 진짜 중요한 것은 이 모든 일이 제가 새삼 말할 필요도 없이 당연한 것이며 우리 모두 알고 있는 일들이지만 동시에 우리 모두 수시로 잊는 원칙이라는 것입니다. 어려운 것을 얻으려면 어려운 과정을 거쳐야 합니다. 그런 과정이 한 걸음, 한 걸음 누적되면 언젠가 질적인 변화의 순간이 옵니다. 그럼에도 '그런 날은 안 올지 몰라'라고 혼잣말을 하게 되고, 그렇지 않다는 걸 알면서도 '이건 다 쓸데없는 짓이야'라고 생각하게 만드는 망각은 어쩌면 편해지고 싶다는 욕망이 만들어낸 거꾸로 된 신기루 같은 게 아닐까요?

캐나다의 밴쿠버에 가면 도시를 대표하는 스탠리 파크(Stanley Park)라는 곳이 있습니다. 바다에 접하고 있는 공원이라서 시설이 파도에 쓸려나가지 않도록 해안가를 따라 약 28킬로미터의 제방을 쌓았는데요. 'Sea Wall'이라고 불리는 이 제방을 쌓는 데 자그마치 50년 넘게 걸렸다고 합니다. 이 프로젝트를 처음 시작했던 한 건축가는 30여 년 이상, 거의 평생의 커리어를 이 제방 건축에만 오롯이 바쳤지만 결국 완공을 보지도 못하고 생을 마감했다고 합니다.

밴쿠버에 1년간 머무르면서 이 공원에 갈 때마다 좀 어이없다고 생각하곤 했습니다. 중장비와 무지막지한 효율로 무장한 우리나라 건설사들이 투입되었더라면 다섯 달이면 충분했을 것 같다고 생각했는데요. '빨리빨리'의 나라 출신다운 오만함도 있었던 것 같습니다. 하지만 오랜 시간에 걸쳐 이 긴 제방길을 산책했던 어느 날 문득 이 스탠리 파크가 문을 연 것이 1888년, 이 제방이 만들어진 것이 1917년부터 1971년까지 54년이니 만들어지고 나서도 벌써 50년의 세월이 흘렀다는 사실을 깨달았습니다. 그렇게 빨리 거대하고 대단한 무언가를 쉽게 만들어내는 우리의 삶 속에서 100년이 넘도록 그대로 남아 있는 게 무엇이 있을까 궁금해졌습니다.

우리는 50년짜리 일을 다섯 달 만에 해치울 수도 있지만, 생각해보면 다섯 달 만에 쌓은 것은 5일 만에 무너뜨려도 별로 어색하지 않을 것 같습니다. 우리가 늘 반복하는 일 아닌가요? 하지만 50년의 세월이 들어간 제방, 어떤 이의 평생의 노력이 들어간 제방이라면 그렇게 쉽게 무너뜨리고 파헤쳐서 아파트며 쇼핑몰이며 테마파크로 바꾸자는 말을 하기는 어려울 것입니다.

한 순간, 한 순간의 노력은 언젠가 저 높은 곳의 문을 열고 질적인 변화로 이어질 계단이며, 그런 대단한 성공에 이르지 못하더라도 그 시간은 그대로 남아 단단한 초석으로 자리 잡는 구운 벽돌과 같은 것입니다. 우리가 하루하루의 오르막길을 터벅터벅 오르는 이유는 우리에게 지름길도, 날개도 없기 때문이기도 하지만 이것이 우리가 아는 가장 분명하고 확실한 '제대로 된 길'이기 때문입니다. 그러니 당황하지도 헤매지도 말고 꾸준히 길을 오르길, 그렇게 함께 오르고 오르다 더 이상 오를 곳 없는 그 넓지 않은 정상에서 결국 만나기를 고대하겠습니다.

멋진 포기에 대하여

해도 해도 안 되는 일

성공과 실패에 관한 책을 쓰기 시작하면서 마음속으로 다짐했던 것 중 하나는 이 책이 '성공하는 법'을 알려주는 실용서 같은 내용이 되지 않도록 주의하자는 것이었습니다. 제가 다른 사람에게 성공의 비결을 알려줄 만큼 대단한 성취를 거둔 사람도 아니고, 더구나 모든 사람은 각자 하나의 '우주'이기 때문에 제가 알고 생각한 것이 똑같이 도움이 될 리도 만무하다고 생각했기 때문입니다.

다만 사람의 삶이 가장 극적으로 부각되는 지점이 성공으로 밀어 올려지거나 실패로 내동댕이쳐지는 바로 그 순간의 이야기들이라고 생각했기 때문에 성공과 실패를 통해 '사람이 살아간다는 것'에 대해 이야기를 나누고 싶었습니다. 그러다 보니 이 책에서 성공한 사람들의 이야기보다는 실패한 사람들 혹은 실패한 것으로 보이는 사람들의 이야기를 더 많이 다룬 것 같습니다.

하지만 그게 최종적인 결과인 승리나 패배이기 이전에 '포기'하는 경우라면 어떨까요? 너무 지독하게 열심히 사는 것으로 세계적으로도 정평이 난 우리나라 사람들은 포기를 실패보다 더 부끄러워하며 의지의 부족이나 나약함의 문제로 여기는 경우가 많습니다. 그래서 이게 아니다 싶은 경우에도 '하면 된다', '안 되면 되게 하라'의 정신으로 무작정 끝까지 밀어붙이는 것이 미덕이자 멋진 삶의 태도로 여겨지는데요. 그런데, 정말 그런 것일까요?

꽤 오래된 영화지만 1993년에 배우 문성근, 김희애 씨가 주연을 맡은 〈101번째 프로포즈〉라는 영화가 있었습니다. 동명의 일본 드라마를 영화화한 것인데 제목만 들어도 이미 누구나 줄거리를 예상할 수 있을 만큼 다소 뻔한 연애 성공담을 담은 영화였습니다. 평범한 건설회사 계장으로 일하는 노총각이 자신에게 과분한 첼리스트 여성에게 끊임없이 대시하고 걸맞은 결혼 상대가 되기 위해 온갖 노력을 기울이다가 급기야 사법시험까지 시도하기에 이르렀는데, 그런 남자의 진심에 반한 여성이 마음을 열어 결혼에 성공한다는 이야기입니다.

이 이야기의 공감대가 얼마나 넓었는지 원작인 일본 드라마의 인기도 좋았지만 우리나라에서는 1993년에 영화로, 2006년에 다시 드라마로 두 번이나 리메이크되었습니다. 중국에서도 드라마와 영화로 거듭 만들어질 정도로 공전의 히트작이 되었지요.

하지만 저는 '101번째 프로포즈'라는 제목을 처음 들었을 때 약간 가벼운 거부감이 들었습니다. 101번이나 프로포즈를 하다니, 아무리 사랑의 이름으로 한다고 하지만 그렇게까지 해야 하는 걸까요? 세상엔 당연히 해도 해도 안 되는 일이 있을 텐데 무작정 머리를 들이박아 상처를 입고 피가 나는 것이 정말 좋은 일이라고 할 수 있을까요? 그리고 '포기'는 정말 '나쁜 일'일까요?

어느 무명 은퇴 선수의 글

지난 3월 초 SNS에서 큰 반향을 얻었던 글이 있었습니다. 우리나라 프로축구 K리그가 개막하는 3월 1일, 모든 축구선수가 필드로 달려나가는 그날 안타깝게도 18년 동안 이어온 선수 생활을 그만둔 2부 리그 천안시티FC의 골키퍼 임민혁 선수의 은퇴 글이었습니다. 그의 글은 첫머리에서부터 읽는 이의 호흡을 가쁘게 만드는 안타까운 이야기로 가득합니다.

> 서른 즈음 되면 대충 압니다. 세상에는 간절히 원해도 이루어지지 않는 것이 있다는 것을요. 포기하지 않고 끝내 쟁취하는 것도 훌륭한 일이지만 훌륭함만이 삶의 정답은 아니기에 한 치의 미련 없이 떠나봅니다.

그렇습니다. 그의 나이는 이제 겨우 서른입니다. 아직 젊은 나이인데, 여전히 뭔가 더 도전해볼 수 있을 것 같은 나이인데 하는 말이 입안을 맴돕니다. 하지만 달리 보면 그의 나이는 '이미 서른'입니다. 일정한 성과를 거둔 이들에게는 한창 무르익은 기량을 터트릴 전성기의 나이지만, 그런 성공의 먼 길 초입에서 여전히 서성거리고 있는 이들에겐 이제부터 무언가를 쌓아올려 별의 궤도에 올라서기엔 너무 늦었다고 생각할 법한 나이지요. 열두 살 때부터 축구선수의 길만을 보고 달려온 지 벌써 18년째, 서른의 나이가 '겨우'인지 '이미'인지 온전히 판단할 수 있는 사람은 오직 그 자신밖에 없습니다. 그는 할 만큼 했으니 '한 치의 미련 없이' 떠나기를 선택한 것입니다.

> 저의 축구 인생은 완벽하지도, 위대하지도, 아주 훌륭하지도 않았지만 정정당당하게 성실히 땀 흘려 노력하는 사람이 대접받는 멋진 세계에서 멋진 사람들과 함께 호흡하며, 내 삶에 자부심을 가지고 살아온 사실 하나만으로도 충분히 만족합니다.

그는 세상에 내보일 만한 성공을 거둔 것은 없지만 열심히, 자신이 꼭 하고 싶었던 축구선수로서의 삶을 살았다는 것 자체에 만족하며 자부심을 가진다고 말했습니다. 하지만 그가 정말로 축구선수로서의 삶에 만족했다면, 성실히 노력하는 삶에 자부심을 가지고 있었다면 자신이 그토록 좋아하는 축구의 세계에 어떻게든 마지막 순간까지 머물기 위해 발버둥질했어야 하지 않을까요? 최선을 다해 포기한다는 것, 포기한다는 것에 만족한다는 것은 모순된 말이 아닐까요?

왜 그는 지하 감옥에서 8년을 버텼을까?

일본의 전국시대를 다룬 야마오카 소하치의 소설《대망》에는 도쿠가와 이에야스가 일본 전체를 통일하고 에도 막부를 열기까지 지난한 과정에 있었던 수많은 이야기가 담겨 있습니다. 제가 소설을 읽으면서 수백 명이 넘는 인간 군상들 가운데 가장 깊은 인상을 받았던 인물은 매우 짧은 에피소드로 다룬 오오코우치 겐자부로 마사치카라는 무사였습니다.

아직 이에야스의 세력이 그리 크지 못해 이웃의 다케다 신겐과 각축을 벌이던 1574년, 겐자부로는 이에야스의 명을 받고 두 세력의 최전선에서 신겐군에 포위된 다카텐진 성에 파견됩니다. 지원군이 올 때까지 신겐군의 공세를 견디며 잘 버티라는 이에야스의 당부를 전하기 위해서였는데요. 지원군의 도착이 늦어지면서 포위 공격을 견딜 수 없게 되자 성주인 나가타다는 명을 어기고 신겐군에 항복합니다.

이 과정에서 전령의 자격으로 왔던 겐자부로는 그대로 몸을 빼서 돌아갈 수도 있었습니다. 하지만 주군에게 받은 명령은 성을 지키라는 것이었으니 혼자서라도 성을 지키겠다며 그는 도망가지 않고 신겐군의 포로가 됩니다. 그의 무사 정신을 가상하게 여긴 적장은 목을 베지 않고 성의 지하 돌감옥에 가두었지요. 하지만 이후 성을 지키는 장수가 바뀌자 전임자가 살려둔 포로를 죽일 수는 없으니 대신 항복하라고 갖은 방법으로 고문을 해댔습니다.

그러나 겐자부로는 끝내 '항복'이라는 한 마디를 내뱉지 않고 "나의 주군은 이에야스뿐"이라는 말만을 반복하며 버텼습니다. 그런 지독한 세월이 6개월, 1년, 2년도 아닌 자그마치 8년이나 이어졌습니다. 그는 손톱이 불에 지져지고 온몸에 채찍과 불 고문을 당한 상처로 뒤덮였는데요. 바닥에 물이 고여 있는 지하 감옥의 열악한 상황 때문에 상처가 덧나 두 다리가 발목까지 썩어 들어가고 온몸의 뼈는 휘어져 제대로 일어설 수도 없는 지경에 이르렀습니다.

한편 이에야스는 느리지만 꾸준히 세력을 키워나갔고, 8년이 지난 1581년 마침내 다카텐진 성을 함락했습니다. 당연히 오래전에 죽은 줄 알았던 겐자부로는 산송장과 같은 모습으로 발견되어 들것에 실려 나왔지요. 지하에만 있다가 햇빛을 보자 눈앞에 아무것도 보이지 않았던 겐자부로는 자신을 들여다보며 놀라고 있는 이에야스의 옷깃을 붙들고 제발 죽기 전에 주군을 한 번만 뵙게 해달라고 애걸복걸했다고 하던가요.

이 지나치리만치 소설 같은 이야기는 놀랍게도 실제로 있었던 일입니다. 심지어 지금 일본에 가면 다카텐진 성의 유구에서 발굴된 지하 감옥의 실제 모습을 볼 수 있다고 하네요. 도대체 그는 왜 항복하지 않은 걸까요? 왜 그토록 지독한 고문과 고된 세월을 외면할 생각도 없이 고스란히 짊어질 생각을 한 것일까요?

소설가 야마오카 소하치는 별도로 기록이 남아 있을 리 없는 이 부분에서 작가로서의 상상력을 발휘해 오오코우치의 마음을 이렇게 묘사합니다.

> 본디 항복이라는 말이나 약한 소리를 하는 것을
> 죽기보다 싫어하는 겐자부로였다.
> 싫은 일을 하지 않기 위해서는
> 그만한 대가를 치러야 한다.
>
> _야마오카 소하치, 《대망 4》, p. 175.

저는 스치듯 지나가는 이 문장이 정말 가슴에 사무치게 다가왔습니다. 생각해보면 정말 그렇지 않나요? 우리는 '꼭 하고 싶은 일'을 이뤄내는 것만이 성공이라고 여기지만 어쩌면 '싫은 일을 하지 않는 것' 또한 그에 못지않은, 아니 어쩌면 그보다 더 근본적인 성공일지도 모르겠습니다.

돈을 많이 버는 것이 성공인 이유는 돈 자체가 좋아서가 아니라 그런 경제적인 여유로 싫은 일, 곤란한 상황을 피할 수 있기 때문입니다. 승진을 하고 명성을 얻고 싶은 이유도 달리 보면 남이 시키는 일, 의미를 찾을 수 없는 일을 하지 않아도 되는 게 우선 와닿는 이유겠지요. 그런데 어디 세상이 좋은 일, 하고 싶은 일만 하면서 살 수 있을 만큼 만만한 곳이던가요.

그렇다면 결국 우리는 선택을 해야 합니다. '가장 싫은 일'을 하지 않기 위해서는 덜 싫은 일, 견딜 수 있는 고통을 받아들이는 것, 대가를 치르는 것은 당연한 일이지요. 즉 가장 싫은 일을 하지 않으려면 나머지 일을 포기하는 것은 피할 수 없는, 아니 지극히 합리적이고 성공적인 선택으로 볼 수 있는 것입니다. 그렇다면 임민혁 선수는 도대체 무엇이 그토록 '가장 싫은 일'이었던 걸까요?

당신의 뒷모습은 어떻습니까

그가 피하고 싶었던 싫은 일, 조금 일러 보이는 은퇴라는 선택을 흔쾌히 할 수 있었던 '가장 싫은 일'은 이어지는 글에서 확인할 수 있습니다.

> 오히려 언젠가부터 느꼈던 저보다 열정 있고 성실한 후배들의 자리를 빼앗고 있다는 자기 비하의 감정을 느끼지 않을 수 있어 속이 후련하고, 적어도 추한 선배는 되지 않겠다는 스스로의 약속 하나는 지키고 그만두는 거 같아 다행이기도 합니다.

| 그림 37 |
현역 선수 시절 당시 임민혁 선수의 모습을 담은 사진.

이 한 단락의 글에 그가 가장 싫어하는 것, 그리하여 그가 가장 중요하게 생각하는 것이 무엇인지 담겨 있습니다. 어떤 이들에게는 성공의 기준이 '내가 이뤄낸 것'이겠지만 그에게 가장 중요한 것은 '내가 어떤 사람인가'였던 모양입니다. 그는 최선을 다해 자신의 자리에 걸맞은 자격을 갖추려고 성실히 노력하는 사람이길 바랐고, 더 이상 나아질 수 없다는 것을 스스로 깨달았을 때 선배라는 기득권으로 더 나은 후배들의 자리를 빼앗는 추한 사람이 아니길 바랐습니다.

내가 이룬 것들은 훈장처럼 주렁주렁 가슴에 매달려 반짝거리는 '앞모습'이지만, 내가 쌓아온 나라는 사람의 됨됨이는 지나쳐간 시간과 공간의 뒤에 남는 가벼운 바람, 잠시 코끝을 스치는 향기 그리고 점점 작아져 사라지는 '뒷모습'의 문제입니다. 다른 사람들의 앞에서 칭찬을 받는 것보다 떠나고 난 뒷모습을 보며 남은 이들이 아쉬움과 그리움을 토로하게끔 하는 게 더 크고 어려운 성공이 아닐까요? 바로 그런 의미에서 임민혁 선수의 '포기'는 가장 싫어하는 일을 끝까지 하지 않으려는 나 자신을 지키는, 작지 않은 '성공'이라고 불러도 좋지 않을까요?

문득 저는 어떤 뒷모습을 하고 있을까 궁금해졌습니다. 포기해야 마땅한 것을 욕심껏 붙들고 있느라 다른 사람들에게 피해를 주고 있지는 않은지, '내가 생각하는 나'가 어떤 사람인지조차 잊고 그저 하루하루 미련만 쌓아가고 있지는 않은지 문득 두려워졌습니다.

참고 자료

단행본

1. Royal Robbins(1971), *Basic Rockcraft*, Glendale, CA: La Siesta Press.
2. Royal Robbins(1973), *Advanced Rockcraft*, Glendale, CA: La Siesta Press.
3. Sean Hpburn Ferrer(2005), *Audrey Hepburn, Elegant Spirit: A Son Remembers*, Atria Books.
4. G. M. Trevelyan(2012), *Garibaldi and the Making of Italy*.
5. Warren Harding·Beryl Knauth(1975), *Downward Bound*, Prentice-Hall.
6. 권오길(2004),《바람에 실려온 페니실린》, 지성사.
7. 김경훈(2019),《사진을 읽어드립니다》, 시공아트.
8. 김영호(2005),《플레밍이 들려주는 페니실린 이야기》, 자음과모음.
9. 김종법(2012),《현대 이탈리아 정치 사회: 굴절과 비완성의 역사와 문화》, 바오.
10. 김종법·임동현(2018),《이탈리아역사 다이제스트 100》, 가람기획.
11. 다니엘 지라르댕 외(2011),《논쟁이 있는 사진의 역사》, 정진국 옮김, 미메시스.
12. 데이비드 윌슨(2019),《페니실린을 찾아서》, 장영태 옮김, 정성기

감수, 전파과학사.

13. 도리스 컨스 굿윈(2007),《권력의 조건: 라이벌까지 끌어안은 링컨의 포용 리더십》, 이수연 옮김, 21세기북스.

14. 량치차오(2001),《이태리 건국 삼걸전》, 신채호 옮김(류준범·장문석 현대어 옮김), 지식의풍경.

15. 마루야마 마사오(1997),《현대정치의 사상과 행동》, 김석근 옮김, 한길사.

16. 마크 E. 스타이너(2008),《정직한 법조인 링컨: 에이브러햄 링컨의 변호사 시절》, 임동진 옮김, 소화.

17. 말콤 글래드웰(2009),《아웃라이어 성공의 기회를 발견한 사람들》, 노정태 옮김, 김영사.

18. 무라카미 하루키(2016),《직업으로서의 소설가》, 양윤옥 옮김, 현대문학.

19. 손호철(2021),《레드로드: 대장정 15500킬로미터, 중국을 보다》, 이매진.

20. 아멜리아 에어하트(2008),《펀 오브 잇: 즐거움을 향해 날아오르다》, 서유진 옮김, 호밀밭.

21. 알렉산더 워커(2008),《오드리 헵번 스토리》, 김봉준 옮김, 북북서.

22. 야마오카 소하치(2005),《대망 4》, 박재희 옮김, 동서문화사.

23. 요시카와 에이지(2015),《전국지 3: 중원진출》, 강성욱 옮김, 문예춘추사.

24. 윤태옥(2014),《길 위에서 읽는 중국 현대사 대장정: 왕초 PD와 1만 2800km 중국 인문기행을 떠나다》, 책과함께.

25. 켄 블랜차드(2003),《칭찬은 고래도 춤추게 한다》, 조천제 옮김, 21세기북스.

26. 크리스토퍼 듀건(2001),《미완의 통일 이탈리아사》, 김정하 옮김, 개마고원.

27. 토머스 J. 딜로렌조(2003),《링컨의 진실: 패권주의 - 위대한 해방자의 정치적 초상》, 남경태 옮김, 사회평론.

28. 프랜신 세이빈·조앤 매턴 외(2009),《아멜리아 에어하트: 꿈과 열정으로 하늘을 난 소녀 이야기》, 이승숙 옮김, 다산기획.

29. 프리드리히 니체(2000),《차라투스트라는 이렇게 말했다》, 정동호 옮김, 책세상.

30. 한나 아렌트(2006),《예루살렘의 아이히만》, 김선욱 옮김, 한길사.

다큐멘터리

1. 피터 모르티머·닉 로젠(2014),〈반란의 계곡〉.

음악

1. 윤종신(2012), 오르막길(with 정인),〈2012년 월간 윤종신 6월호〉, KOMCA 승인필.

방송

1. [창비라디오] 진중권의 문화다방, 제59회 이은결 2부, 2015. 6. 25.

그림

그림 1. United Press International(photographer unknown), https://commons.wikimedia.org/wiki/File:The_Beatles_arrive_at_JFK_Airport.jpg

그림 2. Steve Jurvetson, https://commons.wikimedia.org/wiki/File:James_Cameron_at_TED.jpg.

그림 3. Eklektekuria, https://commons.wikimedia.org/wiki/File:Jo-

Wilfried_Tsonga.jpg.

그림 4. unknown, https://commons.wikimedia.org/wiki/File:Phil_Collins.jpg.

그림 5. Everett Collection, https://www.shutterstock.com/image-photo/amelia-earhart-department-commerce-airplane-1936-249572008.

그림 6. unknown, https://commons.wikimedia.org/wiki/File:Audrey_Hepburn_David_di_Donatello.jpg.

그림 7. Rob Bogaerts, Anefo, https://commons.wikimedia.org/wiki/File:Audrey_Hepburn_in_Nederland_ter_gelegenheid_van_de_Danny_Kaye_Award,_samen_met,_Bestanddeelnr_934-5055.jpg.

그림 8. Bernard Gotfryd, https://commons.wikimedia.org/wiki/File:Mario_Puzo_1972_(cropped).jpg.

Paramount Pictures, https://commons.wikimedia.org/wiki/File:Marlon_Brando_publicity_for_One-Eyed_Jacks.png.

NBC, https://commons.wikimedia.org/wiki/File:Francis_Ford_Coppola_-1976_(cropping).jpg.

Theater Company of Boston, https://commons.wikimedia.org/wiki/File:Al_Pacino_-_Hummel.jpg.

그림 9. unknown, https://commons.wikimedia.org/wiki/File:ATLNZ_11714.jpeg?uselang=ko.

그림 10. Henry Maull, https://commons.wikimedia.org/wiki/File:Scott_of_the_Antarctic_(bw)_(cropped).jpg.

George Charles Beresford, https://commons.wikimedia.org/wiki/File:Ernest_Shackleton_before_1909.jpg.

unknown, https://commons.wikimedia.org/wiki/File:Vilhjalmur_Stefansson.jpg.

그림 11. Pietro Aldi, https://commons.wikimedia.org/wiki/File:Pietro_

Aldi_-_Victor_Emanuel_II_Meeting_Giuseppe_Garibaldi_at_Teano_-_Google_Art_Project.jpg.

그림 12. unknown, https://commons.wikimedia.org/wiki/File:Giuseppe_Mazzini.jpg.
A. Masutti(drawn by), L. Calama(engraved by), https://commons.wiki media.org/wiki/File:Cavour_engraving.jpg.
Fratelli Alinari, https://commons.wikimedia.org/wiki/File:Garibaldi_(1866).jpg.

그림 13. Tom Frost, https://commons.wikimedia.org/wiki/File:Royal_Robbins_2_by_Tom_Frost.jpg.

그림 14. Stephen Moehle, https://www.shutterstock.com/image-photo/el-capitan-yosemite-national-park-california-1279529416.

그림 15. Marzolino, https://www.shutterstock.com/image-photo/stephen-douglas-old-engraved-portrait-democratic-87776332.
vkilikov, https://ww.shutterstock.com/image-photo/president-abraham-abe-lincoln-face-portrait-1009165705.
Prachaya Roekdeethaweesab, https://www.shutterstock.com/image-photo/chiang-kaishek-18871975-portrait-china-500000-1787791502.

그림 16. Gerda Taro, https://commons.wikimedia.org/wiki/File:RobertCapabyGerdaTaro.jpg.
Anonymous, https://commons.wikimedia.org/wiki/File:Gerda_Taro-Anonymous.jpg.

그림 17. Yair Haklai, https://commons.wikimedia.org/wiki/File:Bust_of_Pyrrhus_of_Epirus_from_the_Villa_of_the_Papyri_(Herculaneum).jpg?uselang=ko.

그림 18. Hoebele, https://commons.wikimedia.org/wiki/File:2023_

Fleche_Wallonne_Mur_de_Huy_2-52.jpg.

그림 19. Olivier Strecker, https://commons.wikimedia.org/wiki/File:Ennio_Morricone_Cannes_2007_(Black_%26_White).jpg.

그림 20. TKOIII, https://commons.wikimedia.org/wiki/File:Honda_Motocompo.jpg.
Piusg, https://commons.wikimedia.org/wiki/File:Honda_Pacific_Coast.jpg.

그림 21. Theresia Flock, https://commons.wikimedia.org/wiki/File:Schneider_von_Ulm_Ansichtskarte_2.png.

그림 22. Alexisrael, https://commons.wikimedia.org/wiki/File:Rafael_nadal_us_open_1.jpg.

그림 23. Monika Hunackova, https://www.shutterstock.com/image-illustration/black-map-germany-divided-on-west-2130087170.

그림 24. The Central Intelligence Agency, https://commons.wikimedia.org/wiki/File:East_German_Guard_-_Flickr_-_The_Central_Intelligence_Agency.jpg.

그림 25. 저자 제공.

그림 26. Nobel Foundation, https://commons.wikimedia.org/wiki/File:Alexander_Fleming_1945.jpg.
Nobel Foundation, https://commons.wikimedia.org/wiki/File:Howard_Walter_Florey_1945.jpg.
Nobel Foundation, https://commons.wikimedia.org/wiki/File:Ernst_Boris_Chain_1945.jpg.

그림 27. Kanō Mitsunobu, https://commons.wikimedia.org/wiki/File:Toyotomi_Hideyoshi_c1598_Kodai-ji_Temple.png.
Kanō Munehide, https://commons.wikimedia.org/wiki/File:Odano bunaga.jpg.

Kanō Tan'yū, https://commons.wikimedia.org/wiki/File:Tokugawa_Ieyasu2.JPG.

그림 28. Eadweard Muybridge, https://commons.wikimedia.org/wiki/File:The_Horse_in_Motion_high_res.tiff.

그림 29. Jeffrey Ng, https://commons.wikimedia.org/wiki/File:Serve_(36458257516).jpg.

그림 30. Mark-Wu, https://www.shutterstock.com/image-photo/gastown-steam-clock-vancouver-bc-canada-2146843571.

그림 31. Jacques-Louis David, https://commons.wikimedia.org/wiki/File:Jacques-Louis_David_-_The_Emperor_Napoleon_in_His_Study_at_the_Tuileries_-_Google_Art_Project.jpg.

그림 32. unknown, https://commons.wikimedia.org/wiki/File:Wu_Qi.jpg.

그림 33. *Mainichi Shinbun*, https://commons.wikimedia.org/wiki/File:Gozen-kaigi_1_January_1945.jpg.

그림 34. Israeli GPO photographer, https://commons.wikimedia.org/wiki/File:Adolf_Eichmann_is_sentenced_to_death_at_the_conclusion_of_the_Eichmann_Trial_USHMM_65289.jpg.

그림 35. unknown, https://commons.wikimedia.org/wiki/File:Yu_Rang_cuts_the_robe,_ascribed_Nobukazu.jpg.

그림 36. 不明, https://commons.wikimedia.org/wiki/File:Takenaka_Shigeharu.jpg.

그림 37. 임민혁 제공.

어제의 실패를 오늘의 성공으로 만든 사람들

성공의 조건 실패의 쓸모

제1판 1쇄 인쇄 | 2024년 8월 14일
제1판 1쇄 발행 | 2024년 8월 26일

지은이 | 곽한영
펴낸이 | 김수언
펴낸곳 | 한국경제신문 한경BP
책임편집 | 김종오
교정교열 | 김순영
저작권 | 박정현
홍　보 | 서은실·이여진
마케팅 | 김규형·박도현
디자인 | 권석중

주　소 | 서울특별시 중구 청파로 463
기획출판팀 | 02-3604-590, 584
영업마케팅팀 | 02-3604-595, 562　FAX | 02-3604-599
H | http://bp.hankyung.com　E | bp@hankyung.com
F | www.facebook.com/hankyungbp
등　록 | 제 2-315(1967. 5. 15)

ISBN 978-89-475-4968-4 03320

프런티어는 한국경제신문 출판사의 자기계발·인문 브랜드입니다.
책값은 뒤표지에 있습니다.
잘못 만들어진 책은 구입처에서 바꿔드립니다.